A
B

COURS

D'ANTIQUITÉS

MONUMENTALES.

T. CHALOPIN, IMPRIMEUR-LIBRAIRE,

RUE FROIDE, N.° 2.

COURS D'ANTIQUITÉS MONUMENTALES,

PROFESSÉ A CAEN, EN 1830,

PAR M. DE CAUMONT,

SECRÉTAIRE DE LA SOCIÉTÉ DES ANTIQUAIRES DE NORMANDIE, MEMBRE DE LA SOCIÉTÉ ROYALE DES ANTIQUAIRES DE FRANCE, DE LA SOCIÉTÉ DES ANTIQUAIRES D'ÉCOSSE, DE L'ACADÉMIE ROYALE D'HISTOIRE DE MADRID, ET DE PLUSIEURS AUTRES COMPAGNIES SAVANTES FRANÇAISES ET ÉTRANGÈRES.

HISTOIRE DE L'ART DANS L'OUEST DE LA FRANCE,

DEPUIS LES TEMPS LES PLUS RECULÉS JUSQU'AU XVIIe. SIÈCLE.

QUATRIÈME PARTIE.

Moyen Age.

ARCHITECTURE RELIGIEUSE.

PARIS,

CHEZ LANCE, RUE CROIX-DES-PETITS-CHAMPS, N°. 50;
CAEN, T. CHALOPIN, IMPRIMEUR, RUE FROIDE.
ROUEN, FRÈRE, SUR LE PORT.
LONDON, DULAU ET CO, BOOKSELLER SOHO-SQUARE.

1831.

AVERTISSEMENT.

Il ne faut pas confondre la quatrième partie de mon cours d'antiquités monumentales, que voici, avec l'histoire de l'architecture durant le moyen âge, à laquelle je travaille depuis long-temps.

Dans mes leçons publiques j'ai dû écarter tous les détails qui auraient pu fatiguer mes auditeurs, et m'attacher surtout à présenter des aperçus généraux.

Au contraire, dans l'ouvrage que je prépare, je traiterai d'une manière approfondie le sujet que j'effleure aujourd'hui, je citerai des textes, je discuterai des dates, j'essaierai de suppléer au défaut de renseignements sur l'état de l'art, aux VIe., VIIe., VIIIe. et IXe siècles, en comparant les descriptions que les chroniqueurs nous ont laissées des monuments de cette époque.

Avant de terminer l'histoire de l'architecture, je compte entreprendre de nouveaux voyages, parcourir, le crayon à la main, les parties de la France que je n'ai point encore visitées et rechercher ce qu'elles peuvent renfermer d'ancien, non seulement dans les villes, mais encore dans les campagnes.

Je continuerai l'inventaire que j'ai commencé des richesses monumentales de la France ; je dresserai des catalogues d'édifices classés chronologiquement.

En attendant cette publication dont je ne peux fixer l'époque, les leçons que j'ai professées en 1830, sur l'architecture du moyen âge, pourront être consultées utilement. Elles offrent déjà un assez grand nombre d'observations comparées, et si l'on considère que personne en France n'avait essayé d'établir une classification méthodique des monuments nationaux, peut-être trouvera-t-on que j'ai fait ressortir de ces observations des vues nouvelles sur la succession des formes architectoniques, et des connaissances générales qui jettent quelque lumière sur l'histoire de l'art au moyen âge.

TABLE DES SOMMAIRES

DU

PREMIER AU TREIZIÈME CHAPITRE.

CHAPITRE Ier.

Page 1.

Les 4e. et 5e. parties du Cours présenteront la description et la classification des monuments élevés depuis le Ve. siècle jusqu'au XVIIe. — Du peu de popularité que les arts du moyen âge ont obtenu jusqu'ici. — Causes auxquelles on peut l'attribuer. — Deux méthodes pour étudier les monumens du moyen âge. — Motifs pour décrire d'abord les monuments religieux avant de s'occuper des autres édifices.

CHAPITRE II.

Page 8.

Aperçu des ouvrages publiés en Angleterre, en France, en Allemagne et en Italie, sur l'architecture religieuse du moyen âge. — Ils laissent tous beaucoup à désirer et renferment pour la plupart des opinions erronées

CHAPITRE III.

CHAPITRE IV.

CHAPITRE V.

CHAPITRE VI.

CHAPITRE VII.

CHAPITRE VIII.

CHAPITRE IX.

existent entre les diverses parties des monuments à plein cintre et celles des monuments à ogives de la première époque. — Considérations sur l'effet prodigieux des églises du XIIIe. siècle et sur les éléments qui le produisent. — Moyens d'exécution. — Les peuples étaient animés, au XIIe. et au XIIIe. siècle, d'un zèle extraordinaire pour bâtir des églises sur de nouveaux modèles. — Conclusion.

CHAPITRE X.

Page 282.

Enumération des caractères qui distinguent les monuments du XIVe. siècle de ceux du XIIIe.

CHAPITRE XI.

Page 290.

Observations sur la difficulté d'établir une limite chronologique parfaitement exacte entre le second et le troisième style ogival. — Exposé des caractères les plus saillants de ce dernier style. — Le XVe. siècle a produit beaucoup de raccommodages et peu de grandes constructions. — Infériorité des monuments de cette époque comparés à ceux du XIIIe. et du XIVe. siècle. — Moyens d'exécution. — Quelques mots sur l'esprit qui animait les artistes du XVe. siècle.

CHAPITRE XII.

CHAPITRE XIII.

COURS D'ANTIQUITÉS MONUMENTALES.

CHAPITRE Ier.

Les 4e. et 5e. parties du Cours présenteront la description et la classification des monuments élevés depuis le Ve. siècle jusqu'au XVIe.—Du peu de popularité que les arts du moyen âge ont obtenu jusqu'ici. — Causes auxquelles on peut l'attribuer. — Deux méthodes pour étudier les monuments du moyen âge. — Motifs pour décrire d'abord les monuments religieux avant de s'occuper des autres édifices.

Messieurs,

Nous avons, dans nos précédentes conférences, suivi la marche des altérations qui se sont manifestées dans les arts, surtout depuis le temps de Constantin ; nous en avons recherché les causes, puis nous avons jeté un coup d'œil rapide sur les évenements qui amenèrent finalement le naufrage de la civilisation européenne : nous allons aujourd'hui continuer l'histoire de l'art à partir de l'époque où la Gaule envahie par les barbares cessa de faire partie de l'empire romain.

Ici, Messieurs, nous entrons dans une ère de dix siècles, dont la dernière partie surtout a produit une immense quantité d'édifices. La France va se présenter devant vous comme un vaste musée dont vous ne pourrez vous lasser d'admirer les richesses et la variété.

Nous avons vu que les monuments de l'époque romaine sont rares sur notre sol, qu'ils y sont disséminés, et tous plus ou moins dégradés; les monuments du moyen âge se trouvent au contraire répandus avec profusion dans nos villes et jusqu'au fond de nos campagnes, et la plupart sont encore aujourd'hui dans un état parfait de conservation (1).

Avec tant de richesses monumentales, avec l'esprit d'investigation et d'examen qui distingue notre siècle, il semblerait que l'histoire des arts du moyen âge a dû être étudiée par un grand nombre de savants et d'artistes, et que par suite elle est fort avancée; mais il en

(1) Je ne parle ici, comme on le verra par la suite, que des monuments postérieurs au Xe. siècle, c'est-à-dire de ceux des cinq derniers siècles du moyen âge; les monuments des cinq premiers siècles sont extrêmement rares.

est tout autrement: à peine existe-t-il en France cinquante personnes passablement versées dans la connaissance des monuments du moyen âge.

Ce chiffre vous étonne, Messieurs, et cependant je crains qu'il ne soit encore trop élevé.

On dirait que pour nous il n'y a pas d'intervalle entre le règne des derniers empereurs romains sous lesquels la décadence de l'art antique devint complète, et celui de François Ier. où l'art moderne naquit et parvint à une assez haute perfection.

Dix siècles pourtant séparent ces deux époques, et c'est dans cette longue période qu'il faut chercher le berceau et le développement de nos arts, de nos institutions, de notre société moderne toute entière.

A quoi donc attribuer le peu de popularité que les arts du moyen âge ont obtenu jusqu'ici parmi nous? On peut en indiquer plusieurs causes principales, telles que : l'ignorance des mœurs, des habitudes, des goûts, des besoins qui existaient alors; la sécheresse et la rareté des documents historiques sur les procédés des artistes; le préjugé que le moyen âge étant signalé comme une époque de barbarie, tout ce qui s'y rattachait devait être barbare; enfin l'admiration trop exclusive pour l'antiquité, qui, depuis la renaissance des lettres jusque vers la fin du siècle dernier, régna généralement en Europe, et qui trouvant dans les monuments classiques des chefs-d'œuvre en tout genre, enveloppa dans une même indifférence ou plutôt dans un égal mépris tout ce qui s'écartait de ces modèles.

Rien de plus déraisonnable ni de plus injuste, Messieurs, que cette aversion de personnes d'ailleurs éclairées, contre les arts du moyen âge, dont elles ne comprennent point le génie. Un tel aveuglement ne saurait long-temps subsister; les préventions commencent à s'affaiblir; elles tomberont tout-à-fait devant les progrès du goût et de la raison. Déjà des architectes du premier ordre, parmi lesquels on peut citer MM. Alavoine et Hittorff, ne croient plus avilir leur art en reproduisant les styles du moyen âge dans la restauration des monuments religieux de cette époque. Leur exemple est trop sage pour n'être pas bientôt suivi comme règle.

Les hommes du monde, aussi bien que les artistes vraiment dignes de ce nom, conviennent aujourd'hui que non seulement notre architecture nationale est pleine de grandeur et de beautés, mais qu'elle est en rapport, plus qu'aucune autre, avec nos sites, nos paysages, notre ciel et nos croyances.

« Evidemment, disait M. Guizot dans une « de ses dernières leçons (1), l'imagination se « plaît aujourd'hui à se reporter vers le moyen « âge ; ses monuments, ses traditions, ses « mœurs, ses aventures, ont pour le public « un attrait qu'on ne saurait méconnaître. On « peut interroger à ce sujet les lettres et les « arts ; on peut ouvrir les histoires, les romans, « les poésies de notre temps ; on peut entrer « chez les marchands de meubles, de curio- « sités : partout on verra le moyen âge ex- « ploité, reproduit, occupant la pensée, amu- « sant le goût de cette portion du public qui « a du temps à donner à ses besoins ou à ses « plaisirs intellectuels. »

Pour nous, Messieurs, nous étudierons le moyen âge comme les autres époques de l'histoire de l'art, sans prévention aucune, avec la plus stricte impartialité.

Libres des préjugés classiques qui ont souvent égaré les esprits les plus droits, en leur inspirant une sorte d'idolâtrie pour les pro-

(1) Cours d'Histoire moderne professé à la faculté des lettres de Paris.

ductions de l'antiquité grecque ou romaine, nous tâcherons d'apprécier justement le mérite de l'architecture du moyen âge, dont les défauts sont rachetés par tant de richesses et de majesté; nous exprimerons hardiment notre admiration pour ces magnifiques basiliques dont la piété de nos ancêtres orna la terre que nous habitons; et nous serons toujours pénétrés de ce principe : *que les défauts sont les taches du temps, mais que les beautés forment le patrimoine de tous les âges.*

Deux méthodes se présentent pour décrire et classer chronologiquement les monuments qui vont nous occuper. L'une consisterait à vous présenter, siècle par siècle, l'état de l'architecture religieuse, civile et militaire, celui de la peinture et des autres arts dont j'ai à vous entretenir.

L'autre, à traiter successivement et isolément chaque partie dans son entier, c'est-à-dire, à épuiser tout ce qui concerne l'architecture religieuse, avant de passer à l'architecture militaire, et ainsi de suite.

La première méthode offre, je crois, plusieurs inconvénients dont le plus grave serait de porter continuellement l'attention sur des sujets différents, de donner ainsi un plus grand travail de mémoire, et peut-être de laisser dans l'esprit quelque confusion.

La seconde me paraît plus naturelle et moins fatigante ; je suis persuadé que vous saisirez mieux l'ensemble des faits, lorsque vous aurez étudié séparément chaque objet de manière à vous en former une idée claire et distincte ; ce sera, si je ne me trompe, la voie la plus prompte et la plus sûre pour arriver au but.

Je vais donc vous présenter d'abord l'histoire complète de l'architecture religieuse depuis le Ve. siècle jusqu'à la fin du XVIe.

CHAPITRE II.

Aperçu des ouvrages publiés en Angleterre, en France, en Allemagne et en Italie, sur l'architecture religieuse du moyen âge. — Ils laissent tous beaucoup à désirer et renferment pour la plupart des opinions erronées. — Aucun d'eux ne présente un corps de doctrine complet concernant l'architecture religieuse. — Conclusion.

En quoi consistent les recherches déjà faites sur l'architecture religieuse du moyen âge? Telle est, Messieurs, la première question qui se présente et que je vais traiter en commençant, afin que vous sachiez sur quels éléments principaux je fonde les notions que j'ai à vous transmettre concernant cette partie de notre histoire monumentale.

OUVRAGES ANGLAIS.

C'est en Angleterre qu'on s'est livré avec le plus de zèle et de succès à l'étude des monuments du moyen âge.

Langlay publia à Londres, en 1742, un recueil de planches qui renfermait une série d'ornements et de détails architectoniques appartenant au style qui, comme vous le verrez tout-à-l'heure, a été improprement appelé *gothique*. Il essaya de prouver que ce style méritait l'intérêt des artistes et des gens de goût (1); si ses efforts n'eurent pas des résultats bien importants, ils préparèrent du moins les esprits à recevoir plus favorablement les ouvrages qui devaient bientôt paraître.

Quelque temps après Horace Walpole composa sur le même sujet un essai fort court qui obtint quelque succès.

Mais les savantes recherches publiées en 1771 par le révérend J. Bentham, dans son histoire de la cathédrale d'Ely, dirigèrent bien plus efficacement l'attention vers les monuments du moyen âge; on peut dire qu'elles débrouillèrent la science, qu'elles applanirent la route à ceux qui devaient ensuite se livrer au même genre de travaux.

Quoique le livre de Bentham ait beaucoup contribué à multiplier les observateurs, ce ne fut guères que plus de vingt ans après, vers la fin du XVIIIe. siècle, et surtout au commen-

(1) Edimburg review; juin 1829.

cement du siècle actuel, que les ouvrages traitant de l'architecture religieuse du moyen âge commencèrent à devenir moins rares en Angleterre. Je ne connais pas tous ceux qui ont vu le jour à cette époque, mais je crois être à même de citer les plus intéressants et les plus estimés.

En 1806, M. King publia la quatrième et dernière partie de son grand ouvrage qu'il consacra toute entière à l'architecture religieuse (1). La profonde érudition dont l'auteur fait preuve dans ce volume comme dans les autres le rend sans doute fort intéressant à beaucoup d'égards, mais on ne saurait trop se défier des opinions qu'il renferme sur les caractères distinctifs de l'architecture antérieure à la conquête de l'Angleterre par les Normands; elles ne reposent que sur des suppositions évidemment fausses, et l'auteur paraît avoir été dominé par l'esprit de système qui l'a quelquefois égaré dans les autres parties de ses recherches. Son ouvrage est d'ailleurs incomplet et ne contient presque rien sur l'architecture à ogives.

La même année 1806 vit naître un travail moins étendu que le précédent, par le révé-

(1) Munimenta antiqua, tome IV, in-f°. de 279 pages, orné de 58 planches.

rend J. Dallaway, sur l'architecture militaire religieuse et civile (1).

Auparavant on avait publié le résumé des recherches du révérend Bentham, du révérend Warton, du capitaine Grose et du révérend Milner (2). Ce petit volume est très-concis; douze planches réunies au texte donnent une idée des principaux styles qui se sont succédé dans l'architecture du moyen âge.

Le révérend Milner jeta sur ce sujet un nouveau jour en publiant son *Traité de l'architecture ecclésiastique en Angleterre* (3). Cet ouvrage qui se distingue par beaucoup de méthode et d'érudition et par des aperçus très-judicieux n'est malheureusement pas exempt d'hypothèses hasardées. L'auteur a prétendu, par exemple, que l'ogive avait pris naissance en Angleterre, ce qui n'est guère

(1) Observations on english architecture military, ecclesiastical and civil, compared with similar buildings on the continent; including a critical itinerary of Oxford and Cambridge: also historical notices of stained glass, ornamental gardening, etc... with chronological tables and dimensions of cathedrals et conventual churches. By the Rev. James Dallaway.

(2) Essays on gothic architecture. By the Rev. T. Warton, Rev. J. Bentham, captain Grose and the Rev. John Milner illustrated with 12 plates of ornaments, etc... calculated to exhibit the various styles of different periods.

(3) A Treatite on the ecclesiastical architecture of england during the middle ages with 10 illustrative plates. By the Rev. John Milner. London 1811.

probable; mais quoiqu'il ait posé trop légèrement des principes que nous n'aurons pas de peine à combattre, son travail est un des plus instructifs et des mieux faits qui aient été publiés, l'un de ceux qui ont le mieux rendu raison de la succession et de la génération des formes architectoniques.

Les recherches de M. Sidney Hawkins sur l'origine et l'établissement de l'architecture à ogives, et sur la peinture sur verre, méritent encore de vous être signalées (1). Elles ont paru en 1813.

Enfin plus récemment, M. Britton a considérablement perfectionné l'histoire de l'architecture religieuse en publiant des ouvrages considérables auxquels il a réuni une grande quantité de planches dessinées par les artistes les plus distingués (2).

(1) An history of the origin and establishment of gothic architecture; comprehending also an account from his own Writings of Cæsar Cæsarianus, the first professed commentator on Vitruvius, and of his translation of that author; and investigation of the principles and proportion of that style of architecture called gothic; and on inquiry into the mode of painting upon and staining glass, as practised in the ecclesiastical structures of the middle ages. By JOHN SIDNEY HAWKINS; illustrated with 11 plates. Ral. in-8°. London 1813.

(2) Architectural antiquities of great Britain consisting of 278 engraving of castles, churches, old mansions, crosses, etc.

M. Britton s'est quelquefois associé dans ses savants travaux M. Pugin, connu lui-même par d'importantes publications (1), et l'un des architectes les plus habiles de notre temps dans l'art de restaurer les anciens édifices.

Quelques antiquaires n'ont pas borné leurs recherches aux monuments de l'Angleterre ; MM. Ducarel, Cotman, Dawson-Turner et A. Pugin, ont parcouru la Normandie à différents intervalles et décrit une partie des monuments les plus remarquables de cette province ; M. Whittington a visité plusieurs contrées de la France et de l'Italie ; M. Gally-Knight a étendu plus loin encore ses recherches et ses explorations.

Le voyage de Ducarel en Normandie remonte à l'année 1752. Il avait été entrepris sous

with historical and descriptive accounts of each subject. 4 vol. in-4°., prix 21 liv.

Chronological and historical illustrations of the ancient ecclesiastical architecture of great Britain.— Cet ouvrage se compose de dix livraisons dont chacune renferme 86 planches avec un texte assez étendu.

(1) M. Pugin s'est principalement appliqué à analyser en architecte les principes de l'architecture du moyen âge. Voici le titre de son principal ouvrage sur cette matière :

Specimens of gothic architecture selected from various ancient edifices in England ; consisting of plans, elevations, sections, and parts of large ; calculated to exemplify the various styles and the practical construction of this class of admired architecture, accompanied by historical and descriptive accounts.

les auspices de la société des Antiquaires de Londres, qui en fit imprimer à ses frais la relation en 1767 (1). Il n'est pas surprenant que cet ouvrage, écrit à une époque où l'étude des monuments était peu avancée, soit faible et souvent fautif dans la partie descriptive. Cependant il est utile malgré ses défauts, en ce qu'il parle de quelques édifices qui ont péri depuis, et il a d'ailleurs contribué, un des premiers, à appeler l'attention des observateurs sur des monuments pour ainsi dire tombés dans l'oubli.

On doit à M. Léchaudé d'Anisy une très-bonne traduction de Ducarel (2), et nous sommes ici l'interprète de l'opinion générale en disant que le traducteur a considérablement amélioré l'ouvrage par les notes aussi intéressantes que nombreuses qu'il y a jointes, et par la rectification qu'il a faite des gravures fort inexactes de l'édition anglaise.

Le beau recueil de monuments normands publié par M. Cotman, en 1822 (3), renferme cent planches in-folio; c'est, je crois, le plus

(1) Anglonorman antiquities, considered in a tour through part of Normandy, by doctor Ducarel.

(2) Antiquités anglo-normandes de Ducarel, traduites de l'anglais par M. Léchaudé d'Anisy. — Caen, Mancel, 1823.

(3) Architectural antiquities of Normandy, un vol. grand in-f°.

important de tous ceux qui ont paru sur le même sujet. Celui dont M. A. Pugin a commencé la publication et qui porte à peu près le même titre que le précédent (1), paraît par livraisons de huit ou dix planches in-4°. gravées au trait avec une grande perfection ; les cinq premières livraisons représentent plusieurs vues de la cathédrale de Bayeux et des édifices les plus remarquables de Rouen et de Caen ; le texte composé par M. Britton n'est pas encore imprimé.

M. Dawson-Turner n'a pas fait un voyage purement archéologique comme les auteurs précédents, il s'occupe aussi d'observations étrangères aux monuments du moyen âge ; mais on trouve dans son livre (2) de bons détails sur plusieurs de nos édifices historiques, et à ce titre je devais vous le signaler.

En parcourant la France, Whittington avait pour but de recueillir des renseignements sur l'origine incertaine de l'ogive et de comparer les monuments de ce pays avec ceux de l'Angleterre, afin de décider si l'un des deux

(1) Engraved specimens of the architectural antiquities of Normandy.

(2) Letters from Normandy. — Deux volumes in-8°. avec planches.

royaumes pouvait se prévaloir sur l'autre d'un perfectionnement plus rapide de l'architecture à ogives, improprement appelée gothique; ses conclusions furent que décidément la Franee l'emportait sur l'Angleterre par les dimensions et la beauté de ses basiliques, et que les artistes français avaient porté le style dit gothique à sa plus grande perfection près d'un siècle plutôt que les architectes anglais.

Le livre de M. Whittington est écrit avec beaucoup de précision ; le raisonnement en est serré, malheureusement l'auteur se trompe quelquefois sur les dates, faute de renseignements historiques suffisants, ce qui atténue beaucoup la force des principaux aiguments qu'il emploie pour soutenir son opinion. L'ouvrage est néanmoins fort instructif et fort intéressant à consulter, principalement pour nous. Il a été publié par les soins de lord Aberdeen, après la mort de Whittington enlevé trop tôt à la science; la première édition a été épuisée assez promptement, la seconde a paru en 1811 (1).

(1) An historical Survey of the ecclesiastical antiquities of France with a view to illustrate the rise, and progress of gothic architecture in Europe. By the Late rev. G. D. Whittington. London 1811.

Après Whittington, le révérend Haggitt défendit la même opinion; il essaya de réfuter M. Milner, et soutint que l'ogive a pris naissance en Orient (1). Enfin il paraît que les recherches de M. Gally-Knight impatiemment attendues depuis plusieurs années jetteront un grand jour sur ce qui touche à l'origine de l'ogive, et aux circonstances qui ont développé plus ou moins rapidement les progrès de l'architecture au moyen âge dans les différentes contrées de l'Europe.

OUVRAGES FRANÇAIS.

Les premières recherches que l'on ait publiées en France sur l'architecture religieuse du moyen âge sont d'une date assez récente.

A la vérité le père Montfaucon avait composé sur cette matière un ouvrage qui devait faire suite à ses monuments de la monarchie française; mais ce manuscrit périt dans l'incendie de la bibliothèque de Saint-Germain-

(1) Two letters to a fellow of the society of antiquaries on the subject of gothic architecture : containing a refutation of d[r]. Milner objections to M[o]. Whittington's historical Survey of the ecclesiastical edifices of France, et an inquiry into the eastern origin of the gothic or Pointed style. By the Rev. John Haggitt. Cambridge, 1813.

des-Prés. Le même accident fit disparaître la description des monastères français de l'ordre de St.-Benoît, que le père Michel-Germain avait composée sous le nom de *Monasticum gallicanum* (1).

Plus tard l'abbé Lebœuf, auquel l'archéologie est redevable de tant de travaux estimés fit sur les différents styles d'architecture des observations qu'il se proposait de livrer au public, lorsque la mort l'empêcha de mettre son projet à exécution.

Bientôt la révolution éclata : on s'occupa de renverser les édifices religieux plutôt que de les décrire et de les étudier ; cependant au milieu des ruines qui couvrirent de tous côtés le sol français, des hommes éclairés luttèrent contre le vandalisme et s'efforcèrent de sauver quelques-uns des fragments de sculpture les plus remarquables provenus des édifices renversés dans les diverses localités. Secondé par le gouvernement, M. Alexandre Le Noir forma de ces précieux débris un musée national dans le couvent des Petits-Augustins de Paris. Cette col-

(1) Cet ouvrage, dont on peut voir le titre détaillé dans la bibliothèque historique de France, 2e. édition, no. 11699, formait trois volumes in-fo. M. Le Prévost a publié une notice sur le *Monasticum Gallicanum* dans le premier volume des Archives Normandes. Caen. 1824.

lection qui présentait des types caractéristiques de l'état de l'art aux différents siècles du moyen âge, exerça l'influence la plus heureuse sur les études archéologiques, et l'on ne sait par quel motif on en a dans la suite ordonné la suppression.

Pendant que M. Le Noir formait le musée des Petits-Augustins, et qu'il composait des notices qui n'ont pas été sans utilité pour la science (1), le savant Millin décrivait un grand nombre de monuments de tous les siècles; mais dans ces ouvrages descriptifs dont j'ai eu l'occasion de vous parler précédemment (2), Millin s'occupait moins des monuments du moyen âge que de ceux qui appartiennent à l'époque gallo-romaine; ses travaux qui exercèrent une heureuse influence sur les études archéologiques en général, avancèrent peu l'histoire de l'architecture religieuse.

Le premier ouvrage français qui ait fourni des documents un peu étendus sur cette architecture est celui de Seroux d'Agincourt. Passionné pour les arts et doué d'une ardeur peu commune, d'Agincourt avait consacré presque toute sa vie à l'étude de l'architecture,

(1) Quelques-unes de ces notices ont été imprimées dans les Annales de l'Académie celtique et dans d'autres recueils.

(2) Voir la 3e. partie du Cours.

de la sculpture et de la peinture du moyen âge, lorsqu'il termina son *Histoire de l'art par les monuments*, dont la publication n'a été terminée qu'après sa mort, vers l'année 1816(1).

Tout important qu'il est, cet ouvrage n'est pas exempt d'erreurs ; elles y sont même assez nombreuses. L'auteur a travaillé, je crois, sur un plan trop vaste pour pouvoir obtenir l'unité et l'exactitude qui eussent été si nécessaires dans un pareil travail. Les différentes parties de son histoire ne sont pas également développées, il y en a même de tout-à-fait manquées ; d'ailleurs il s'occupe très-peu de l'état de l'art en France : attaché à l'Italie, ce n'est qu'à regret qu'il s'en écarte et qu'il fait de rares excursions dans les contrées voisines. A tout prendre, son livre renferme peut être les éléments d'une histoire de l'art en Italie, mais il apprend fort peu de choses sur l'histoire de l'art en France. Les planches laissent aussi beaucoup à désirer, et plusieurs ont été faites sur une trop petite échelle. Malgré tous ces défauts, l'histoire de d'Agincourt renferme un nombre considérable de renseignements précieux. Ce savant a des droits incontestables à la

(1) Histoire de l'art par les monuments, depuis sa décadence au IVe. siècle, jusqu'à son rétablissement au XVIe., 4 vol. grand in-fo.

reconnaissance de ceux qui essaient aujourd'hui de parcourir la même route.

Evidemment, Messieurs, c'est en Normandie que l'architecture du moyen âge a été étudiée depuis vingt ans avec le plus de méthode, de zèle et de succès; le résultat des recherches des antiquaires anglais y fut connu de bonne heure, et nos compatriotes rivalisèrent avec eux de persévérance et d'activité pour éclaircir les importantes questions qui intéressent l'histoire de notre architecture.

Initié à l'étude des monumens du moyen âge par M. Anderson, membre de la société des Antiquaires de Londres, M. Auguste Le Prévost explora dès l'année 1814 les édifices religieux de la Haute-Normandie; en 1818 et en 1819 il composa des mémoires sur plusieurs églises de la Seine-Inférieure (Saint-Gervais, la Chambre-aux-Clercs, le prieuré de Saint-Julien, Saint-Georges-de-Bocherville, etc.) qui n'ont pas été imprimés, mais communiqués à beaucoup de personnes (1).

M. Le Prévost avait fait à la même époque une traduction de l'ouvrage de Whittington qui est également restée manuscrite. En 1824,

(1) MM. Nodier et Taylor ont fait usage de ces mémoires dans leur description des monuments de la Haute-Normandie.

il visita plusieurs départements de la France orientale et méridionale; une partie des observations qu'il recueillit dans ce voyage a été communiquée à la société des Antiquaires de Normandie dans la séance publique du 29 mai 1827.

M. Le Prévost avait trouvé de bonne heure un collaborateur zélé dans la personne de M. Hyacinthe Langlois, qui réunit le goût et les talents d'un artiste du premier ordre à l'érudition d'un savant académicien, et dont l'établissement à Rouen fait époque dans l'histoire de notre école d'archéologie.

Sur un autre point de la Normandie M. de Gerville se livrait en même temps que M. Le Prévost (dès l'année 1814) a l'étude des monuments du moyen âge; il examinait attentivement cinq à six cents églises et réunissait les éléments d'une statistique monumentale du département de la Manche.

Plus tard (en 1819, 1820, 1821, 1822 et 1823) le département du Calvados fut aussi soigneusement exploré par MM. Lambert, Ch. Thomine, Léchaudé d'Anisy, de Jolimont, et par moi-même.

Cependant, quoiqu'on eût fait beaucoup d'observations, on publia peu; les travaux des antiquaires normands furent à peine connus avant 1824, époque à laquelle la création d'une société spécialement consacrée à l'archéologie fournit aux personnes qui s'étaient livrées à cette étude l'occasion de faire imprimer leurs ouvrages en même temps qu'elle établit entr'elles des relations plus fréquentes (1).

Parmi les mémoires publiés en Normandie sur l'architecture du moyen âge, quelques-uns de ceux que je vais citer ont particulièrement contribué à développer et à propager le goût des études monumentales.

En 1819, M. de Gerville composa deux notices intéresssantes, dont l'une renferme un catalogue raisonné des églises les plus an-

(1) Il est juste de dire que les commissions d'antiquités formées à Rouen et à Caen dès l'année 1818 en vertu d'une instruction ministérielle, avaient contribué puissamment à hâter les progrès des études monumentales, avant la création de la société des Antiquaires de Normandie.

La commission d'antiquités de Rouen établie par M. Kergariou alors préfet, et réorganisée en 1821 par M. de Vaussay, rassembla dès-lors un très-grand nombre de mémoires et fit exécuter par M. Langlois une collection de dessins représentant les monuments religieux les plus remarquables du département de la Seine-Inférieure.

La commission d'antiquités de Caen formée la même année que celle de Rouen, par M. de Montlivault, préfet du Calvados, a rendu aussi d'importants services ; cependant ses travaux n'ont jamais eu autant d'activité que ceux de la commission de Rouen.

ciennes et les plus curieuses du département de la Manche ; et l'autre des recherches sur l'origine de l'église de Mortain et de la cathédrale de Coutances : ces deux notices n'ont été imprimées qu'en 1824 dans le premier volume des mémoires de la société des Antiquaires.

Ce fut dans le même volume que parut mon essai sur l'architecture religieuse du moyen âge, qui avait été communiqué, en 1823, à la société d'émulation de Caen, et dans lequel j'ai établi une classification chronologique des monuments religieux, basée sur les changements qui se sont manifestés successivement dans les styles architectoniques (1). Ce travail est fort incomplet, il renferme même quelques erreurs ; mais c'est le seul qui offre un corps de doctrine concernant l'histoire de l'architecture religieuse du moyen âge : il a, je crois, rendu quelques services.

Peu de temps après, on vit paraître un grand nombre de bons ouvrages, tels que l'histoire de l'abbaye de Saint-Wandrille par M.

(1) Essai sur l'architecture religieuse du moyen âge, principalement en Normandie, accompagné de 11 planches lithographiées.

Le même mémoire tiré à part forme un petit volume in-8°. qui a été épuisé dès l'année 1826.

Hyacinthe Langlois (1) ; celle de l'abbaye de Saint-Georges-de Bocherville par M. Achille Deville (2) ; l'histoire de l'abbaye de Jumièges par M. Deshayes (3) ; le mémoire de M. de Gerville sur les abbayes du département de la Manche (4) et l'essai monographique de M. Auguste Le Prévost sur quelques monuments remarquables du département de l'Eure (5).

Plusieurs autres membres de la société des Antiquaires (MM. J. Desnoyers, Ch. de Vauquelin, Deshayes, Frédéric Galeron, Dubourg d'Isigny, de Clinchamps, de Magneville, Richome et Boscher) ont fait de bonnes observations et recueilli des renseignements utiles pour l'avancement de la statistique monumentale de la Normandie.

(1) Essai historique et descriptif sur l'abbaye de St.-Wandrille et sur plusieurs autres monuments des environs. Rouen. 1827.

Nous devons encore à M. Langlois plusieurs autres ouvrages intéressants, savoir : Mémoire sur la peinture sur verre. Rouen. 1823. — Notice sur l'incendie de la cathédrale de Rouen. Rouen. 1823. — Notice sur le tombeau des énervés de Jumièges et sur quelques décorations singulières de l'église de cette abbaye. 1825.

(2) Essai historique et descriptif sur l'église et l'abbaye de St.-Georges de Bocherville. Rouen. 1827, un vol. grand in-4°.

(3) Histoire de l'abbaye royale de Jumièges, par C. A. Deshayes. Rouen. F. Baudry. 1829, un vol. in-8°.

(4) Mémoires de la société des Antiquaires de Normandie, tom. II, pag. 25.

(5) Même collection, tom. IV, p. 357.

La plupart des ouvrages publiés sur l'architecture religieuse, dans les autres parties de la France, consistent dans des recueils de planches gravées ou lithographiées, représentant des églises et quelques vieux châteaux; dans toutes ces productions le texte peu développé n'a malheureusement été considéré que comme partie accessoire. Toutefois les dessins, fussent-ils complètement dépourvus d'explication, fournissent, lorsqu'ils sont exacts, de grandes lumières à celui qui a l'habitude de voir et de comparer. Sous ce rapport, les ouvrages dont je parle sont fort utiles à consulter; ils se sont rapidement multipliés depuis dix ans, et le nombre en est aujourd'hui si considérable, que je n'essaierai pas de vous les faire tous connaître; il suffit d'ailleurs que vous sachiez quels sont les plus remarquables et les plus dignes d'attention.

Le recueil publié par M. Wilmin sous le titre de *Monuments français inédits pour servir à l'histoire des arts*, doit être cité l'un des premiers; il renferme déjà plus de deux cents planches in-folio (1), dont plus de la moitié sont coloriées; elles représentent non seulement des monu-

(1) Depuis plusieurs années cet ouvrage paraît par livraisons; jusqu'ici 47 cahiers ont été terminés.

ments d'architecture et de sculpture, mais encore des vignettes de manuscrits, des meubles, d'anciens costumes, etc. Le peu de texte qu'on a jugé convenable d'y joindre jusqu'ici, est loin de répondre à l'importance des figures sur lesquelles il ne donne presque aucuns détails.

Il ne faut pas oublier *les monuments français classés chronologiquement*, par M. le comte de Laborde ; on y trouve plus de monuments romains que d'édifices de moyen âge ; mais ceux-ci ont été choisis avec le tact judicieux que l'on devait attendre de ce savant académicien.

Déjà plus de trois cents planches in-folio représentant les monuments de la Haute-Normandie, de la Franche-Comté et de l'Auvergne, composent l'atlas du voyage pittoresque et romantique dans l'ancienne France, par MM. Nodier, Taylor et de Cailleux. Ce voyage a obtenu beaucoup de vogue dans les salons, et sous ce rapport surtout il a contribué à porter l'attention du public sur les anciens monuments. Pour nous autres antiquaires, il est à regretter que l'on ait trop exclusivement exploité le côté pittoresque de l'ouvrage aux dépens d'une exactitude consciencieuse. Les dessinateurs, d'un grand talent sans doute, mais étrangers aux études archéologiques, ont trop souvent négligé les détails architectoniques pour donner des vues d'ensemble d'un plus grand effet.

Le texte est en grande partie de M. Charles Nodier (1), c'est dire assez qu'il se distingue par un style brillant et poëtique, mais aussi l'auteur a sacrifié des détails historiques qu'on serait bien aise de trouver, à la crainte qu'il avait sans doute de fatiguer les lecteurs pour lesquels il voulait écrire; il donne de pompeuses descriptions des édifices, et ne discute que rarement et très-légèrement les questions d'art et d'époques qui s'y rattachent.

Il n'en est pas ainsi de l'ouvrage que viennent de publier en Alsace deux savants connus par des travaux littéraires et philologiques de l'ordre le plus élevé, MM. Schweighauser et de Golbery, correspondants de l'Institut. Ils ont réuni la profondeur des recherches à l'élégance du style, et leur texte historique et descriptif

(1) M. Le Prévost a rédigé plusieurs chapitres du voyage pittoresque et romantique. On reconnaît facilement la plume érudite et brillante de notre savant ami dans les articles qui traitent de Rouen, du château Gaillard, de Mortemer, etc. En lisant ces articles, on regrette que M. Le Prévost n'ait pu se charger de la description de tous les monuments de la haute-Normandie.

ne le cède point en mérite aux lithographies sorties des presses de M. Engelmann (1).

La plupart de nos cathédrales commandent l'admiration, tant par le grandiose de leurs dimensions que par la finesse et la perfection de leurs détails : ce sont elles qui fournissent les morceaux les plus importants pour l'étude de l'achitecture. Aucune entreprise n'est donc plus digne d'encouragement que celle de MM. Chapuy et de Jolimont, qui se sont proposé de publier des vues et des descriptions des cathédrales françaises les plus intéressantes. Déjà plus de vingt cahiers comprenant douze cathédrales ont été livrés au public (2), et l'ouvrage doit être terminé d'ici à deux ou trois ans. Les dessins lithographiés d'après les esquisses de M. Chapuy sont pour la plupart très-nettement rendus et le texte est rédigé d'une manière satisfaisante par M. de Jolimont (3).

(1) Antiquités de l'Alsace, ou châteaux, églises et autres monuments des départements du Haut-Rhin et du Bas-Rhin, avec un texte historique et descriptif par MM. Schweighauser et de Golbery, un volume in-f°. avec un grand nombre de planches. Paris. 1825—1826.

(2) Cathédrales françaises dessinées d'après nature, par M. Chapuy, avec un texte historique et descriptif, par M. de Jolimont, membre de la société des Antiquaires de Normandie.

(3) M. de Jolimont a composé le texte historique et descriptif des cathédrales qui ont paru jusqu'ici, excepté celui des ca-

C'est à ce dernier que nous devons aussi la première partie d'un essai descriptif des monuments du Calvados ; il est fâcheux que cet ouvrage demeure interrompu (1).

On peut exprimer le même regret au sujet des publications commencées dans le Poitou(2), et dont il n'a paru que peu de livraisons ; les monuments de cette province sont d'un haut intérêt et ils n'ont pas encore été tous décrits.

Dans le Sud-Ouest de la France, M. Jouannet de Bordeaux a publié d'excellentes notices sur quelques églises de cette ville et des environs, et M. Alexandre Dumège Delahaye explore les monuments religieux de Toulouse.

Je passe sous silence beaucoup d'autres notices consacrées à la description spéciale d'un

thédrales d'Arles et d'Alby, qui est de M. Dumège de Toulouse et celui de la cathédrale de Strasbourg, dont s'est chargé M. Schweighauser.

(1) Monuments du département du Calvados, dessinés, lithographiés et décrits par M. de Jolimont, une livraison petit in-f°. Paris. 1825.

(2) Antiquités, monuments et vues pittoresques du Haut-Poitou, dessinées, lithographiées et publiées par M. Thiollet, avec un texte historique et descriptif par MM. les conservateurs des monuments de la Vienne et de la Vendée. Deux livraisons grand in-f°. Paris. 1823.

Souvenirs pittoresques du Poitou et de l'Anjou, par M. Alexis Noël, deux livraisons petit in-f°. Paris. 1828.

ou de plusieurs édifices d'une même ville, et que vous pourrez par fois consulter avec fruit. Il faut néanmoins vous tenir en garde contre les faits qu'elles affirment, j'en connais peu qui soient exemptes d'erreurs graves; les travaux de cette espèce exigent des connaissances positives dans les arts, dont les auteurs ont rarement fait preuve; parmi les meilleures descriptions de ce genre, je vous recommande celles des cathédrales de Chartres et de Paris par M. Gilbert, membre de la société des Antiquaires de France : elles sont excellentes, et laissent peu de chose à désirer.

OUVRAGES ALLEMANDS.

Je suis loin de connaître tous les ouvrages publiés en Allemagne sur l'architecture du moyen âge; j'ai pu seulement prendre une connaissance superficielle de ceux de Stieglitz, de Wiebeking, de Boisserée et de Moller, mais il en existe quelques autres.

L'ouvrage de Stiéglitz (1) se compose d'un

(1) Von altdeutscher Baukunst durch Stieglitz. Un vol. in-4°. Leipsic. 1820. Cet ouvrage se trouve dans la bibliothèque de Caen, à laquelle il a été offert par M. le comte de Beaurepaire.

volume in-4° de 245 pages, accompagné d'un atlas in-folio de 34 planches gravées ; le style en est diffus, et quelques-uns des faits rapportés paraissent susceptibles d'être contestés : on y trouve néanmoins des détails qui le rendent intéressant et bon à consulter.

Celui dans lequel M. Wiebeking a consigné ses recherches ne se trouve pas dans les bibliothèques publiques de Paris ; mais je possède un mémoire lu, en 1824, à l'académie des inscriptions (1), qui renferme, à ce qu'il paraît, une analyse sommaire des principales opinions émises par l'auteur dans son grand ouvrage.

Ce discours montre que M. Wiebeking a réuni beaucoup de faits intéressants sur l'état de l'art au moyen âge et sur les procédés employés pour construire à cette époque les édifices religieux ; mais il prouve en même temps qu'il ne s'est pas livré avec assez d'attention à la recherche des véritables dates de la construction des édifices.

Le volume in-4°. publié par M. Moller renferme plusieurs planches intéressantes repré-

(1) Mémoire sur l'état de l'architecture dans le moyen âge et sur les moyens par lesquels les monuments de ce temps ont été exécutés avec exactitude. Munich. Octobre 1824.

sentant des élévations, des plans, des sections et des détails tirés des églises et autres constructions anciennes qui se rencontrent le long du Rhin; on regrette que le texte soit très court et qu'il donne trop peu de détails.

Enfin l'histoire de la cathédrale de Cologne par M. Boisserée de Stutgard(1) est remarquable surtout par ses belles planches gravées; le texte qui n'est que la partie accessoire de l'ouvrage, renferme des détails curieux sur les confréries de maçons; l'auteur y donne son opinion sur l'architecture dite gothique qu'il croit originaire du Nord de la France ou de l'Allemagne occidentale.

OUVRAGES ITALIENS.

Dès le XVIIe. siècle, Ciampini avait composé des ouvrages très-remarquables, accompagnés d'un grand nombre de planches, sur les anciens monuments, sur les peintures en mosaïque qui les décorent, et sur les églises élevées par Constantin (2).

(1) Histoire et description de la cathédrale de Cologne, un cahier papier grand aigle.

(2) Vetera monimenta in quibus precipue musiva opera sacrorum profanarum que ædium structura, ac nonnulli antiqui ritus, dissertationibus, iconibusque illustrantur. La première partie

Mais ces ouvrages remplis de bons renseignements concernant les édifices religieux des premiers siècles et leur décoration ne traitent point des changements introduits successivement dans les formes architectoniques, et conséquemment ils ne présentent qu'un fragment de l'histoire de l'architecture.

Long-temps après Ciampini, les monuments les plus curieux du moyen âge ont été, en Italie comme ailleurs, en butte à une dédaigneuse indifférence; mais depuis quelques années plusieurs savants ont eu le bon esprit d'explorer toutes les antiquités de leur pays sans acception de styles privilégiés ou d'époques classiques; ils ont déjà réuni de précieux matériaux pour l'histoire de l'art en Italie.

M. le comte Cordero de San-Quintino, conservateur du musée de Turin, a fait paraître un volume plein d'aperçus ingénieux, dans lequel il a répondu avec autant de critique que d'érudition à plusieurs questions proposées par l'Athénée de Brescia (1). Il s'agissait de déter-

parut à Rome en 1690, la seconde en 1699.

De sacris edificiis à Constantino magno constructis. Rome. 1694.

Les deux ouvrages précédents forment les tom. II et III de l'édition des œuvres de Ciampini, publiées en trois vol. in-f°., par Giani. Rome. 1747.

(1) Dell' italiana architectura durante la dominazione Longo-

miner l'état de l'architecture usitée en Italie pendant la domination lombarde, c'est-à-dire pendant les VIe., VIIe. et VIIIe. siècles, de rechercher si cette architecture avait une origine particulière; d'établir ses caractères distinctifs, principalement dans la construction des temples, de faire connaître leurs décorations intérieures et extérieures, la distribution des plans, le choix des matériaux,et enfin d'indiquer les principaux édifices construits pendant cette période. M. de San-Quintino a prouvé par des faits et par des raisonnements sans réplique que les Lombards n'apportèrent point en Italie un système particulier d'architecture, qu'ils n'ont jamais employé d'autre mode de construction que celui qu'ils avaient trouvé en usage dans cette contrée et que ce mode de construction n'était autre que celui des Romains, altéré et corrompu comme il l'était déjà dans les siècles précédents (1).

Les mêmes questions ont occupé dans le même temps deux autres archéologues, MM. Sacchi (2) qui sont arrivés par des voies diffé-

barda rægionamento del cav. Giulo Cordero di conti di S. Quintino. Un vol. in-8°. Brescia. 1829.

(1) Notice sur l'ouvrage de M. dé San-Quintino, par M. Ludovic Vitet.

(2) Premier essai sur les antiquités romantiques de l'Italie;

rentes aux mêmes conclusions que M. de San-Quintino (1).

Conclusion. Nous possédons, comme vous le voyez par cet aperçu, une assez grande quantité d'ouvrages sur l'architecture des siècles intermédiaires; mais la plupart se recommandent bien plus par leurs planches que par les renseignements historiques qu'ils contiennent.

Les ouvrages qui ont été publiés à Londres, et qui sont les plus instructifs de tous, ne peuvent indiquer complètement les variations de l'architecture, puisqu'ils ne traitent que des monuments de l'Angleterre, qui ne remontent pas au-delà du Xe. siècle.

Tous ceux qui ont paru dans d'autres contrées laissent beaucoup de renseignements à désirer, et l'on ne peut disconvenir qu'il n'existe beaucoup de lacunes et d'imperfections dans les recherches qui ont été faites jusqu'ici; on n'a pas encore saisi dans leur ensemble les

sur l'architecture symbolique, civile et militaire usitée en Italie pendant la domination Lombarde, par MM. Def. Sacchi et Joseph Sacchi. Un vol. in 8°. Milan Stella 1829.

(1) Il paraît que l'étude du moyen âge n'est nullement populaire en Espagne; cependant M. le comte de Beaurepaire s'est assuré que les membres de l'Académie royale d'Histoire de Madrid songent à mettre au jour le fruit de leurs recherches et que cette contrée ne restera pas long-temps étrangère à l'impulsion générale.

faits qui touchent à l'origine et aux progrès des différents styles; l'histoire de l'architecture du moyen age est encore à faire. D'ailleurs il ne faut pas croire que la découverte des faits, quelque importants, quelque nombreux qu'ils puissent être, suffise à elle seule pour constituer la science, ils n'en sont que les éléments, que les matériaux; il n'y a de science qu'autant qu'on est parvenu à les lier, à les coordonner entre eux, à les féconder par l'induction et à former ainsi ce qu'on appelle des *corps de doctrine*.

Telle est, Messieurs, la tâche que je vais entreprendre pour l'architecture du moyen âge; je veux essayer d'en débrouiller l'origine et d'en suivre les progrès: mon but, en un mot, est de vous présenter un tableau historique qui n'a été qu'imparfaitement esquissé en Angleterre et en Allemagne, que personne avant moi n'a ébauché en France. Je ne me dissimule pas combien cette entreprise présente de difficultés; j'espère toutefois la conduire à bien, pourvu que vous veuilliez me continuer votre indulgence et votre attention.

CHAPITRE III.

De la classification des styles architectoniques du moyen âge — Nécessité d'adopter pour les désigner une nomenclature plus rationnelle que celle dont on se sert ordinairement. — Exposé d'une nouvelle nomenclature et des motifs qui doivent la faire préférer aux autres. — Tableau indicatif de la durée des principaux genres d'architecture qui ont régné depuis le Ve. siècle jusqu'au XVIe.

Les Francs, les Saxons et les autres barbares n'avaient qu'une industrie très-bornée, qui ne dut exercer aucune influence sur les arts de la Gaule au Ve. siècle. La masse de la population demeura romaine pour ainsi dire, et les envahisseurs eux-mêmes subirent bientôt l'empire de la civilisation. Mais la décadence qui avait déjà fait tant de progrès s'accrut encore par leur présence et par l'isolement et le découragement où les populations furent plongées dans ces temps de désastres et de destruction.

L'architecture des premiers siècles du moyen âge offrait donc tous les caractères de l'architecture romaine, mais dans un état avancé de dégénérescence ; nous la désignerons sous le nom d'*architecture romane*. Cette dénomination d'abord employée par M. de Gerville, et que j'ai adoptée en 1823 dans mon essai sur l'architecture religieuse du moyen âge, me paraît préférable à celles de *lombarde*, *saxonne*, *normande*, *gothique-ancienne*, et à plusieurs autres dont on s'est servi pour désigner l'architecture postérieure à la domination romaine et antérieure au XIIe. siècle.

Ces noms impliquent en effet une idée fausse, car ils peuvent faire croire que l'architecture dont nous parlons est venue des Goths, des Saxons, des Normands, des Lombards ; il faut absolument les remplacer par un nom unique, puisque l'architecture qu'ils désignent est partout la même, sauf quelques différences dans les accessoires : celui que je propose, d'après M. de Gerville, réunit, je crois, toutes les conditions qui peuvent le faire préférer ; il a le mérite d'indiquer l'origine du style d'architecture auquel je l'applique, et il n'est pas nouveau, puisqu'on s'en sert déjà pour désigner la langue du même temps. Tout le monde sait que la langue *romane* est la langue latine dégénérée ; pourquoi ne désignerait-on pas aussi l'architecture romaine abâtardie, sous le nom d'*architecture romane ?*

Malgré tant de motifs pour adopter cette dénomination, quelques savants s'y refusent encore, et j'avoue que leurs raisons ne me paraissent nullement péremptoires. L'un d'eux, par exemple, M. Ed. Bold, lieutenant de la marine britannique et auteur d'un ouvrage élémentaire que je me plais à citer comme un excellent résumé (1), nous reproche, à M. de Gerville et à moi, d'avoir abandonné la qualification d'architecture normande, consacrée en Angleterre et en Normandie : il prétend qu'en cela nous avons manqué de patriotisme.

Mais je vous le demande, Messieurs, ne répugne-t-il pas à la raison d'appeler *architecture normande* un style qui évidemment n'a pas été inventé par les Normands, qui ne leur est pas spécial, et qu'ils ont tout au plus modifié dans ses accessoires, sans y faire de changements essentiels ? Est-il possible d'appeler également architecture normande celle du même type qui existe dans le Berry, l'Auvergne,

(1) Cet ouvrage sans date a paru à Londres vers l'année 1828, lest intitulé : *A concise history and analysis of all the principal style of Architecture ;* il n'a que 120 pages petit in-8°. avec des planches intercalées dans le texte.

le midi de la France, en Allemagne ou en Italie? Non sans doute, et il fallait absolument, je le répète, un mot générique pour désigner une architecture qui a été adoptée dans plusieurs contrées différentes.

Quant au reproche de manquer de patriotisme, j'y suis pour ma part très-peu sensible; je ne reconnais en effet de patriotisme que celui qui est basé sur la vérité et sur la bonne foi: hors de là je ne vois dans ce prétendu patriotisme que de ridicules prétentions et de puériles sentimens d'amour propre.

Du-reste, si quelques personnes ont cru devoir protester contre la dénomination d'*architecture romane*, il est vrai de dire aussi qu'un très-grand nombre d'antiquaires l'ont adoptée surtout depuis la publication de mon essai sur l'architecture du moyen âge (1), et j'ai lieu de croire que tôt ou tard cette adoption deviendra générale.

(1) On peut s'en convaincre en lisant plusieurs mémoires descriptifs publiés sur différents points de la France, et dans lesquels on s'est servi de mes dénominations et de mon système de classification.

Je pourrais citer entre autres le grand ouvrage de MM. Schweighauser et de Golbery sur les antiquités de l'Alsace (V. la page 55), et l'essai historique et descriptif de M. Alexandre du Mège de Toulouse, sur la cathédrale d'Arles, qui fait partie de la collection publiée par M. Engelmann.

Quoi qu'il en soit, nous diviserons cette période de six siècles (du VIe. au XIIe.) à laquelle nous donnons le nom de romane, en trois époques principales ; *la première* qui s'étendra depuis le VIe. jusqu'au Xe. siècle inclusivement; *la seconde* qui commencera à la fin du Xe. siècle et se prolongera jusqu'à la fin du XIe. siècle; *la troisième* qui comprendra les dernières années du XIe. siècle et la 1re. moitié du XIIe.

Ce fut vers le milieu du XIIe. siècle qu'une révolution, dont il nous sera facile de suivre le cours, mais dont les véritables causes ne sont point encore démontrées, vint changer entièrement l'architecture. L'arc en tiers-point appelé *ogive* fut alors substitué au plain cintre romain, et cette différence capitale dans la forme des arcades, jointe à plusieurs autres que je vous ferai connaître établit un caractère essentiellement distinctif entre cette architecture nouvelle et celle qui l'avait précédée.

Je vous propose, Messieurs, d'appeler *architecture à ogives* ou *style ogival* cette architecture dont l'ogive est le principal caractère, et j'ose dire que cette dénomination est beaucoup plus juste que toutes celles qui ont été employées jusqu'ici. En effet, c'est principalement cette architecture qui avait reçu le nom de *gothique*, et rien n'est plus impropre qu'une pareille dénomination. Je l'ai déjà dit, Messieurs, les Goths, les Vandales et les autres peuples barbares n'ont jamais eu d'architecture à eux, ils n'ont fait qu'imiter les constructions romaines, et d'ailleurs les nations gothiques avaient disparu depuis long-temps de la scène du monde, quand le style ogival a commencé à s'y montrer, puisqu'il ne date que du XIIe. siècle (1).

Mais ce n'est pas seulement par le nom de gothique qu'on désigne ordinairement l'architecture à ogives; ceux qui en attribuent l'invention aux Maures d'Espagne, l'appellent *architecture Sarrazine;* pour d'autres qui la croient venue de l'Orient, c'est le *style oriental*. Quelques antiquaires anglais l'ont aussi appelée anglaise, comme si elle était originaire de l'Angleterre.

Nous verrons bientôt, Messieurs, que ces

(1) La dénomination de *gothique* avait été employée pendant long-temps pour qualifier tout genre d'architecture qui s'éloignait des principes de l'architecture grecque et romaine, comme si les Goths qui s'emparèrent de l'Italie au ve. siècle étaient les auteurs de cette corruption du goût. Aujourd'hui cette opinion est détruite partout quant au fond, mais la dénomination a survécu à l'opinion qui l'avait fait adopter.

origines ne sont rien moins que certaines, et conséquemment les diverses dénominations auxquelles elles ont donné lieu ne peuvent être maintenues; les nomenclatures n'ont de valeur qu'autant qu'elles reposent sur des faits aujourd'hui surtout qu'un esprit d'exactitude et de réserve prévaut dans les recherches historiques comme dans toutes les autres sciences. Le nom que je propose fait allusion au principal caractère du genre qui est l'arcade en ogive, mais il n'a aucune relation avec l'origine de cette forme, c'est en quoi je le trouve préférable aux autres.

Au reste, quelle que soit l'expression dont on voudra se servir, le style ogival a régné presque sans partage en France depuis le XIIe. siècle jusqu'au XVe., époque à laquelle une grande révolution dans le goût et dans les idées ramena les artistes à l'imitation de l'architecture grecque et de l'architecture romaine. Cette période de trois siècles et demi peut être divisée elle-même en quatre époques eu égard aux variations de l'architecture ogivale dans les XIIIe., XIVe., XVe. et XVIe. siècles; nous les distinguerons simplement par des adjectifs indiquant leur ordre relatif d'ancienneté. Ainsi le style ogival de la première époque sera le *primitif*; les mots *secondaire*, *tertiaire*, *quartaire*, distingueront les trois autres époques.

Parmi les classifications du style ogival établies par les antiquaires anglais, celle de M. Dallaway, et surtout celle de M. Milner, se rapprochent de la mienne à plusieurs égards; le dernier, fort habile d'ailleurs, a distingué dans cette architecture trois ordres qui correspondent à peu près, pour le temps, aux styles que j'ai désignés sous les noms de *primitif*, *secondaire* et *tertiaire*. Je crois, Messieurs, que le mot *ordre* employé par M. Milner est peu convenable pour exprimer des modifications d'un même genre: les ordres dans l'architecture ont des caractères essentiels qui les distinguent; mais dans les principales époques de l'architecture ogivale il n'y a que des modifications dans les ornements et dans les formes sans changement essentiel dans les proportions fondamentales des édifices. Le mot ordre ne pourrait donc, ce me semble, s'appliquer aux différents styles de cette architecture qu'autant qu'elle aurait eu plusieurs genres usités en même temps; mais des passages presque insensibles d'une forme à une autre, ne peuvent être marqués autrement que par des différences d'époques.

Le court aperçu que je viens de vous soumettre montre tout mon système de classification ; il est de la plus grande simplicité, et c'est celui que j'ai trouvé le plus naturel après avoir comparé plus de douze cents églises de différents âges. Je divise, comme vous le voyez, les styles d'architecture religieuse en deux grandes classes et en sept espèces, dont le tableau suivant indique la durée et l'ordre de succession.

Tableau chronologique des principaux styles d'architecture qui ont régné depuis le Ve. siècle jusqu'à la fin du XVIe.

		(Durée des styles.)
Architecture ROMANE.	Primordiale.	Depuis le Ve. siècle jusqu'au Xe.
	Secondaire.	Depuis la fin du Xe. siècle jusqu'au commencement du XIIe.
	Tertiaire ou de Transition.	Fin des XIe. siècle et XIIe.
Architecture OGIVALE.	Primitive.	XIIIe. siècle.
	Secondaire.	XIVe.
	Tertiaire.	XVe.
	Quartaire.	XVIe. (1re. moitié)

Ces divisions que j'avais établies il y a sept ans me paraissent bonnes à conserver, malgré la difficulté de préciser à quelles époques se sont manifestés les changements qui servent à les distinguer.

D'ailleurs, en archéologie comme dans bien d'autres sciences, les meilleures méthodes de classification reposent nécessairement sur des abstractions diversement graduées. Il n'est pas aisé de circonscrire absolument les limites temporaires dans lesquelles on doit renfermer le règne de tel ou tel style d'architecture; ces limites peuvent varier jusqu'à un certain point, suivant les localités.

Malgré ces oscillations dans la marche de l'art, vous demeurerez convaincus, Messieurs, lorsque vous aurez fait l'application des principes que je vais vous soumettre, que l'âge relatif des monuments religieux peut être constaté comme tout autre fait positif, en d'autres termes, que l'on peut analyser les caractères architectoniques d'une église, afin de découvrir à quelle époque elle a été construite, comme on analyse les organes d'un végétal pour trouver à quel genre il appartient. Mais dans cette opération je vous recommande deux choses : la première, de ne jamais oublier que l'ensemble de plusieurs caractères devra toujours vous guider dans la détermination des époques; la seconde, de vous bien pénétrer de cette vérité, que l'examen le plus minutieux en apparence ne peut être indifférent pour arriver à ce but, et pour se former une juste idée de la génération des formes.

CHAPITRE IV.

Courte récapitulation de ce qui a été dit dans la troisième partie du Cours sur l'état de l'architecture en Occident au IVe. siècle. — Des premières églises chrétiennes ; elles ont été calquées sur les basiliques. — Forme de ces dernières et des églises bâties à leur imitation. — Un mot sur quelques-uns des monuments religieux qui furent élevés en France au Ve. siècle.

J'ai eu l'honneur de vous dire que les monuments religieux du moyen âge (depuis le Ve. siècle jusqu'au XVIe.) peuvent être rangés dans deux grandes classes subdivisées en sept espèces qui se rapportent à sept époques assez nettement circonscrites; je vais successivement vous présenter les considérations et les développements relatifs à chacun de ces différents styles d'architecture.

Mais auparavant reportons-nous pour un moment aux siècles de l'ère gallo-romaine, et résumons en peu de mots ce que nous avons dit de l'origine de la décadence dans les monuments.

D'abord vous vous rappelez que les Romains

n'ont jamais eu un sentiment exact des principes de l'architecture grecque ; qu'ils ont toujours cherché à se distinguer par la grandeur des dimensions et le haut prix des matériaux plutôt que par la justesse des proportions. Tout en imitant le style grec il leur arrivait souvent de l'altérer par maladresse, et à aucune époque les monuments romains n'ont offert l'admirable pureté des chefs-d'œuvre d'Athènes et de Corinthe (1).

L'architecture atteignit cependant en Occident un assez haut degré de perfection sous le règne d'Auguste ; depuis cet empereur jusqu'à Adrien et aux Antonins elle conserva sa splendeur, mais elle perdit la simplicité du style grec dont elle avait tiré son origine : ensuite elle dégénéra graduellement par la surabondance des ornements et par de licencieuses innovations, surtout après les guerres d'Asie (2).

Ainsi plusieurs parties du vaste palais élevé par Dioclétien à Spalatro, au IIIe. siècle, portent l'empreinte du mauvais goût qui commençait à dominer. On y voit des colonnes supportant immédiatement des arcs au lieu d'architraves (pl. XLIII, fig. 1-2), des arcades in-

(1) Je parle ici en général, on peut revoir les développements donnés à ce sujet dans la troisième partie du Cours.

(2) Voyez la troisième partie du Cours.

terrompant l'entablement, et plusieurs autres défauts qui annoncent l'oubli des règles et des bons principes.

Cet oubli est plus choquant encore dans les thermes bâtis à Rome par le même empereur. D'après Séroux d'Agincourt qui avait examiné cet édifice, la décoration de plusieurs des parties qui le constituent est du style le plus bizarre et le plus licencieux; des colonnes sans emploi appliquées contre les murs, y sont élevées les unes au-dessus des autres sur des piédestaux de mauvais goût et surmontées d'architraves et de corniches interrompues; d'autres colonnes s'appuient sur des consoles et sont couronnées par des frontons brisés et sans bases. La fig. 3, pl. XLIII, représente une partie de cet édifice dans laquelle vous pouvez remarquer la réunion des défauts que je viens d'énumérer.

Les progrès de la décadence devinrent de plus en plus sensibles sous le règne de Constantin; on orna l'arc de triomphe élevé par le sénat et le peuple romain en mémoire de la victoire remportée par ce prince sur Maxence avec des colonnes, des statues et des bas-reliefs arrachés à l'arc de Trajan. Les artistes du temps ne purent coordonner convenablement ces différents morceaux de sculpture, et il régna de l'irrégularité dans leur assemblage. La plupart des autres monuments élevés sous Constantin se distinguent par les défauts que nous avons signalés sous Dioclétien, et en outre par une grande pesanteur dans les principaux membres des ordres.

La dégradation était donc déjà assez avancée lorsque l'établissement du christianisme, protégé par ce prince, fit élever à Rome et dans les provinces de l'empire, un grand nombre d'églises dont quelques-unes ont subsisté jusqu'à nous.

DES PREMIÈRES ÉGLISES ET DES BASILIQUES.

Quelle était, Messieurs, la forme de ces églises élevées du temps de Constantin?

Pour répondre à cette question, il faut savoir d'abord ce qu'étaient les basiliques, car ces édifices furent choisis par les Chrétiens pour la célébration des cérémonies, lorsqu'ils abandonnèrent les catacombes et les chapelles souterraines, et qu'ils purent se montrer librement au grand jour.

Les basiliques servaient à la fois de tribunaux et de bourses de commerce. On s'y réunissait pour parler d'affaires; quelques-unes pouvaient aussi contenir des étalages de marchandises comme nos halles ou nos bazars.

A l'extérieur elles se distinguaient par une grande simplicité ; les murs percés de fenêtres semi-circulaires regulièrement espacées n'étaient pas décorés de colonnes ni de sculptures comme ceux des temples.

A l'intérieur, deux rangs parallèles de colonnes ou de pilastres divisaient l'édifice en trois parties inégales dans le sens de la longueur (pl. XLIII, fig. 7). La galerie centrale était la plus large et la plus élevée ; elle était occupée en partie par les marchands, les plaideurs, les avocats, en partie par le peuple. Les plaideurs et les curieux se plaçaient aussi à droite et à gauche dans les deux ailes latérales.

A l'extrémité des trois galeries il y avait un espace peu profond (voir le plan n°. 7, pl. XLIII) qui, comme dans nos tribunaux actuels, était réservé exclusivement aux avocats, aux greffiers et aux autres officiers de justice, et qui se terminait par un enfoncement semi-circulaire placé vis-à-vis de la galerie centrale. C'était au milieu de cet hémicycle que s'asseyait le président ou premier juge (voir le point A fig. 7, pl. XLIII) ayant à ses côtés les juges assesseurs.

Ainsi disposées, les basiliques parurent aux

premiers évêques de Rome tout-à-fait convenables pour la célébration des mystères du nouveau culte, et préférables aux temples qu'ils auraient pu facilement s'approprier. Les Chrétiens devaient en effet se réunir dans la même enceinte, afin de participer tous aux cérémonies sacrées; et les temples généralement peu spacieux ne pouvaient contenir qu'un nombre de personnes beaucoup trop limité; c'étaient, dans l'ancienne religion, des sanctuaires accessibles seulement aux prêtres et à quelques élus; le peuple n'y pénétrait pas (1). L'éloignement que les premiers chrétiens avaient pour tout ce qui rappelait l'ancien culte, influa sans doute aussi sur le choix qu'ils firent des basiliques; car ces édifices ayant une destination toute civile, étaient, à leurs yeux, exempts de la souillure dont ils croyaient les temples entachés.

Les basiliques une fois transformées en églises, il ne fut pas difficile d'adapter les cérémonies religieuses à la disposition du local.

L'évêque entouré des prêtres assistants se plaça au fond de l'hémicycle appelé *tribune*, où siégeaient auparavant les juges. L'espace réservé aux avocats entre l'hémicycle et les nefs

(1) Mémoire de M. Quatremère de Quincy, sur les temples antiques.

dévint une enceinte privilégiée pour les chantres et les ecclésiastiques, par suite de cette circonstance il prit le nom de *chœur*; l'autel fut placé à peu près au centre.

En avant de l'autel, à droite et à gauche, on plaça dans le chœur, deux petites chaires que l'on appela *ambons*, et dans lesquelles on venait lire l'épître et l'évangile. Les galeries ou nefs furent occupées par les fidèles : le côté droit était celui des hommes et le gauche celui des femmes. Une portion de la galerie centrale était réservée pour les cathécumènes qui ne participaient pas encore à la célébration des mystères, mais qui venaient seulement écouter les instructions.

Comme il y avait deux ordres de colonnes dans la nef centrale de la plupart des basiliques, et qu'il régnait une galerie au-dessus du premier ordre, ces espèces de tribunes furent réservées aux veuves et aux vierges qui se consacraient à la prière.

Pour rappeler les temps de persécution où les fidèles célébraient les mystères dans les catacombes, sur les tombeaux des martyrs, on creusa sous l'autel un caveau dans lequel on déposa les restes des chrétiens morts en odeur de sainteté.

Ce caveau fut appelé *la confession*, en

mémoire des martyrs qui avaient versé leur sang pour confesser la foi chrétienne, et dont il contenait les reliques.

Enfin l'on ajouta à quelques basiliques et à quelques églises une cour carrée entourée de portiques, dans laquelle les cathécumènes se retiraient pendant la célébration des cérémonies auxquelles il ne leur était pas encore permis d'assister; il y avait au milieu de cette cour un réservoir ordinairement octogone, et entouré par fois de colonnes supportant un toît de même forme. C'était dans cette piscine que les néophytes recevaient le baptême, d'où lui est venu le nom de *baptistaire*.

Les basiliques adaptées de cette manière au culte chrétien, devinrent le type de presque toutes les églises qui furent construites en Occident, au IVe. siècle (1). Leur forme reçut une sorte de consécration religieuse, et l'on s'en écarta peu dans les édifices qui furent élevés pour le culte jusqu'au XIe. siècle.

(1) Quelques églises seulement furent construites sur d'autres formes qui se rapprochaient plus ou moins de celles des anciens temples. Ceux-ci furent aussi parfois transformés en églises après avoir reçu des accroissements et une distribution nouvelle à l'intérieur.

Je pourrais vous offrir les descriptions de plusieurs églises anciennes de Rome, je vais me borner à vous présenter celle de l'église saint Clément, telle qu'elle a été donnée par Séroux d'Agincourt. A la vérité cette église n'est pas antérieure au IX$_e$. siècle; mais elle ressemble d'une manière frappante aux premières basiliques chrétiennes, si bien que d'Agincourt et la plupart de ceux qui en ont fait mention ont placé son érection au Ve. siècle (1).

On remarque d'abord à Saint-Clément un *antéportique*, ou, suivant l'expression ordinaire, un porche. De ce porche on entre par quelques degrés dans une cour ou *atrium*, environnée d'un péristyle, laquelle précédait le corps de l'église.

Dans l'intérieur de l'église, deux nefs latérales d'inégale largeur, destinées l'une à placer les femmes, l'autre à recevoir les hommes, accompagnent la nef du milieu. Dans celle-ci, vers la partie supérieure, et près du sanctuaire est une enceinte fermée d'un petit mur en

(1) Il paraît d'après les recherches de M. de St.-Quintin, qu'il y a eu à Rome deux églises de St.-Clément, l'une dont la fondation remontait au IVe. siècle et qui a été démolie au VIIIe.; l'autre dont la construction n'a eu lieu que dans la première moitié du IXe. siècle. C'est cette dernière qui existe encore, et que l'on a regardée à tort comme identique avec la première.

marbre à hauteur d'appui, où se plaçaient les acolytes, les exorcistes et les autres fonctionnaires des ordres mineurs; elle renferme à droite et à gauche, sur un sol un peu plus élevé, les deux ambons (points B et C, fig. 6, pl. XLIII); au fond de l'église est le sanctuaire terminé en hémicycle; au pourtour sont les bancs des prêtres, et au centre s'élève l'autel avec son tabernacle (point A, fig. 6, pl. XLIII).

La description précédente est bien propre à donner une idée exacte de la disposition des premières églises. Toutefois il faut remarquer qu'un très-grand nombre n'étaient point précédées d'une cour comme celle de Saint-Clément, mais seulement d'un portique ou espèce de vestibule semblable à celui que vous voyez dans le plan de l'église de Saint-Pierre-ès-liens (fig. 8, pl. XLIII).

Les églises bâties en Occident, au IVe. et au Ve. siècle, furent, comme nous l'avons dit, construites sur le patron des basiliques; mais quelques-unes offrirent des innovations partielles que je ne dois pas omettre d'indiquer. La plus notable peut-être fut l'apparition des *transsepts*, c'est-à-dire l'élargissement que prit le vaisseau entre l'abside et les nefs, de manière à donner au plan de l'édifice la forme d'une croix (pl. XLIII, fig. 9. voir fig. 5, même planche, l'intérieur de Saint-Paul hors les murs). Quelquefois aussi, au lieu d'une seule abside, on en fit trois de proportions différentes, et l'on mit leur diamètre en rapport avec la largeur des nefs vis-à-vis desquelles elles étaient placées (pl. XLIII, fig. 8). Enfin dans quelques églises on doubla les rangs de colonnes de manière à produire cinq nefs au lieu de trois; c'est ce qui eut lieu dans l'église de Saint-Paul hors les murs, et dans celle de Saint-Pierre élevée au IVe. siècle. Le plan de cette église a été conservé (voyez la fig. 9, pl. XLIII). Elle était, comme celle de Saint-Clément, précédée d'une cour ou *atrium*.

Le sénat avait orné l'arc de triomphe de Constantin aux dépens de celui de Trajan; les Chrétiens suivirent aveuglément ce déplorable exemple: ils exploitèrent sans pitié les édifices de l'ancienne Rome. Les métaux furent fondus, les colonnes déplacées, les marbres arrachés. Tous ces matériaux furent employés, ainsi que la peinture et les mosaïques, à la décoration intérieure des premières églises; mais elles conservèrent à l'extérieur la simplicité des basiliques; leurs murs unis, percés de fenêtres arrondies, ne présentaient pas de colonnes ni d'entablements travaillés, si ce n'est par fois du côté de la façade où se trouvaient les principales portes d'entrée. L'église de Saint-Paul hors les murs(1), reproduite en partie sur la pl. XLIII (fig. 4) et plusieurs autres que je pourrais citer, montrent bien cette simplicité extérieure des premiers temples chrétiens.

Mais sans nous arrêter plus long-temps à l'examen des monuments religieux de l'Italie, revenons en France, et cherchons à acquérir des idées précises sur l'état primitif de l'architecture dans nos contrées.

Le Christianisme paraît s'être introduit dans la Gaule vers la fin du IIe. siècle, époque à laquelle plusieurs congrégations se formèrent dans les provinces méridionales. Au IIIe. siècle, les progrès du nouveau culte devinrent plus rapides, des missionnaires partirent de Rome pour aller prêcher à Narbonne, à Toulouse, à Limoges, à Clermont et en Tourraine. Il paraît que vers l'an 250, saint Nicaise et ses compagnons avaient essayé de pénétrer dans la

(1) Il est facile de reconnaître que quelques-unes des fenêtres de cette église ont été percées après coup ; mais on croit que les murs sont antiques aussi bien que les fenêtres de la grande nef.

deuxième Lyonnaise et qu'ils furent martyrisés en chemin ; ce serait en 260 environ, suivant l'opinion commune, qu'il faudrait placer l'arrivée de saint Mélon, premier évêque de Rouen (1).

Quoi qu'il en soit, jusqu'au règne de Constantin, il n'y eut point en Gaule d'églises proprement dites, et l'on célébrait les mystères dans les maisons des nouveaux convertis, dans des cryptes et des lieux retirés ; mais après l'avénement de ce prince, le christianisme prit un accroissement prodigieux dans les provinces comme dans l'Italie, et les églises s'y multiplièrent. Constantin en fit construire lui-même une à Clermont; d'autres s'élevèrent ailleurs sur des plans apportés de Rome.

On ne peut guères douter que les évêques qui prêchèrent l'évangile, au IVe. siècle, dans les provinces de l'Ouest, n'aiént élevé des oratoires dans toutes les villes épiscopales. L'apôtre de la Touraine, saint Martin, fonda une église sous l'invocation de saint Pierre et de saint Paul, dans la ville de Tours où déjà Litorius,

(1) La plus ancienne date certaine que nous ayons relativement aux premiers apôtres qui s'établirent dans notre province, est celle qui nous est fournie par la présence d'Avitien, deuxième évêque de Rouen, au concile d'Arles, en 314.

son prédécesseur, avait transformé en chapelle la maison d'un sénateur (1). Briccius et Eustochius, ses successeurs, animés du même zèle, en construisirent d'autres dans la même ville et aux environs (2). Ces églises étaient petites et sans doute proportionnées au nombre et aux facultés des personnes qui avaient embrassé la foi chrétienne.

Mais on ne connaît aujourd'hui dans nos départements de l'Ouest aucun édifice de ce genre que l'on puisse avec certitude rapporter à une époque aussi éloignée.

La crypte de Saint-Gervais à Rouen, que quelques personnes regardent comme un monument du IVe. siècle, dans lequel saint Mélon aurait été enterré (3), est peut-être le seul mo-

(1) Ædificavit ecclesiam primam infrà urbem turonicam, cùm jàm multi christiani essent : prima que ab eo ex domo cujusdam senatoris basilica facta est. Greg. Tur. hist. Franc. l. x ch. 31.

(2) Briccius ædificavit ecclesiam parvulam super corpus beati Martini. — Grégoire de Tours, histoire de France. — Ferunt instituisse ecclesias per quosdam vicos. *ibid.* Liv. x.

(3) Quelques personnes pensent que la crypte de St.-Gervais de Rouen ne remonte pas à une aussi haute antiquité et qu'elle a été construite plus tard, sur le même emplacement que la crypte élevée primitivement au IVe. siècle. Des antiquaires fort distingués prétendent au contraire que la crypte actuelle est bien celle où furent inhumés St.-Mélon et St.-Victrice.

« Il me paraît bien difficile, dit M. Le Prévost, que cette « crypte ne soit pas de l'époque de St.-Victrice à la fin du IVe.

nument de ce temps, qui subsiste encore dans le Nord-Ouest de la France.

Dans la deuxième moitié du Ve. siècle, les édifices religieux commencèrent à devenir plus vastes, et quelques-uns furent bâtis avec une certaine magnificence.

Perpétuus, évêque de Tours, sous le règne de Childéric, voyant que la petite église bâtie par Briccius sur le tombeau de saint Martin ne pouvait contenir tous les fidèles qui venaient y prier, en éleva une autre plus digne de la mémoire du saint évêque dont elle recouvrait les restes. Grégoire de Tours fait une courte description de cette église : elle avait, dit-il, cent soixante pieds de longueur, soixante pieds de largeur et quarante-cinq pieds

« siècle. J'ai visité bien des cryptes depuis Rouen jusqu'à Marseille ; excepté celle de Grenoble, je n'en vois pas qui m'aient paru aussi authentiquement anciennes que celle-ci. Encore me semble-t-elle antérieure à celle de Grenoble, qui est décorée de colonnes en marbre. La forme des deux arcades sous lesquelles étaient enterrés les deux prélats dans la crypte de St.-Gervais, me paraît aussi d'un grand poids. Leurs corps en ont été retirés au IXe. siècle. Quelle raison aurait-on eue plus tard pour y réserver des emplacements de tombeaux, puisque leurs reliques n'y sont point revenues? On est donc forcé au moins d'admettre que la crypte est antérieure au IXe. siècle ; et alors pourquoi ne pas penser qu'elle est la même qui fut élevée par St.-Victrice à la fin du IVe. ? La construction des murs en petit appareil ne confirme-t-elle pas cette opinion. ? »

de hauteur; dans tout l'édifice il y avait cinquante-deux fenêtres et cent vingt colonnes(1). Le même prélat bâtit plusieurs autres églises dont parle Gregoire de Tours (2). L'une d'elles, sous l'invocation de saint Pierre et de saint Paul, reçut la châsse en marbre qui avait renfermé les reliques de saint Martin. Dans la suite, Omatius, douzième évêque, éleva l'église de Sainte-Marie et celle de Saint-Gervais et de Saint-Protais; Euphronius en fit construire une autre sous l'invocation de saint Symphorien(3) martyr.

(1) Qui cùm virtutes assiduas ad sepulchrum ejus fieri cerneret (circà annum 460) cellulam quæ super eum fabricata fuerat, videns parvulam, indignam talibus miraculis judicavit. Quâ submotâ, magnam ibi basilicam quæ usquè hodiè permanet fabricavit : quæ habetur à civitate passus quingentos quinquaginta.

Habet in longum pedes centum sexagenta, in latum sexaginta.

Habet in altum usque ad cameram pedes quadraginta quinque. Fenestras in altario (le chœur) trigenta duas, in capso (la nef) vigenti. Columnas quadraginta unam.

In toto ædificio fenestras quinquaginta duas, columnas centum vigenti, ostia octo, tria in altario quinque in capso. Grég. de Tours, hist. de France, liv. II, §. 14.

(2) Multas et alias basilicas ædificavit quæ usquè hodiè in christi nomine constant. Lib. II, §. 14.

Hujus tempore ædificatæ sunt ecclesiæ in vicis (vers le milieu du ve. siècle) id est in Evena Mediconno, Berrao, Balutedine, Vernado. Lib. x, §. 31.

(3) Basilica beati Symphoriani Augustodunensis martyris ab

Aidé par le roi Clotaire, il fit réparer et couvrir en plomb l'église de Saint-Martin; des églises furent construites en même temps dans plusieurs villages de son diocèse (1).

En Auvergne, Namatius, évêque de Clermont, semble avoir rivalisé avec Perpétuus et l'avoir même surpassé dans la reconstruction de sa cathédrale; elle avait la forme d'une croix avec des ailes, et se terminait par une absyde semi-circulaire, les murs du sanctuaire étaient revêtus de marbre et d'un travail très-soigné (2).

Eufronio presbytero ædificata est, et ipse Eufronius hujus deinceps urbis episcopatum sortitus est. Grég. de Tours, hist. de France, Liv. II, §. 15 — Apud Bouquet, p. 169.

(1) Texit stanno, opitulante rege Chlothachario.

Hujus tempore basilica sancti Vincentii ædificata est.

Tauriaco, *Cerate* et *Orbigniaco* vicis, ecclesiæ ædificatæ sunt. Grég. Tur. Hist. Franc. Liv. x, cap. 31. — Apud Bouquet, p. 388.

(2) Sanctus verò Namatius post obitum Rustici episcopi apud Arvernos in diebus illis octavus erat episcopus. Hic Ecclesiam quæ nunc constat, et senior infrà muros civitatis habetur, suo studio fabricavit, habentem in longum pedes centum quinquaginta, in latum pedes sexaginta, in altum infrà capsum usque cameram pedes quinquaginta; in ante absidem rotundam habens ab utroque latere ascellas eleganti constructas opere, totumque ædificium in modum crucis habetur expositum. Habet fenestras quadraginta duas, columnas septuaginta, ostia octo. Terror namque ibidem Dei et claritas magna conspicitur; et verè plerumque inibi odor quasi aromatum suavissimus advenire à religiosis sentitur. Parietes ad altarium opere sarsurio (incrustations) ex multo marmorum genere exornatos habet. Exacto ergo in duodecimo anno beatus pontifex ædificio, Bononiam

On construisit des églises, à la même époque (vers la fin du Ve. siècle et au commencement du VIe.) dans presque toutes les villes épiscopales et dans des localités moins importantes.

Le baptême de Clovis, en donnant au christianisme une puissante protection, favorisa encore l'impulsion qui commençait à se propager partout; ce monarque fonda plusieurs monastères et des églises, dont les principales furent celle de l'abbaye de Saint-Pierre et de Saint-Paul élevée hors des murs de Paris, et commencée en 507, celle de l'abbaye de Saint-Père à Chartres, et celle de Saint-Mesmin près d'Orléans. Beaucoup d'autres furent construites par son ordre.

Après la mort de ce prince, Childebert, son fils et son successeur, bâtit près de Paris l'église

civitatem Italiæ sacerdotes dirigit, ut ei reliquias sanctorum Vitalis et Agricolæ exhibeant, quos pro nomine Christi manifestissimè crucifixos esse cognovimus. Grég. de Tours, hist. de Fr., L. II, §. 16.

Grégoire de Tours raconte ensuite que l'épouse de Namatius fonda une église en l'honneur de St.-Etienne, et qu'elle lisait d'anciennes histoires aux peintres et aux sculpteurs qui décoraient les murailles, afin qu'ils en fissent le sujet de leurs peintures : « Cujus conjux basilicam sancti Stephani suburbano murorum ædificavit. Quam fucis colorum adornare vellet, tenebat librum in sinu suo, legens historias actionis antiquas, pictoribus, indicans quæ parietibus fingere deberent. Grégoire de Tours, histoire de France, Liv. II, §. 16-17.

et l'abbaye de Saint-Vincent, appelée depuis Saint-Germain-des-Prés, et Clotaire Ier. fonda à Soissons l'église de Saint-Médard que termina son fils Sigisbert.

Malgré les progrès du christianisme, l'idolâtrie subsista encore long-temps en France, surtout dans les provinces septentrionales; il est certain qu'au commencement du VIIe. siècle le paganisme régnait dans plusieurs endroits de la deuxième Lyonnaise, et saint Romain qui fut Evêque de Rouen en 626, trouvait encore dans son territoire des idoles à détruire (1). A Bayeux l'idolâtrie se maintint sur le mont Phaunus jusqu'au VIe. siècle.

De ces faits on peut conclure que le nombre des églises, quoique déjà considérable au du VIe. siècle, n'était pas comparable à ce qu'il devint dans la suite; elles étaient, du reste, conformes à celles dont Grégoire de Tours nous a laissé la description : oblongues, terminées circulairement à l'Est, elles prenaient quelquefois la figure d'une croix; leurs fenêtres étaient cintrées; on reconnaissait dans toutes leurs parties une imitation de l'architecture romaine.

(1) Act. S. Rom. V. Farin, Norm. Chret.

Les églises qui se multiplièrent depuis le Ve. siècle jusqu'au Xe., n'eurent pas un type différent, c'est pourquoi les caractères architectoniques, dont je vais vous offrir le tableau en m'appuyant sur le petit nombre d'édifices religieux qui nous restent de ces temps reculés, et les principes de classification que j'essayerai d'en déduire, pourront s'appliquer à tous ceux qui ont été élevés dans la France occidentale depuis l'introduction du christianisme jusqu'au Xe. siècle, en d'autres termes, à tous les édifices qui appartiennent à la première période de l'architecture chrétienne telle que je l'ai limitée dans mon tableau préliminaire (voyez la page 46).

CHAPITRE V.

Objet du chapitre. — Courte énumération des caractères au moyen desquels on peut distinguer les monuments élevés depuis le Ve. siècle jusqu'au Xe. — Application de ces principes et description de quelques églises appartenant au style roman primitif.

Pour mettre plus d'ordre et de clarté dans l'énumération des caractères de l'architecture *romane primitive*, je vais décrire séparément et successivement les différentes parties qui constituent les édifices religieux, et autant que je le pourrai, je suivrai la même méthode lorsque j'aurai à vous parler des caractères qui distinguent ces monuments aux autres époques du moyen âge; rien ne soulage en effet la mémoire, rien ne simplifie l'étude des faits les plus nombreux et les plus compliqués, comme un ordre unique et invariable employé dans les descriptions. Je vais donc traiter :

Premièrement, de la forme des édifices religieux ;

Deuxièmement, de la maçonnerie ou de l'appareil ;

Troisièmement, des colonnes et des pilastres;

Quatrièmement, des corniches et de l'entablement;

Cinquièmement, des fenêtres;

Sixièmement, des portes et des arcades;

Septièmement, des voûtes;

Huitièmement, des tours;

Neuvièmement, des ornements intérieurs et extérieurs.

Cette revue terminée, je vais citer des exemples et décrire quelques-unes de nos églises les plus anciennes.

Plan des églises. Nous avons déjà dit (p. 53) que les églises se composaient de trois nefs inégales terminées circulairement du côté de l'Est, et d'une espèce de nef transversale appelée *transept* qui donnait aux édifices la forme d'une croix (pl. XLIII, fig. 9-10). Nous devons ajouter que les églises à une seule nef, avec ou sans transeps, telles qu'on en voit beaucoup dans nos campagnes, ont toujours été fort nombreuses; quelques-unes n'offraient qu'un simple rectangle, terminé par une abside circulaire, comme nos chapelles.

Mais nous avons principalement à nous occuper ici des monuments les plus considérables et à ce sujet on peut remarquer que les cryptes prirent un accroissement notable depuis le Ve. siècle. D'abord ce n'étaient que des cavités étroites destinées à recevoir les restes des saints et des martyrs, avec un seul autel, qui, comme je l'ai dit, portaient le nom de *confessions*; plus tard ce furent des chapelles qui s'étendaient sous le chœur et parfois sous les nefs; quelques-unes eurent plusieurs autels et présentèrent en petit l'image de l'église supérieure.

Quant au reste, le plan des églises fut, à partir du VIe. siècle, peu différent de celui que nous avons indiqué; seulement le chœur s'allongea progressivement, et les autels se multiplièrent autour de l'autel principal.

Appareils. Le système de construction suivi dans les plus anciens édifices religieux est absolument le même que nous avons décrit déjà en parlant des murailles romaines (1). Le petit appareil formé de pierres présentant une surface de trois à quatre pouces sur tous sens, séparées les unes des autres par une couche de ciment assez épaisse, et par fois saillante, est celui que l'on voit le plus souvent.

L'appareil composé de pierres plus larges que hautes, semblable à celui que nous avons

(1) V. la 3e. partie du Cours.

décrit en parlant des arènes de Bordeaux, se rencontre moins fréquemment. Il en est de même de l'appareil moyen (voyez dans la troisième partie du cours la description et la classification des appareils.)

Le grand appareil n'a été employé que rarement dans les premières constructions religieuses de la France occidentale, si l'on en juge par ce qu'il nous en reste aujourd'hui.

Nous avons vu, en étudiant les monuments romains des IIIe, et IVe. siècles, que la brique avait été fréquemment employée dans les constructions de petit appareil; qu'elle y avait été disposée par zones horizontales pour maintenir le niveau des assises, et aussi pour l'ornement extérieur des édifices; qu'ainsi on avait souvent remplacé les moulures et les corniches par des cordons de brique dont la couleur rouge se détachait sur le fond gris ou blanchâtre des murs (1). Le même système se perpétua durant plusieurs siècles du moyen âge; on fit même de cette opposition de couleurs un des éléments de la décoration extérieure des édifices, et des briques de différentes formes furent incrustées sur les murs de manière à

(1) V. la 3e. partie du Cours.

produire des dessins symétriques (voyez les pl. XLIV—XLVI).

Colonnes et pilastres. Les colonnes cylindriques qui, dans les beaux temps, servaient de support aux arcades, furent, vers la fin du IVe. siècle, fréquemment remplacées par des pilliers carrés (pl. LVI, fig. 1), comme on en voit à l'intérieur de plusieurs églises antérieures au Xe. siècle, notamment dans celles de Saint-Martin d'Angers (pl. XLVI), et de la Basse-Œuvre à Beauvais; dans la nef de la cathedrale d'Aix-la-Chapelle, bâtie par Charlemagne vers la fin du VIIIe. siècle, etc., etc. Les pilliers offraient donc assez ordinairement de simples prismes carrés, pourvus de leurs corniches, mais qui n'étaient point couverts de ces demi-colonnes engagées dont l'usage devint presque général dans la suite.

Entablement. Les altérations qui s'étaient manifestées dans l'entablement des édifices au IVe. siècle ne firent qu'augmenter dans les premiers siècles du moyen âge; partout on vit les arceaux des voûtes reposer sur les chapiteaux des colonnes : souvent on supprima les frises et les architraves, pour ne conserver que des corniches supportées quelquefois par des consoles ou modillons.

Dans bien des monuments ces modillons ne portaient aucun ornement et figuraient simplement l'extrémité d'une poutre taillée en biseau (voyez les modillons de l'église de Poitiers pl. XLVI et le modillon n°. 1, pl. LVI).

Dans quelques autres, ils présentaient des volutes, des têtes humaines ou même des têtes d'animaux, mais qui n'offraient pas en général la même variété ni la même bizarrerie que ceux des siècles suivans.

Fenêtres. Les fenêtres, toujours cintrées, étaient d'une dimension moyenne (environ trois ou quatre pieds de hauteur, sur un pied et demi ou deux pieds de largeur) ayant ordinairement en hauteur le double de leur largeur (voyez les pl. XLVI, XLVII, et la pl. LVI, fig. 1-3-4). Elles n'offraient point de colonnes à l'extérieur, et le cintre qui les couronnait reposait presque constamment sur des pilastres. Ce cintre lui-même était d'une grande simplicité et rarement décoré de moulures ; on n'y voyait le plus ordinairement qu'un rang de pierres symétriques (pl. LVI, fig. 3—5).

Quelquefois ces pierres étaient séparées les unes des autres par deux ou trois briques accolées (pl. LVI, fig. 1), et disposées suivant le système que nous avons observé précédemment dans les arènes de Bordeaux, dans les murs du Mans et dans beaucoup d'autres constructions romaines (1) il était assez ordinaire d'encadrer cette archivolte mi-partie de pierre et de brique, dans une bordure tantôt simple (pl. XLVII), tantôt double (pl. XLVI, et pl, LVI, fig. 1), de briques disposées en demi-cercle. Lorsque ce cordon était double, comme dans l'église de Savenières (pl. XLVI), un rang de pierres rectangles de petit appareil, remplissait l'intervalle compris entre les deux cordons semi-circulaires.

Dans les fenêtres où l'on n'a point employé la brique, les cordons dont je parle ont souvent été remplacés par des saillies en pierre, simples ou doubles, qui produisent un effet à peu près semblable (pl. LVI, fig. 4).

Portes. Le cintre des portes reposait ordinairement sur de simples pieds droits ou pilastres, plus rarement sur des colonnes; il était orné de différentes moulures et incrustations, ou simplement de pierres cunéiformes symétriques (pl. LIV), alternant par fois avec des briques et surmontées d'un cordon en saillie comme les fenêtres du même temps. Presque

(1) V. la 3e. partie du Cours.

toujours une porte carrée était ouverte au milieu de l'arcade principale, et l'on mettait en pratique le précepte que donne Vitruve (1) « d'élever une voute au-dessus du linteau, afin que le poids du mur supérieur porte sur les pieds droits, et qu'ainsi on évite les fractures qu'un poids considérable pourrait occasionner dans les linteaux » (voyez la fig. 2, pl. LIV).

Le tympan était rempli tantôt en petit appareil simple ou réticulé, tantôt par l'image de la croix ou par quelque autre bas-relief.

Les portes principales étaient placées dans la façade de l'Ouest et dans les murs latéraux, soit au Nord, soit au Midi, mais plus souvent au Midi dans nos contrées.

Arcades. Les arcades qui mettaient la nef en communication avec les ailes n'offraient le plus souvent pour ornement que des pierres symétriques, quelquefois séparées les unes des autres par des briques suivant le système du temps (voyez l'église Saint-Martin d'Angers, pl. XLVI); mais la grande arcade qui était au milieu des transepts, entre le chœur et la nef, était quelquefois ornée d'incrustations et de moulures. Cette

(1) Liv. VI, chap. XI.

arcade portait en effet, dans les premières églises, le nom d'*arc triomphal*, parce qu'elle ressemblait à un arc de triomphe et qu'on y représentait quelquefois, en mosaïques, la mort et la résurrection de Jésus-Christ. C'est de là que vient encore aujourd'hui l'usage de suspendre des crucifix dans cette partie de nos églises (1).

Voûtes. La plupart des églises *romanes primordiales* n'étaient point voûtées en pierre; la charpente qui supportait le toît demeurait souvent à nu comme dans les basiliques romaines, et les plafonds, lorsqu'on en faisait, étaient presque tous en bois. Les anciens architectes éprouvaient une grande difficulté à construire des voûtes un peu larges en pierres, ce ne fut qu'assez tard, vers le Xe. siècle, et surtout après l'introduction de l'ogive au XIIIe., qu'ils devinrent habiles dans ce genre de travail.

Le petit nombre de voûtes en pierre qui furent élevées dans nos églises romanes primitives présentaient, comme celles que nous trouvons encore dans quelques monuments ro-

(1) Il y avait souvent dans cette partie des églises un autel qui portait le nom d'autel du crucifix : *Altare crucifixi*. Un grand nombre d'écrivains du moyen âge font mention de cet autel en parlant de dédicaces d'églises.

mains (1), et comme celles que l'on fit dans les XIe., XIIe. et XIIIe. siècles, un massif formé par des moëllons de toute forme, mais généralement d'un petit volume, noyés dans du mortier. On voutait de préférence la partie semi-circulaire du chœur, ainsi que les ailes et les chapelles.

Tours. Comme nous l'avons dit ailleurs (2), les Romains se servaient de cloches, et ce furent eux qui les introduisirent en Gaule, mais l'époque où ces instruments devinrent d'un usage général dans les églises, n'est pas encore certaine : on la fixe communément au Ve. siècle. D'abord peu volumineuses, les cloches ne nécessitèrent pas l'érection d'un bâtiment particulier ; ce ne fut guères qu'au VIIIe. ou au IXe. siècle que leur volume plus considérable rendit les tours indispensables. Anastase le bibliothécaire rapporte qu'en 770 le pape Etienne III en fit bâtir une sur l'église Saint-Pierre de Rome, dans laquelle il plaça trois cloches pour appeler les fidèles aux offices (3). L'auteur ne

(1) V. la 3e. partie du Cours.

(2) Ibidem.

(3) Stephanus III *A D* 770 fecit super balisicam S. Petri turrim in quâ tres posuit campanas quæ clerum et populum ad officium Dei convocarent (Anastat. biblioth. in vitâ St hani III.)

dit pas que cette église manquât de tour auparavant, mais il y a lieu de le supposer.

Or, si la première basilique du monde chrétien ne fut pourvue d'une tour que dans la deuxième moitié du VIIIe. siècle, nous pouvons admettre hardiment qu'on n'en éleva guère avant cette époque dans la France occidentale. Et encore y furent-elles rares jusqu'à la fin du Xe. siècle. La célèbre abbaye de Saint-Germain-des-Prés n'en avait point encore dans le IXe. siècle, puisque le moine Gislemar n'en fait aucune mention dans la description qu'il a laissée de cette église, et qui renferme des détails très-circonstanciés sur la forme, les murailles, les fenêtres, le pavé, les dorures et sur toutes les parties de l'édifice tel qu'il existait alors.

Tout en admettant que les tours d'églises furent extrêmement rares chez nous avant le IXe. siècle, je ne prétends pas déterminer l'époque de leur apparition ni la limiter au VIIIe. siècle; quelques rudiments de tours pouvaient déjà s'être montrés dans le VIIe. siècle; je ne connais aucun auteur Français qui puisse être invoqué en faveur de cette supposition, mais parmi les chroniqueurs anglais, Richard, prieur d'Hexham, donne à entendre, dans la description qu'il a faite de l'église de cette abbaye anglaise qui avait été bâtie au VIIe. siècle par saint Wilfrid, que le centre du transept était surmonté d'une tour en forme de coupole. Quoi qu'il en soit, les plus anciennes tours furent peu élevées et carrées pour la plupart. Celle que l'on voit encore sur le transept de l'église Saint-Martin d'Angers, bâtie dans le IXe. siècle, est de cette forme ; elle est percée de plusieurs arcades sans colonnes et sans autres ornements qu'un tailloir ou cordon encadrant la plate-bande des cintres; elle est peu élevée et terminée par un toît pyramidal obtus à quatre pans; si cette tour est aussi ancienne que les murs qui la supportent (pl. XLVI), c'est en même temps l'exemple le mieux caractérisé et le plus rapproché de nous que je puisse vous signaler des anciennes tours d'églises (1).

L'association des tours avec le corps des édifices religieux présenta pendant long-temps de très-grandes difficultés ; tantôt on les plaça au centre de l'édifice, tantôt au-dessus du portail de l'Ouest, quelquefois aux extrémités des

(1) Quelques motifs pourraient porter à croire que la tour de St.-Martin d'Angers est moins ancienne que les arcades qui la supportent; aussi n'est-ce qu'avec beaucoup de réserve que je la cite ici comme type des plus anciennes tours d'églises.

transsepts ; mais bien souvent les architectes moins hardis établirent leurs tours à côté des églises et en firent ainsi des constructions accessoires presque sans liaison avec les autres parties des édifices.

Quelle que fût d'ailleurs la place qu'elles occupaient, les tours étaient carrées, terminées par une toîture pyramidale obtuse à quatre pans, et percées sur leurs faces d'un certain nombre de fenêtres sémi-circulaires, comme celle de Saint-Martin d'Angers.

Ornements. Il serait difficile, en considérant le peu de monuments anciens qui nous restent, de donner l'énumération précise des moulures employées dans la décoration des édifices religieux de la première époque. On peut affirmer cependant que les *billettes*, les *frètes* et nombre d'autres ornements que nous avons remarqués, dans les édifices, et les autres ouvrages de l'ère gallo-romaine (1), ont été reproduits plus ou moins correctement par les artistes chrétiens, puisqu'ils ne faisaient qu'imiter leurs prédécesseurs.

Les incrustations en pierre de couleur et en terre cuite, les arcades sans ouvertures,

(1) Voir la troisième partie du Cours.

à plein cintre, les niches et les fausses fenêtres surmontées d'un fronton triangulaire, furent encore des ornements employés assez fréquemment tant à l'intérieur qu'à l'extérieur des édifices des premiers siècles du moyen âge.

Outre les ornements sculptés et peints sur les murs, on voyait encore dans les églises des tentures en étoffes plus ou moins riches et parfois brodées d'or et d'argent.

Je ne me dissimule pas, Messieurs, combien les notions qui précèdent sont élémentaires et incomplètes ; mais pour vous donner une idée plus précise du style des anciens édifices religieux, du genre et de l'effet de leurs ornements, je vais vous offrir la description de quelques-uns de ceux qui m'ont paru particulièrement remarquables, et qui appartiennent à des époques différentes, mais incontestablement antérieures à la période romane secondaire.

Eglise Saint-Jean de Poitiers. L'église Saint-Jean de Poitiers est probablement l'un des plus anciens monuments religieux qui existent en France (1). Déjà examinée par un assez grand

(1) Cette église est située à l'une des extrémités de la ville, derrière l'évêché, à peu de distance et au sud de la cathédrale ; elle ne sert plus au culte, mais elle appartient au département de la Vienne, comme une dépendance de la cathédrale.

nombre d'antiquaires, les uns l'ont prise pour un temple élevé sous Auguste, les autres pour un édifice du IIIe siècle; d'autres n'y ont vu qu'un ancien tombeau romain (1). Le savant abbé Lebœuf, plus versé dans la connaissance des antiquités, soutint au contraire que ce petit édifice avait été dès son origine un monument chrétien, et cette dernière opinion me paraît la seule qui soit admissible. Aussitôt que j'ai pu examiner par moi-même l'église Saint-Jean, je n'ai pas balancé à la rapporter au Ve. ou au VIe. siècle.

Le principal corps de ce bâtiment est en forme de carré long ayant environ quarante pieds sur vingt-cinq.

Une addition faite au XIe. ou au XIIe. siècle parallèlement à l'un des grands côtés du carré (celui du Sud-Ouest) défigure un peu l'édifice, mais il est aisé d'en reconnaître la forme primitive. Vous la saisirez facilement en examinant la vue que j'ai l'honneur de vous présenter (pl. XLIV), surtout si vous voulez prendre la peine de comparer cette vue avec un plan que

Quelques personnes de Poitiers ont le désir d'y rassembler des fragments d'architecture et d'y former un musée d'antiquités. Ce serait un excellent moyen pour en assurer la conservation.

(1) V. la dissertation publiée par Siauve en 1804, et l'ouvrage de M. Dufour sur le Poitou.

voici (voyez la pl. XLV), et sur lequel les parties qui appartiennent à la construction primitive, ont été distinguées des autres au moyen de hachures.

Les petits côtés du carré formé par l'église ancienne (voyez les points *a a* sur le plan) sont terminés par des pignons ou gables à double égout ; examinons un de ces pignons, celui que l'on voit sur le dessin que je vous ai présenté (pl. XLIV).

Vous remarquez tout près du toît, des ornements en brique, incrustés entre deux rangs de pierres de rapport taillées.

Le centre du gable est rempli par trois grandes pierres sculptées.

Celle du milieu, qui est la plus haute, présente un carré encadrant une rosace, et surmonté d'un fronton triangulaire dont le centre est orné d'un fleuron; les deux autres pierres n'offrent que des frontons triangulaires au milieu desquels on remarque des fleurons à six feuilles, formés de briques incrustées.

Une corniche supportée par des modillons règne au-dessous du gable, et plus bas se trouvent plusieurs rangs alternatifs de briques et de pierres de taille; on a placé dans cette partie du mur une arcade cintrée dans le timpan de laquelle est une croix grecque (1) et de chaque côté de cette arcade un fronton triangulaire dans le même goût que ceux du gable.

Ces différents ornements reposent sur une corniche soutenue par quatre pilastres peu saillants et fort courts, munis de chapiteaux d'une exécution grossière.

Deux ouvertures rondes se voient aussi dans cette partie de la façade, mais on reconnaît facilement qu'elles étaient primitivement plus allongées, et que ce n'est qu'après avoir été bouchées en partie que ces fenêtres sont devenues de simples ouvertures en œil-de-bœuf (voir la pl. XLIV).

Au-dessous des fenêtres était une corniche qui n'existe plus qu'en partie, et une porte bouchée depuis long-temps par l'addition d'une espèce de corps avancé semi-circulaire formant abside.

L'autre pignon en face du précédent offre les mêmes ouvertures disposées de même, seulement la porte d'en bas est fermée par un

(1) En examinant la planche XLIV on voit que deux des rangs de briques placés à droite de la croix grecque ne se rapportent pas avec ceux qui sont à gauche. Cela vient de ce que les deux rangs supérieurs du côté gauche sont superposés immédiatement au lieu d'être séparés par une assise de pierres comme ils le sont du côté droit.

mur droit et non par un mur circulaire.

En considérant le plan (fig. 2, pl. XLV) vous remarquez qu'il n'y a plus qu'un des grands côtés (le côté *b*) qui soit du même temps que les pignons; mais on peut affirmer hardiment que le mur refait était dans l'origine semblable à celui qui est en face. Ce dernier est orné de quatre pilastres semblables à ceux des petits côtés, avec leur entablement et surmontés de quatre rangs de briques séparés par des assises en pierres.

Dans la partie basse du mur est un petit corps avancé (voyez sur la pl. XLV le plan de l'édifice), carré à l'extérieur, hexagone à l'intérieur, surmonté d'un fronton dans lequel est un ornement semblable à celui que nous avons remarqué au centre des frontons de l'église (voyez la page 84 et la pl. XLIV). Je suis persuadé qu'une chapelle semblable était attenante au mur opposé avant sa reconstruction, et qu'ainsi le monument avait la forme d'une croix (1).

(1) J'ai remarqué dans le mur d'une maison peu éloignée une rosace entourée d'une bordure carrée et surmontée d'un triangle, absolument semblable à celle qui se trouve dans le fronton du corps avancé qui existe encore. Il faut bien que cette sculpture provienne de quelque partie détruite de l'église St.-Jean. La nature de la pierre ne permet pas d'en douter.

Les murs de l'église Saint-Jean sont construits avec une grande solidité; il est à remarquer que les pierres du revêtement ne sont pas carrées : elles sont beaucoup plus larges que hautes, ayant trois ou quatre pouces en hauteur et de sept à quinze pouces en largeur. En cela elles se rapprochent de celles qui sont employées dans les arênes de Bordeaux. Les pierres du timpan des frontons, seulement, sont presque carrées et réunies sans mortier.

Je ne dois pas oublier de vous faire remarquer que l'on a mis beaucoup de négligence dans l'ajustement des principaux ornements extérieurs. Partout on remarque un défaut de symétrie tel que les quatre pilastres déjà assez barbares qui ornent chacun des murs au niveau des fenêtres (voir pl. XLIV) ne sont pas d'aplomb, et que les corniches presque toutes de travers n'ont pu être maintenues en lignes horizontales, malgré le peu d'étendue des faces de l'édifice.

Je passe à l'intérieur.

L'église Saint-Jean est décorée avec une certaine magnificence (1). Comme les ornements

(1) On voit encore aujourd'hui trente colonnes dans l'église St.-Jean; mais autrefois il y en avait probablement quarante.

sont à peu près les mêmes sur les trois côtés anciens, il suffit de vous en faire connaître l'ordonnance d'un seul côté.

Je vous présente donc (pl. XLV, fig. 1) une vue du mur latéral qui tient à l'espèce de chapelle dont j'ai déjà parlé (page 86) et dont le plan qui vous a été soumis (pl XLV, fig. 2) vous rappellera la forme et la position.

Vous voyez d'abord dans ce mur trois arcades dont une grande ouverte et deux plus petites fermées. Les arcs de ces deux espèces de portes reposent sur des colonnes en marbre qui paraissent avoir été arrachées a des édifices plus anciens, car chacune d'elles varie en grosseur et en hauteur, et il résulte de ce défaut de proportion des différences remarquables dans le niveau des impostes qui supportent les bases d'une même arcade. Vous serez surtout

huit; car si le mur du sud-ouest était, comme je le suppose, semblable à celui du nord-est, avant sa reconstruction, et qu'il donnât comme lui issue à une petite chapelle pareille à celle qui existe en face (V. la pl. XLV), dix-huit colonnes devaient être employées à la décoration des grandes arcades, des fenêtres et de la chapelle. Cette supposition acquiert un nouveau degré de probabilité lorsqu'on voit dans a dissertation publiée par Siauve, qu'en pratiquant des fouilles au-dessous du niveau actuel du pavé on a retrouvé des chapiteaux et des débris de colonnes semblables à celles qui ornent les anciens murs.

choqués de cette différence en comparant les impostes du grand cintre de l'arcade centrale. La colonne qui supporte la base de cet arc, du côté droit, est surmontée d'un entablement à peu près complet, ayant son architrave, sa frise et sa corniche, tandis que du côté gauche le même arc descend plus bas et vient reposer presque immédiatement sur le chapiteau de la colonne. Ces incohérences choquantes, dont nous avons déjà vu quelques exemples à l'extérieur du monument, prouvent la négligence des architectes plus encore que leur inhabileté. Il semble qu'ils aient voulu faire entrer dans cet édifice les matériaux qu'ils avaient réunis, sans se donner la peine de les ajuster convenablement.

Les chapiteaux des colonnes sont tous considérablement usés et endommagés; cependant il est facile de voir qu'ils diffèrent presque tous les uns des autres; ils s'adaptent d'ailleurs assez mal avec leurs fûts; ceux-ci sont tous d'une seule pièce, d'un marbre grenu noir et blanc dont j'ignore l'origine. Le marbre des chapiteaux est plus compacte, d'un blanc tirant sur le gris.

Dans la partie supérieure du mur vous voyez les deux fenêtres rondes qui existent sur chacune des faces de l'église (1). Entr'elles est une niche couronnée d'une espèce de fronton ou d'arc brisé, angulaire, comme on en rencontre dans plusieurs monuments des Ve., VIe., VIIe., VIIIe. et IXe. siècles. Les petites colonnes qui décorent les embrasures des niches et des fenêtres, aussi bien que celles qui remplissent les mêmes fonctions dans la petite abside qui répond à la grande arcade (voyez la pl. XLV) n'ont pas le même caractère d'ancienneté que les colonnes des grands cintres ; elles ressemblent beaucoup aux colonnettes qui se voient communément dans le XIe. siècle ; leurs chapiteaux, qui évidemment ont été faits pour les fûts qui les portent, sont différents les uns des autres. Comme elles sont du même marbre que les grandes colonnes d'en bas, on pourrait croire qu'elles ont été sculptées pour la place qu'elles occupent aux dépens de colonnes romaines plus volumineuses.

L'église Saint-Jean m'a paru si intéressante lorsque je l'ai visitée, que je me suis étendu un peu trop peut-être sur les faits que j'y ai

(1) Il est à remarquer que ces fenêtres s'évasent et deviennent plus larges à l'intérieur de l'édifice qu'en dehors. Elles ont environ trois pieds et demi de large à l'intérieur, et seulement deux pieds à l'extérieur.

remarqués ; et cependant j'ai négligé une foule d'observations : j'ai mis de côté plusieurs questions qui ont déjà été faites sans avoir été complètement résolues, telles que celle de savoir si tous les ornements que nous voyons aujourd'hui, tant à l'extérieur qu'à l'intérieur, sont du temps de la fondation, et si la petite chapelle placée au Nord-Est ne serait pas d'une date postérieure à celle du principal corps de l'église, par exemple, du VIIe. ou du VIIIe. siècle ; si cette date ou une date plus recente ne conviendrait point aux colonnettes qui décorent les fenêtres. Ces questions, dont la discussion devrait trouver place dans une description spéciale du temple Saint-Jean, me paraîtraient ici déplacées. Leur solution est d'ailleurs peu importante pour les principes généraux que nous essayons d'établir.

Je craindrais de fatiguer votre attention en parlant plus long-temps de l'église Saint-Jean. Permettez-moi seulement d'insister, en terminant, sur les inductions qui peuvent conduire à reconnaître l'âge et la destination primitive du monument.

D'abord, de ce qu'il est formé de pièces mal ajustées et dont quelques-unes ont dû être tirées de monuments antérieurs, on peut croire qu'il n'a été élevé qu'après la destruction de l'idolâtrie à Poitiers et dans le temps de la décadence de l'art.

D'un autre côté, les ornements en briques incrustées formant une sorte de marqueterie, appartiennent au Ve. et au VIe. siècles plutôt qu'à des temps antérieurs, et la croix sculptée deux fois sur les façades annonce bien un temple chrétien.

Mais dira-t-on : la forme de l'édifice ne ressemble point à celle d'une église. Cette objection qui a souvent été reproduite, me paraît facile à résoudre. Il est maintenant, en effet, bien prouvé que l'église Saint-Jean a servi en même temps d'oratoire et de baptistaire. En faisant des fouilles, on a découvert, au dessous du pavé, une piscine octogone revêtue de marbre (v. la pl. XLV), dans laquelle on avait administré le baptême par immersion, et Dom Martenne rapporte qu'autrefois on ne baptisait jamais dans les autres paroisses de Poitiers, et que l'église Saint-Jean servait de baptistaire à toute la ville (1).

(1) Voyage littéraire, p. 3. D'après l'ancien cérémonial de Poitiers, que l'on croit écrit au XIIIe. siècle, l'évêque devait baptiser chaque année, le Samedi-Saint, deux garçons et une fille dans l'église St.-Jean.

La forme insolite du monument me semble donc suffisamment expliquée par sa double destination.

Saint-Samson-sur-Rille (Eure). On a détruit tout récemment la seule église située en Normandie, que l'on pût attribuer avec certitude à une époque antérieure au Xe. siècle, et les amis des arts s'affligent à juste titre de cette perte irréparable. Heureusement M. Le Prévost nous a donné de cet édifice une description intéressante dans laquelle j'ai puisé les détails que je vais vous présenter (1).

Dans son dernier état, l'église Saint-Samson-sur-Rille n'appartenait pas tout entière à une époque antérieure à l'invasion normande; mais une partie des murs pouvait, selon toute apparence, être rapportée au VIIIe. siècle.

L'un des murs latéraux de la nef offrait, particulièrement dans sa partie supérieure et autour des fenêtres, un assez grand nombre de briques qui avaient beaucoup d'analogie avec les briques romaines; du côté de l'évangile on distinguait parmi les matériaux dont le mur

(1) Voir le mémoire de M. Le Prévost sur quelques monuments du département de l'Eure, dans le quatrième volume des Annales de la société des Antiquaires de Normandie, p. 472-496.

était composé, plusieurs fragments de pierres sculptées, dont quelques-uns pouvaient provenir d'une construction plus ancienne et peut-être de l'époque du Bas Empire. Vers l'Ouest et près du portail, chacun des murs latéraux était percé d'une porte de construction très-rustique et bouchée depuis long-temps ; ces portes étaient composées, l'une et l'autre, de deux énormes jambages et d'un linteau triangulaire non moins grossier, formant une espèce de fronton ou de tympan.

Un mur très-épais séparait la nef du chœur; il était percé d'une arcade semi-circulaire supportée par deux grosses colonnes dont les chapiteaux d'un style très-remarquable ont été figurés sur la planche XLVII *(bis)* (Fig. 1—2). Enfin des pilliers *carrés* surmontés d'un simple tailloir, qui suportaient à l'intérieur de la nef des arcades aiguës, paraissaient beaucoup plus anciens que ces arcades et pouvaient appartenir à la première construction.

En détruisant l'église Saint-Samson, on a trouvé au-dessous d'une couche de mortier et d'un badigeon qui recouvrait les murs, des

(1) Les petits fleurons sculptés sur le chapiteau n°. 1 ont beaucoup de ressemblance avec ceux qui se voient sur la façade de l'église St.-Jean de Poitiers (pl. XLIV).

briques de différentes formes incrustées et disposées régulièrement de manière à former des dessins à l'intérieur de l'église.

Appelé trop tard pour juger de l'effet de cette décoration, M. Le Prévost a recueilli quelques unes des briques provenues de la destruction des murs, et des fragments de sculpture dont plusieurs paraissaient avoir appartenu à des archivoltes. J'ai figuré sur la pl. XLVII *(bis)* une partie de ces briques et de ces fragments.

Le fragment n°. 3 offre une série de losanges en relief au centre desquels sont de petites cavités circulaires qui, je crois, avaient été remplies avec du ciment coloré.

Le n°. 4 est orné d'une branche de vigne conduite en serpentant de manière à dessiner des rinceaux. Au centre de chacun des enroulements est un fruit qui ressemble à un gland et un oiseau béquetant une grappe de raisin. Vous devez vous rappeler que les guirlandes de pampre avec leurs fruits sont très-fréquentes dans les monuments de l'ère gallo-romaine. Vous en avez vu également sur plusieurs morceaux de poterie que je vous ai présentés dans une des leçons précédentes (1).

(1) V. la 3e. partie du Cours.

Le fragment n°. 5 faisait encore partie d'une archivolte ; on y voit un vase d'où sortent deux feuilles qui retombent à terre, et deux cornes d'abondance qui laissent échapper des grappes de raisin ; j'ai trouvé plusieurs fois le même sujet sur des poteries romaines.

Les fragments, n°s. 6, 7 et 8, sont remarquables par les incrustations en terre cuite qui les décorent.

Le tailloir n°. 9 servait probablement de support à l'un des côtés d'une arcade. Les ciselures qui le recouvrent sont tout-à-fait romaines, si l'on peut parler ainsi (1).

Le chapiteau n°. 10 est d'un style si ressemblant à celui du fragment n°. 9 qu'il faisait probablement partie de la même porte ou de la même arcade.

Le fragment de corniche n°. 11 et le modillon n°. 12 ont aussi une physionomie toute romaine et se distinguent facilement des corniches et des consoles que l'on voit dans l'architecture romane secondaire.

Quant aux briques incrustées, les n°s. 13, 14, 15, 16, vous donnent une idée de leurs

(1) Les feuilles lancéolées qui avec les grappes de raisin garnissent la guirlande sculptée à la partie supérieure de ce tailloir se rencontrent très-communément sur les poteries romaines.

principales formes (1). Le cabinet de M. Le Prévost en renferme plusieurs autres, et l'on y remarque une clef de voûte recouverte de petites incrustations en terre cuite figurant des écailles de poisson (2).

Église Saint-Eusèbe. L'église Saint-Eusèbe, au sommet d'une éminence sur la rive gauche de la Loire, à Gennes, arrondissement de Saumur, offre une nef ruinée dont la maçonnerie en petit appareil romain est divisée horizontalement par des cordons de brique. Quelques personnes pensent que cette partie de l'édifice a dû appartenir à un temple. Pour moi je n'y ai vu que les restes d'une église fort ancienne. Du

(1) Il est à remarquer que les briques incrustées de Saint-Samson étaient faites d'après la forme en *dépouille*, c'est-à-dire que la partie engagée dans le mur présentait une pyramide tronquée (n°. 13 B. pl. XLVIII *bis*). Ce procédé était employé par les romains pour obtenir plus de propreté à l'extérieur des murs, en cachant l'épaisseur du mortier qui servait à fixer les pièces incrustées.

(2) M. Le Prévost a déposé dans le musée de la société des Antiquaires de Normandie quelques-unes des briques recueillies à St.-Samson, ainsi que les fragments de sculpture figurés pl. XLVII *bis* depuis le n°. 3 jusqu'au n°. 12. J'ai remarqué que ces fragments sont en calcaire grossier à Cérithes ; or cette espèce de pierre ne se trouve pas dans l'arrondissement de Pont-Audemer, d'où l'on pourrait croire que les ornements dont j'ai fait mention (p. 95-96) ont été sculptés loin de St.-Samson avant d'y avoir été apportés et placés.

côté du Nord est une porte (pl. LIV, fig. 1.) dont l'archivolte est formée de pierres et de briques placées alternativement suivant le système indiqué précédemment (v. la page 75), et dans la partie supérieure du mur un rang de très-petites arcades semi-circulaires, aujourd'hui bouchées , formées de pierres et de briques. Chacune de ces fenêtres devait ressembler en petit à l'orifice d'un four. Leur diamètre intérieur n'était que de dix pouces environ.

Savenières. L'église du bourg de Savenières, sur la rive droite de la Loire, à trois lieues à l'Ouest d'Angers, offre deux époques bien distinctes. Le chœur ne peut être reporté au-delà du XIe. ou du XIIe. siècle; mais la façade de l'Ouest (pl. XLVI) et une partie des murs latéraux de la nef remontent probablement au VIe. ou au VIIe. siècle.

Le parement des murs de cette façade est en pierres carrées noires ou grises, de marbre et de silex, d'un volume uniforme, comme dans les constructions romaines en petit appareil. On remarque à différentes hauteurs, depuis le niveau du sol jusqu'au sommet de l'ancien fronton, six larges bandes de briques posées en feuilles de fougère, et trois petits cordons composés seulement d'un double rang de briques posées à plat (voyez la pl. XLVI). Ces différentes lignes rougeâtres produisent un effet d'autant plus remarquable qu'elles contrastent singulièrement par leur couleur avec le fond rembruni de la muraille. Deux fenêtres percées au centre ont leurs archivoltes garnies de briques, et l'on remarque encore tout près de l'extrémité du pignon, des briques disposées de manière à former un triangle. J'ai soigneusement exprimé tous ces détails dans le dessin que je mets sous vos yeux (pl. XLVI) ; vous reconnaîtrez facilement à la première inspection de cette vue que la porte placée au centre de la façade est un ouvrage bien récent comparativement au reste (1), et que le gable a été considérablement exhaussé à une époque très-peu ancienne, afin de donner à la toîture une inclinaison plus rapide (2); mais ces reprises sont si visibles, et le travail moderne est si différent de l'autre que l'œil le moins exercé saisit sans

(1) Cette porte est de la fin du XVIe. siècle.

(2) Les toîts de toutes les églises anciennes étaient plats, et dans la suite on les a souvent exhaussés pour faciliter l'écoulement des eaux pluviales. — La façade d'église représentée sur les déniers de Louis-le-Débonnaire (pl. XLIII, fig. 15), prouve encore ce fait incontestable que l'angle des toîts était au IXe. siècle moins prononcé que dans les siècles suivants.

hésiter l'ensemble et la forme de la construction primitive.

Eglise de la Basse-OEuvre à Beauvais. L'ancienne cathédrale de Beauvais, connue sous le nom d'église de la *Basse-OEuvre* (1), remonte évidemment à une époque fort ancienne. Elle est aujourd'hui en partie détruite, et ce qui en reste se trouve masqué de tous côtés par des maisons. On distingue toutefois au haut des murs latéraux demeurés intacts un rang de fenêtres ornées de briques à *la romaine* (voyez la pl. XLVII); des fenêtres du même genre éclairaient les bas-côtés qui accompagnaient la nef principale.

La façade est terminée par un gable ou fronton triangulaire au centre duquel est sculptée en demi-relief une grande croix encrée, dont le sommet se trouve placé entre deux petites ouvertures rondes.

Au-dessous du triangle formé par le gable règnent deux corniches séparées l'une de l'autre par un intervalle; plus bas est une fenêtre avec une archivolte ornée d'un quadruple rang de

(1) Cette dénomination de *basse-œuvre* (ouvrage inférieur) fut donnée à l'église lorsqu'on eut bâti près d'elle la nouvelle cathédrale qui, à cause de ses grandes dimensions et de son élévation, prit le nom de *haute-œuvre* (ouvrage supérieur).

moulures figurant des étoiles. On remarque au-dessus de cette fenêtre trois personnages grossièrement sculptés (fig. B., pl. XLVII), qui ont donné lieu à des conjectures assez singulières et sans doute très-peu fondées (1).

Des maisons masquent la partie inférieure de cette façade; elle était percée de trois portes dont la plus grande était au centre.

A l'intérieur, l'église de la Basse-Œuvre ne présente pas d'ornements ni de sculptures, elle ne paraît pas avoir jamais été voûtée. Les arcades qui séparent la nef des ailes sont toutes supportées par des piliers carrés à peu près semblables à celui qui est désigné par le n°. 1 sur la planche LVI.

La date de l'église de la Basse-Œuvre n'est pas connue; mais on peut hardiment, je pense, la faire remonter au VIIIe. siècle. Il faut cependant remarquer que la façade ne paraît pas du même travail que les murs latéraux; on n'y voit pas de briques comme dans ceux-ci, et les moulures qui décorent la fenêtre centrale ont beaucoup de rapport avec celles qui se rencontrent fréquemment dans

(1) On a regardé ces figures comme ayant appartenu à un temple antique. Rien ne peut, selon moi, donner lieu à une pareille supposition.

les siècles suivants; au reste, je fais part de mes observations plutôt pour provoquer un nouvel examen que pour exprimer une opinion décisive.

Un fait qui me paraît moins douteux, c'est que l'on a supprimé, sans doute à une époque récente, la corniche qui devait couronner les murs latéraux, pour augmenter l'inclinaison du toît, déjà accrue par un exhaussement maladroitement pratiqué au sommet du gable (v. la pl. XLVII).

Eglise Saint-Martin à Angers. Ce que l'on voit encore de la nef et de la croisée de l'église Saint-Martin d'Angers, aujourd'hui tranformée en chantier, a été élevé par l'impératrice Hermengarde au commencement du IXe. siècle, et c'est un échantillon précieux des monuments carlovingiens. Des lits alternatifs de briques et de pierres de taille se voient dans les quatre arcades du transept, ainsi que dans la grande porte de l'Ouest (pl. XLVI).

Les pierres employées dans les murs ne sont pas de petit appareil, elles ont environ quatorze pouces de largeur sur neuf ou dix pouces de hauteur; elles sont séparées les unes des autres par une couche de ciment dont l'épaisseur varie depuis un demi-pouce jusqu'à dix lignes.

Les briques employées dans les arcades ont, pour la plupart, neuf à dix pouces de longueur.

Saint-Pierre du Mans. Quoique l'église St.-Pierre du Mans ait subi des changements à différentes époques, quelques portions des murs actuels peuvent être regardées comme très-anciennes ; les parties basses surtout avec leurs assises de briques ont un caractère remarquable d'antiquité ; les cinq fenêtres à plein cintre, sans colonnes, qu'on voit encore dans l'un des murs latéraux, ressemblent beaucoup à celles que j'ai figurées sur la pl. LVI, n°s. 3-4, et à celles de l'église de la Basse-Œuvre, excepté qu'elles ne sont pas ornées de briques (1).

Saint-Jean de Saumur. La petite église Saint-Jean, qui sert aujourd'hui d'écurie, dans le centre de la ville de Saumur, remonte, à ce que l'on croit, au VIIIe. siècle (2). Les murs sont en moyen appareil, sans mélange de brique.

Le Lion d'Angers. L'église du Lion d'An-

(1) M. Richelet, bibliothécaire au Mans, a signalé avec raison cette église comme la plus ancienne de la ville.

(2) Essai historique sur Saumur et le Haut-Anjou, par feu M. Bodin, correspondant de l'Institut.

gers (Maine et Loire) peut encore en partie être classée parmi les monuments qui appartiennent au roman primordial, si la nef est du Xe. siècle, comme on le croit généralement. Le petit appareil très-régulier des murs latéraux, les fenêtres sans colonnes qu'on y remarque, m'ont paru annoncer une date reculée. L'archivolte de la porte de l'Ouest est remarquable par la coupe des pierres qui la composent et par le dessin symétrique qui résulte de leur assemblage.

Les exemples précédens suffiront, j'espère, pour fixer vos idées sur les églises de la période romane primordiale. Je pourrais en citer plusieurs autres du Poitou, de la Saintonge, du Bordelais et du pays de Toulouse, qui m'ont été signalées comme antérieures au Xe. siècle; mais la science du moyen âge est d'une date si récente, il est si facile de se tromper sur l'ancienneté des monuments, quand on n'a pas fait une étude spéciale et approfondie des caractères qui les distinguent aux différents siècles, que je n'oserais vous faire part de ces observations avant de les avoir vérifiées moi-même, malgré la confiance que j'ai dans le savoir des personnes qui ont bien voulu me les communiquer.

Au nombre des édifices qui m'ont été signalés comme appartenant à l'architecture romane primitive est la petite église de Saint-Généroux, département de la Vendée (1). Si j'en juge par les dessins que M. de Lafontenelle m'a procurés, elle pourrait bien remonter jusqu'au VIIIe. ou au IXe. siècle. Le petit appareil des murs, les frontons triangulaires figurés entre les fenêtres sans colonnes, le peu d'élévation des pignons, etc., sembleraient en effet annoncer une époque assez reculée; mais, je le répète, il faudrait avoir vu l'édifice pour émettre une opinion assurée sur l'âge auquel on doit le rapporter.

A ce qui précède on pourrait, Messieurs, ajouter un grand nombre de descriptions d'églises des VIIe., VIIIe. et IXe. siècles, que nous ont laissées les chroniqueurs; mais ces descriptions vous apprendraient peu de chose de plus que ce que vous savez déjà, car elles parlent de la forme des églises de cette époque, plutôt que de leur style architectonique.

Plusieurs faits à noter ressortent pourtant des descriptions répandues çà et là dans les chroniques; elles nous prouvent, par exemple,

(1) St.-Généroux est situé entre Troarn et Partenay, près de la petite ville d'Airvaux.

que les autels étaient quelquefois placés le long des murs, sans qu'il y eût de niches ou de chapelles pour les contenir; que celles-ci, moins nombreuses à cette époque qu'elles ne le devinrent dans la suite, étaient formées par l'abside principale et par celles qui se trouvaient au fond des collatéraux, ou dans les transepts; qu'enfin la sacristie où l'on déposait une partie des vases sacrés et les ornements sacerdotaux, était, comme aujourd'hui, attenante à l'absyde, ou à côté du chœur près des transepts.

Moyens d'exécution. Il me resterait à vous entretenir des moyens d'exécution qui existaient durant la période romane primordiale, et à vous montrer comment les traditions se perpétuaient parmi les artistes; mais déjà vous avez pu voir par les faits que j'ai rapportés où résidait principalement l'école d'architecture; vous avez remarqué que les ecclésiastiques les plus distingués et les plus instruits faisaient de cet art l'objet de leurs études. Les anciens écrivains mentionnent un grand nombre d'évêques et d'abbés qui donnaient les plans de leurs églises, et qui travaillaient eux-mêmes à les construire; Grégoire de Tours cite plusieurs de ses prédécesseurs comme étant des artistes habiles; il dit que l'évêque Léo était bon charpentier (1) ; qu'Agricola, évêque de Châlons-sur-Saône avait dirigé l'érection de plusieurs édifices, notamment celle de sa cathédrale qui était ornée de mosaïques et de colonnes en marbre (2).

Il est certain que plusieurs couvents, tels que celui de Solognac, aux environs de Limoges (3), et beaucoup d'autres, étaient remplis de littérateurs et d'artistes, dans les VIe., VIIe., VIIIe. et IXe. siècles. Je ne terminerais pas si je voulais citer tous les témoignages qui prouvent que les évêques, les moines et les écclésiastiques en général, étaient souvent architectes, peintres, historiens, etc.

Mais si les abbayes pouvaient en quelque sorte être considérées comme des écoles où se perpétuaient les traditions relatives aux arts et aux sciences, vous pensez bien qu'il y avait aussi hors des cloîtres des ouvriers habiles qui

(1) Fuit autem (Leo) faber lignarius, faciens etiam turres holochryso tectas, ex quibus quædam apud nos retinentur. Hist. Franc. L. x, §. 31.

(2) Muta in civitate illâ ædificia fecit domos composuit ; ecclesiam fabricavit quam columnis fulcivit, variavit marmore, musivo depinxit. Grég. Tur. Hist. Franc.

(3) St.-Ouen, qui écrivait au VIe. siècle, parle en ces termes du monastère de Solognac : « Est autem congregatio magna « diversis gratiarum floribus ornata, habentur ibi et artifices « plurimi diversarum artium periti ».

travaillaient sous la direction des évêques ou des moines architectes.

Ces ouvriers étaient même assez nombreux dans la France occidentale, et plusieurs fois les évêques et les abbés d'Angleterre eurent recours à eux lorsqu'ils élevèrent de grandes églises (1). La France à son tour mettait l'Italie à contribution. Elle en faisait venir des peintres, des sculpteurs et des architectes.

Au moyen de ces relations, de ces emprunts,

(1) Le vénérable Bede rapporte que le fameux Biscopius qui fonda l'église du monastère de Saint-Pierre de Wearmouth, vers 675, avait fait venir de France des ouvriers pour bâtir à la *manière Romaine*. Lorsque les travaux approchaient de leur terme, Biscopius envoya chercher dans le même pays des artistes pour faire des vîtres; car on ne connaissait point alors dans la Grande-Brétagne, l'art de fabriquer le verre, et jusque là les fenêtres des églises avaient été fermées avec des toiles et des treillis en bois.

Wilfrid, évêque d'Yorck, fit aussi venir de France des architectes pour bâtir la cathédrale d'Hexham, dans la deuxième moitié du VIIe. siècle (vers 674). Ce fait est attesté par Richard, prieur d'Hexham, qui vivait en 1180, époque à laquelle le monument subsistait encore. D'après la description de Richard, les murs de cette église étaient construits en pierres symétriquement taillées; on y voyait des arcades supportées par des colonnes cylindriques et par des pilastres carrés. Les chapiteaux des colonnes avaient été décorés de sculptures en relief, et le plafond du sanctuaire était couvert de peintures à fresque, remarquables par leurs belles couleurs. Il ajoute qu'on y voyait des chapelles latérales (sans doute autour du chœur), et que les cryptes communiquaient avec l'église supérieure au moyen d'escaliers tournants.

entre des peuples voisins les uns des autres, il y eut toujours une école d'architecture, et l'art se maintint à un niveau assez élevé et assez uniforme dans l'Europe occidentale.

Je n'ai point établi de coupes dans la période de cinq à six siècles que j'ai assignée au style roman primordial; cependant l'architecture ne fut point stationnaire pendant un si long espace de temps. Il est probable que depuis le Ve. jusqu'au VIIIe. siècle, l'art de bâtir avait plutôt perdu que gagné, lorsque le génie de Charlemagne vint imprimer la plus heureuse impulsion aux arts et aux lettres. Il est très-difficile de savoir exactement quels changements se manifestèrent alors dans l'architecture; les opinions sont sur ce point assez divisées, mais il paraît certain que les monuments acquirent plus de grandeur et d'élégance qu'ils n'en avaient eu auparavant.

Quoi qu'il en soit, l'état prospère auquel les arts étaient parvenus ne put se maintenir dans les temps moins heureux qui suivirent le règne de Charlemagne. Les dissensions intestines et les malheurs sans nombre qui résultèrent de l'invasion des Normands amenèrent bientôt une décadence marquée dans l'architecture; on vit s'éteindre, à la fin du IXe.

siècle et dans le Xe., le talent des architectes, en même temps que les lumières de l'ancienne civilisation, ranimées par Charlemagne.

Une superstition bizarre contribua peut-être encore plus que les évènements à hâter la décadence de l'architecture; on croyait que la fin du monde arriverait dans le Xe. siècle : le découragement et l'apathie qui résultaient de cette croyance paralysaient les esprits, et bien loin d'élever des constructions nouvelles, c'est à peine si l'on réparait les anciennes.

En considérant ce qui précède, la période romane primordiale pourrait se diviser en trois époques; la première antérieure au règne de Charlemagne; la deuxième qui correspondrait au temps de ce prince et de ses fils; la troisième qui comprendrait la fin du IXe siècle et le Xe.

Il reste, Messieurs, si peu de monuments religieux antérieurs au XIe. siècle que je manque des éléments qui me seraient nécessaires pour esquisser avec plus de précision l'histoire de l'art aux VIe., VIIe., VIIIe., IXe. et X^e. siècles, et je crois faire preuve de sagesse en bornant aux généralités précédentes ce qui concerne l'architecture romane primitive.

CHAPITRE VI.

Architecture Romane secondaire

(de 1000 à 1090 environ.)

De la renaissance qui s'opéra dans les arts au XIe. siècle. — Élément nouveau introduit dans l'architecture par l'association du style byzantin avec le style roman primitif. — Origine du style byzantin. — Difficulté d'apprécier exactement la mesure de l'influence byzantine. — Énumération détaillée des caractères de l'architecture romane secondaire, basée sur l'examen attentif d'un très-grand nombre d'édifices religieux du XIe. siècle. — Catalogue d'églises appartenant en totalité ou en partie au style roman secondaire. — Conclusion.

Une ère nouvelle commença pour les arts en même temps que le XIe. siècle.

L'apathie et le découragement dans lesquels l'attente de la fin du monde avait tenu les esprits pendant le Xe. siècle, se dissipèrent bientôt pour faire place à une activité prodigieuse qui imprima une impulsion toute nouvelle aux arts et à la littérature.

L'architecture surtout prit un caractère qu'elle n'avait point eu auparavant, et dans toutes les parties de la France on vit s'élever des églises remarquables par leur nouveau style et leurs belles proportions.

La renaissance fut peut-être plus manifeste encore en Normandie que dans les autres pays. Après avoir pillé et renversé les églises, les hommes du Nord adoptèrent les mœurs et la religion des vaincus et devinrent chrétiens aussi fervents qu'ils avaient été fougueux dans leurs dévastations. Ils voulurent réparer leurs ravages, en élevant de nouveaux temples et en rétablissant ceux qui étaient ruinés; aucune partie de la France ne présente peut-être autant de fondations d'églises et d'abbayes dans un intervalle aussi court que l'ancienne province de Normandie.

Les ducs et les principaux barons donnèrent l'exemple à leurs vassaux, et il y eut entr'eux une émulation extraordinaire. « A cette époque (vers le milieu du XIe. siècle), dit Guillaume « de Jumièges, la Normandie jouissait d'une « paix profonde; le clergé était souverainement « respecté de tout le monde; les personnes « riches rivalisaient de zèle à bâtir des églises

« bâtir des églises et à doter des moines qui « priassent pour leur salut (1). »

Plus tard après la conquête de l'Angleterre, les seigneurs normands portèrent dans ce pays leur goût pour l'architecture; les biens immenses qu'ils reçurent ne firent que favoriser leur zèle à fonder des châteaux, des églises et des monastères, en même temps que le désir de conserver leurs nouvelles possessions les mettait en quelque sorte dans la nécessité d'en agir ainsi pour s'attacher le clergé et pour tenir la population en respect. Guillaume de Malmesbury peint bien cette ardeur des Normands à couvrir d'édifices religieux le pays qu'ils venaient de soumettre. « Voyez, dit-il, s'élever « de tous côtés des églises et des monastères « *dans un nouveau style d'architecture* (2);

(1) In diebus illis maxima pacis tranquillitas fovebat habitantes in Normanniâ, et servi Dei à cunctis habebantur in summâ reverentiâ; unusquisque optimatum certabat in prædio suo ecclesias ædificare et monachos qui pro se Deum orarent rebus suis locupletare. — L'auteur fait ensuite une longue énumération des abbayes qui furent bâties à cette époque. Ce détail comprend tout le chapitre XXII du 7e. livre de son histoire des ducs de Normandie.

(2) *Novo ædificandi genere consurgere.* Ces expressions sont à noter. Elles montrent bien qu'il y avait en Angleterre comme en France une différence notable entre l'architecture du XIe. siècle et celle des siècles précédents.

« voyez la patrie animée d'une telle ferveur « que les riches croiraient avoir perdu la jour- « née qu'ils n'auraient pas signalée par quelque « acte éclatant de générosité (1). »

Les faits sont clairs, Messieurs; partout, en France et en Angleterre, un changement notable, un progrès marqué se manifestait dans l'art de bâtir au XIe. siècle, et notre division entre les deux genres d'architecture romane ne pouvait être mieux placée qu'à la fin du Xe. siècle.

C'est aussi au XIe. siècle que commença le développement d'un ordre social nouveau, de la société vraiment moderne. « C'est à partir de « la fin du Xe. siècle que l'être social qui porte « le nom de France, est pour ainsi dire formé, « dit M. Guizot; il existe; on peut assister à « son développement propre et extérieur. Ce « développement mérite pour la première fois « le nom de civilisation française. Jusques-là « on n'aperçoit encore que la civilisation gau- « loise, franque, gallo-romaine et gallo-fran- « que. C'est du Ve. au Xe. siècle que s'est opéré « le travail de fermentation et d'amalgame des « trois grands éléments de la civilisation mo- « derne, l'élément romain, l'élément chrétien

(1) Guillaume de Malmesbury de Regibus Angliæ, liv. III. rer. Angl. Script. p. 102.

« et l'élément germain ; et c'est seulement à la « fin du Xe. siècle que la fermentation a cessé, « que l'amalgame a été à peu près accompli.(1)»

Mais pour revenir au mouvement de progrès qui se manifesta dans les arts au XIe. siècle, le petit nombre de savants qui depuis quelques années ont fait de cette époque de renaissance l'objet de leurs études, reconnaissent deux éléments principaux dans l'architecture romane secondaire. D'une part, ils y trouvent un perfectionnement de l'architecture romane primordiale ; de l'autre, une imitation marquée de l'architecture byzantine.

C'est pour la première fois, Messieurs, que je parle du style byzantin ; ce style n'est que l'architecture romane modifiée par le goût oriental ; c'est une architecture que nous pourrions appeler *gréco-romane*, pour indiquer par un seul mot les éléments qui la constituent ; elle s'était surtout développée dans l'empire d'Orient dont Byzance était la capitale, d'où lui est venu le nom de byzantine.

Afin que vous ayez des notions plus précises sur l'origine et la nature du style byzantin, je vais, si vous le permettez, vous lire quelques

(1) Cours d'Histoire moderne professé en 1829, t. III, p. 204 et 205.

passages d'une dissertation dans laquelle M. Ludovic Vitet résume en peu de mots l'histoire de cette architecture exotique:

« Au temps où le christianisme, après trois siècles de silence et de misères, sortant enfin des catacombes et des chapelles souterraines d'Italie, s'en vint s'asseoir sur le trône impérial, deux genres d'architecture étaient en présence dans cette autre partie de l'ancien monde, où allait se fonder l'empire grec. Sans parler des chefs-d'œuvre d'Athènes et de Corinthe, dont on n'imitait plus, dont on admirait à peine l'adorable pureté, on voyait dans ces contrées s'élever des monuments romains, constructions régulières, qui affectaient de se soumettre aux principes du style grec antique, mais qui, tout en copiant ses proportions, les altéraient avec maladresse, et ne rachetaient tant de lourdeur que par un peu de solidité. Malgré les vœux des empereurs cette architecture massive ne pouvait s'acclimater sur cette terre de grâce et d'élégance. Une fois les Ictinus éteints, ce n'était pas aux légions romaines à devenir les architectes de la Grèce et de l'Ionie. Une fois la pureté primitive oubliée, il ne pouvait fleurir sous ce beau ciel qu'un style tout nouveau qui, semblable à cette philosophie nouvelle qu'on voyait alors, subtilisant sur Platon, abandonner les traditions de la science antique et s'élever à un monde et à des rêves inconnus, osât s'affranchir de toutes les lois consacrées à Memphis, à Athènes et à Rome, briser l'architrave, élever arcade sur arcade, coupole sur coupole, et, rêveuse et subtile à son tour, retracer avec la pierre et le marbre toutes les chimères de l'imagination.

« D'où vint et comment naquit cette architecture nouvelle? continue M. Vitet. Peut-être pourrait-on l'apprendre en étudiant l'histoire et l'esprit des peuples de la Syrie, de la Perse, et surtout de l'Ionie, cette terre si féconde en inventions, et dès les anciens temps plus d'une fois rebelle aux règles du goût sévère et symétrique. Mais ne nous arrêtons pas à cette recherche. Constatons seulement qu'à Byzance et dans l'Asie mineure, au temps de Constantin, on voyait, à côté du style venu de Rome, cet autre style que nous venons de décrire. Le génie oriental commençait à secouer ses ailes. Déjà, vers le IIe. siècle, il s'était joué, comme un enfant timide, dans les colonnades incorrectes, mais brillantes de Balbek et de Palmyre. Puis, grandissant chaque jour, il avait peu à peu conquis son indépendance : libre, hardi, original, il s'affranchit enfin sous

Justinien, lorsque, d'après les dessins d'Isidore de Milet, on vit s'élever à Constantinople le temple de Sainte-Sophie. De ce jour le goût oriental reçut sa sanction dans l'empire byzantin. L'architecture romaine, délaissée depuis long-temps, fut désormais proscrite, et le style néo-grec régna sans rival dans toutes les contrées d'Orient. Sous cette nouvelle forme, qui à la vérité fait gémir les admirateurs exclusifs de la pureté antique, mais qui a droit aux hommages plus indulgens des vrais amis du beau, le génie des vieux architectes de la Grèce se réveilla, moins correct, moins sévère, mais brillant de jeunesse et de vie, plus téméraire, plus merveilleux. Pour la seconde fois, les Grecs prirent le sceptre de ce grand et bel art de bâtir : ce fut d'eux que les Arabes en reçurent le secret, ce fut par eux que les premières leçons en parvinrent à l'Europe entière. »

Bien antérieurement au XIe. siècle, Messieurs, le style byzantin avait paru sur quelques points de l'Europe occidentale ; dès le VIe. siècle, des architectes grecs avaient élevé plusieurs édifices dans l'exarchat de Ravenne; l'église octogone de Saint-Vital, imitation de Sainte-Sophie est un ouvrage de ce temps reculé.

Plus tard, le style byzantin se manifesta dans les édifices élevés par Charlemagne sur les bords du Rhin, et notamment dans l'église d'Aix-la-Chapelle.

Mais ce n'étaient là que des innovations partielles.

Dans les arts comme dans le *monde moral*, il y a des révolutions qui ont besoin d'être préparées, qui ont leurs époques et qui ne peuvent éclater que lorsque les esprits sont mûrs pour les changements qu'elles apportent dans le goût et dans les idées.

Ce ne fut donc qu'au XIe. siècle que l'association du style byzantin avec l'architecture romane fut générale en France.

Il n'est pas aisé, Messieurs, de démêler ce qui appartient au style byzantin dans notre architecture nationale du XIe. siècle. Pour arriver à un résultat exact dans cette analyse, il faudrait savoir avant tout si la plus grande partie des prétendues innovations de l'architecture byzantine n'existaient pas déjà dans l'architecture romaine dégénérée, problème d'autant plus difficile à résoudre que les monuments romains qui avaient pu fournir des modèles ont presque tous disparu.

A cette question capitale, que je me suis faite

il y a long-temps, M. Charles Lenormant, très-versé dans la connaissance des monuments de tous les âges, en ajoute plusieurs autres non moins importantes qu'il regarde comme inextricables dans l'état actuel de la science (1).

Il y aurait donc témérité de ma part à vouloir analyser exactement tous les principes de l'architecture romane secondaire et préciser leur origine. Tout en reconnaissant que l'influence byzantine a été puissante sur tous les arts du moyen âge, je ne m'attacherai pas à déterminer la mesure de cette influence; je vais simplement décrire l'architecture telle qu'elle se présenta durant le XIe. siècle.

Forme des églises. Les églises du XIe. siècle furent disposées comme dans les siècles précédents quant au plan principal. La forme ordinaire était celle d'une croix dont les branches s'étendaient du Nord au Midi, et dont la tête était figurée par le chœur tourné vers l'Est. L'entrée principale était à l'Ouest. Le chœur, toujours plus court que la nef, ne formait sou-

(1) Première lettre sur le style byzantin et sur l'origine de l'ogive, adressée à M. de Caumont par M. Ch. Lenormant. — Cette lettre, encore inédite, doit être publiée dans la Revue Normande (2e. année).

vent que le tiers de la longueur totale de l'édifice.

Je connais un petit nombre d'églises du XIe. siècle, celle de Sainte-Trinité d'Angers, par exemple, qui sont remarquables par la brièveté du chœur, comparée à la longueur de la nef. Leur plan se rapproche à cet égard de celui de plusieurs basiliques anciennes, telles que l'église Saint-Pierre-ès-liens, dont je vous ai parlé dans la leçon précédente (voyez la fig. 8, pl. XLIII). Au reste, ces exemples sont rares dans le XIe. siècle, et ils peuvent être regardés comme exceptionnels.

On remarque assez souvent un décroissement dans l'élévation des trois parties principales des églises ; ainsi le chœur est plus bas que la nef, et l'abside moins élevée que le chœur.

Le plus ordinairement les bas côtés se prolongeaient parallèlement au chœur au-delà des transepts ; mais ils s'arrêtaient là où commençait la courbure de l'abside, de sorte qu'ils ne faisaient pas complètement le tour du chœur (pl. XLIII, fig. 10). Cette disposition est celle qu'on rencontre presque toujours en Normandie, je ne connais guère, dans cette province, d'églises du XIe. siècle dans lesquelles les bas côtés tournent autour de l'hémicycle du chœur(1); mais hors de la Normandie, j'ai remarqué des exemples de ce prolongement des ailes; dans l'église de Cunault (Maine et Loire) dont voici le plan (voyez la fig. 11, pl. XLIII), dans celles de Saint-Hilaire, de Montier-neuf et de Notre-Dame à Poitiers, de la Couture au Mans, de Saint-Eutrope à Saintes, de Sainte-Croix à Bordeaux, de Saint-Pair à Chartres, dont les parties basses sont anciennes, et dans beaucoup d'autres que je pourrais citer.

On garnit en même temps les bas côtés du chœur de chapelles qui produisirent un grand effet en rayonnant autour du sanctuaire. Il y en a trois d'ainsi disposées à Cunault (pl. XLIII, fig. 11); j'en ai remarqué cinq à Saint-Hilaire de Poitiers et dans plusieurs autres églises de la même époque. Ainsi le sanctuaire se trouva reporté plus au centre, et cet allongement du chœur éloigna la forme des églises de celle des basiliques. Je ne pourrais affirmer précisément à quelle époque cette disposition s'est introduite; il est possible qu'elle soit très-ancienne, mais ce fut au XIe siècle surtout, que les

(1) Je n'affirme cependant pas qu'il n'en existe aucune; mais au moins sont-elles bien rares dans ce pays.

exemples en devinrent nombreux dans quelques parties de la France.

Cryptes. Les grandes églises romanes ont souvent été élevées sur des cryptes, comme je l'ai déjà dit (p. 71). C'est un fait assez remarquable et digne d'être noté que ces chapelles souterraines aient été pratiquées, tant que l'architecture à plein cintre a régné, et que l'usage en ait cessé presque entièrement après l'adoption de l'architecture à ogives (1).

La plupart de nos cryptes du XIe. siècle sont placées sous le chœur ; leur voûte est ordinairement soutenue par des colonnes cylindriques disposées sur deux ou quatre rangs. La crypte de la cathédrale de Bayeux, que l'on peut citer pour exemple, n'a que neuf pieds et demi de hauteur sur quarante-huit pieds et demi de longueur et vingt-trois pieds de largeur. Celle qui existe sous le chœur de l'abbaye de Sainte-Trinité de Caen est un peu moins grande, n'ayant que vingt-six pieds et demi de longueur sur vingt-trois pieds de largeur; la voûte est soutenue

(1) A peine pourrait-on citer quelques exemples de cryptes postérieures au XIIe. siècle. Les voûtes en tierspoint étaient peu favorables aux constructions souterraines ; d'un autre côté l'on n'eut pas les mêmes motifs pour en établir lorsque les reliques et les tombeaux furent placés dans les églises.

par des colonnes cylindriques distantes de 4 pieds les unes des autres. La crypte de l'abbaye de Saint Florent-le-Vieil, à Saumur, présente à peu près cette disposition, et je pourrais en citer beaucoup d'autres du même genre; à la Couture du Mans, à Notre-Dame de Poitiers, à Saint-Séverin de Bordeaux, à Médoc, à Nantes, à Cunault (Maine et Loire), etc., etc

Mais les cryptes de cette espèce ne sont pour ainsi dire que des chapelles et ne peuvent se comparer avec celles de la cathédrale de Chartres et de Saint-Eutrope à Saintes.

La partie souterraine de la cathédrale de Chartres règne sous toute l'étendue des bas côtés de la nef et du pourtour du rond point du chœur; on y descend par cinq escaliers différents, et l'on y trouve treize chapelles richement décorées (1); elle ne pénètre pas sous la nef principale ni sous le sanctuaire, et c'est une répétition des bas côtés qui font le tour de l'église supérieure.

L'église souterraine de Saint-Eutrope, quoique moins étendue que celle de Chartres, présente cependant quelque chose de plus complet, car elle est aussi large que l'église supé-

(1) V. l'Essai historique et descriptif sur la cathédrale de Chartres, par M. de Jolimont et l'ouvrage de M. Gilbert sur le même sujet.

rieure, ayant comme elle un sanctuaire et une nef avec des bas côtés. Toutefois il faut dire que l'église actuelle a perdu une partie de sa nef primitive, et j'ignore si les cryptes ont jamais eu beaucoup plus d'étendue qu'elles n'en offrent aujourd'hui qu'elles s'étendent depuis les transepts inclusivement jusqu'à l'abside, mais cet espace est considérable.

Appareils. Les principaux appareils en usage dans l'architecture romaine et dans l'architecture romane primitive se retrouvent dans celle des XIe. et XIIe. siècles.

Le petit appareil régulier de quatre pouces carrés et le moyen appareil de huit pouces sur cinq se rencontrent très-fréquemment.

Les édifices construits en moëllon, tels que certaines églises de campagne, offrent assez souvent des murs en blocage. Lorsqu'on s'est servi de pierres plates, elles ont presque toujours été rangées sur le côté et inclinées alternativement à droite et à gauche ; c'est ce qu'on appelle maçonnerie en *feuilles de fougères* ou en *arête de poisson* (pl. XLVIII, fig. 9.).

L'appareil réticulé (*opus reticulatum*), d'un effet si agréable par la régularité de ses pièces (pl. XLVIII, fig. 8), se voit aussi dans quelques parties des murs, surtout dans les frontons; mais il sera, je crois, plus naturel de vous faire connaître les principales variétés de cet appareil et le parti qu'on en a tiré pour la décoration, en traitant des ornements placés sur les murs.

Contreforts. A peine avait-on aperçu les contreforts dans l'architecture romane primitive, où ils se présentaient comme de simples pilastres destinés à orner plutôt qu'à consolider l'édifice. Ils occupent une plus grande place à partir du XIe. siècle. Cependant ils n'ont encore que très-peu de saillie comparativement à ce qu'ils en acquirent dans la suite; cette saillie n'excède guère un demi-pied, et souvent elle est beaucoup moindre. La fig. 1, pl. XLI, vous montre ce que furent, à la fin du Xe. siècle et dans le XIe., les contreforts les plus considérables; vous voyez que l'épaisseur de ce pilastre est dissimulée et divisée, en quelque sorte, en deux parties par une espèce de retrait. Ce caractère n'est pas constant, et il est bien peu important en lui-même (1).

Ornements. Les ornements et les moulures

(1) En Alsace on trouve communément au XIe. siècle des contreforts très-étroits et peu saillants, disposés en grand nombre sur les murs (V. quelques planches de l'ouvrage de MM. Schweighauser et de Golbery sur les monuments de l'Alsace).

employés dans les XIe. et XIIe. siècles sont placés sur les archivoltes des portes, des arcades et des fenêtres, sur les corniches et sur le plain des murs, surtout à l'intérieur.

J'ai réuni (pl. XLIX) quelques-uns des ornements qui se voient le plus fréquemment en Normandie et en Angleterre. Je vais en faire l'énumération, en me servant, pour les désigner, d'une nomenclature d'autant meilleure qu'elle dérive de la forme même de ces moulures, ce sont :

LES ÉTOILES.
LES ZIGZAGS OU CHEVRONS BRISÉS.
LES ZIGZAGS OPPOSÉS.
LES FRÈTES CRÉNELÉES RECTANGULAIRES.
LES FRÈTES CRÉNELÉES DIMINUÉES.
LES FRÈTES CRÉNELÉES TRIANGULAIRES.
LES LOZANGES ENCHAINÉS.
LES BILLETTES.
LES NÉBULES.
LES MOULURES PRISMATIQUES.
LES MOULURES HACHÉES.
LES TÊTES DE CLOU.
LES CABLES.
LES TORSADES.
LE DAMIER.
LES TÊTES PLATES.
LES TÊTES SAILLANTES.

Les mêmes contreforts existent dans quelques monuments de l'ouest de la France, notamment à l'église de Candes (Maine et Loire), qui a été dessinée par M. A. Deville.

Si j'avais pu multiplier mes planches autant que je l'aurais désiré, j'aurais donné la série complète des contreforts du XIe. siècle ; mais pour les contreforts comme pour les autres membres de l'architecture, j'ai dû me borner à des généralités.

Les étoiles ressembleraient assez exactement aux animaux marins qui, à cause de leur forme, ont reçu le nom d'*Asteries*, si elles avaient cinq branches, mais elles n'en ont que quatre. Elles sont disposées tantôt sur un seul (pl. XLIX, fig. 2), tantôt sur deux ou un plus grand nombre de rangs (fig. 1.)

Le zigzag ou baton rompu est un des ornements qu'on voit le plus souvent en Normandie, et en même temps un de ceux dont l'usage s'est conservé le plus long-temps.

Le zigzag est double, triple, quadruple, quintuple, multiple, etc., suivant le nombre des moulures parallèles qui forment le même dessin. La fig. 8 présente un exemple du zigzag multiple.

Le zigzag contrezigzagué se compose de deux rangs de zigzags dont les angles sont opposés (fig. 13); quelquefois on remarque un gland suspendu à un cordon et placé entre les angles, de manière à motiver en quelque sorte leur rapprochement par une élégante ligature.

La frète crenelée rectangulaire (fig. 9) tire son nom de la ressemblance qu'elle présente avec des creneaux; elle se compose d'un cordon croisant à angle droit, et formant les trois côtés d'un carré alternativement en-dessus et en-dessous.

LA FRÈTE CRENELÉE DIMINUÉE OU TRAPEZOIDE diffère de la précédente en ce que les carrés qu'elle dessine ne sont pas parfaits, l'un des trois côtés étant toujours diminué, et les autres un peu obliques, de manière à figurer des cônes tronqués plutôt que des carrés.

LA FRÈTE CRENELÉE TRIANGULAIRE (fig. 10) dessine des espèces de triangles équilatéraux; je ne l'ai rencontrée qu'assez rarement.

LA CHAINE EN LOSANGE (fig. 11) est composée d'une série d'anneaux en forme de lozanges, qui s'engagent les uns dans les autres.

LE LABYRINTHE (fig. 12) qui est encore en usage aujourd'hui se rencontre rarement; je ne l'ai trouvé que cinq à six fois sur des édifices de la fin du XIe. siècle ou du XIIe., dans lesquels on remarque des ornements qui appartiennent au style byzantin, notamment sur le portail méridional de la cathédrale du Mans.

LES BILLETTES (fig. 4) ressemblent aux morceaux d'un bâton cylindrique scié par petites pièces d'égale longueur : on trouve aussi des billettes qui sont carrées au lieu d'être cylindriques.

LES NEBULLES (fig. 5) forment des ondulations ou draperies plus ou moins prononcées.

LES MOULURES PRISMATIQUES sont composées

de prismes disposés par faisceaux présentant alternativement des angles saillants et des angles rentrants (fig. 6).

Les hachures losangées (fig. 7) consistent dans des entailles en forme de losange, également espacées : on les voit sur les corniches et les autres parties de l'entablement.

Les têtes de clou (fig. 14) ressemblent, comme le nom l'indique, à des têtes de clou qui seraient incrustées à égales distances.

Les cables offrent exactement l'image d'une grosse corde de navire.

Les torsades, plus élégantes que les cables, mais employées de même, sont par fois ornées de bandelettes en spirale garnies de perles (fig. 15 et 16). On en voit de pareilles à l'Abbaye-aux-Dames de Caen et dans beaucoup d'autres églises.

Le damier formé de petits carrés alternativement en creux et en relief et disposés en échiquier (fig. 17) se trouve très-fréquemment sur les corniches. Souvent les carrés pleins s'amincissent à la partie inférieure et présentent l'image de plusieurs rangs de petits modillons.

Les têtes saillantes sont des têtes d'hommes ou d'animaux en relief, qui ornent le plus souvent les modillons ; elles supportent aussi quelquefois les cordons des archivolles.

Les têtes plates offrent des figures grimaçantes comme celles des modillons, mais extrêmement plates, qui décorent l'archivolte des portes et des fenêtres (fig. 18). Ces figures bizarres, sont assez ordinairement terminées par des prolongements ou langues qui s'appliquent sur le contour du cordon ou de la plate bande formant l'encadrement inférieur de l'archivolte ; elles sont très-variées et souvent munies d'oreilles ou de cornes : au milieu d'elles se trouvent parfois des figures d'animaux.

Tels sont les ornements que vous rencontrerez aussitôt que vous examinerez les églises romanes qui abondent dans le Calvados et les départements voisins (1).

D'autres ornements prédominent dans le Poitou, la Saintonge, le Périgord et même dans l'Anjou. On y voit plus rarement les moulures

(1) On n'a point reproduit ici les développements que M. de Caumont a présentés dans son Cours oral, sur un grand nombre de sculptures du XIe. siècle, dont plusieurs paraissent allégoriques et qui se voient assez souvent sur nos églises. Ces détails qui auraient formé un chapitre assez étendu trouveront place dans l'ouvrage spécial que prépare M. de Caumont sur l'architecture du moyen âge. (*Voyez l'avertissement placé en tête de la 4e. partie du Cours.*

angulaires, telles que les zigzags, les frètes crenelées, etc., etc. Elles sont remplacées par des sculptures élégantes dans lesquelles dominent les feuillages, les rinceaux (pl. L, fig. 11), les gracieux enlacements, différentes broderies d'une délicatesse remarquable et diverses figures en demi-relief.

J'ai réuni sur la planche L quelques fragments d'archivoltes qui vous montrent le style de ces ornements. Vous pouvez les comparer avec ceux que j'ai placés sur la pl. XLIX, et voir combien ils s'en éloignent.

Les moulures dont j'ai parlé jusqu'ici sont employées, comme je l'ai déjà dit, sur les archivoltes, les corniches, etc.

Il en est d'autres que l'on trouve plus particulièrement sur les murs et qui montrent avec quelle profusion de détails on a par fois décoré les églises à l'intérieur et à l'extérieur. Telles sont les moulures nattées (pl. XLVIII, fig. 1); les demi-cercles imbriqués (fig. 2); et le dessin réticulé (fig. 3) qui se voient dans la partie ancienne de la nef de la cathédrale de Bayeux, à l'intérieur.

Les n°s 4 et 5 (même planche) sont tirés de l'église Saint-Germain de Beauvais.

Le n°. 6 provient de l'église de Thaon, département du Calvados.

Arcades bouchées. Nous avons déjà vu que les péristyles et les colonnes détachées avaient été remplacés, dans l'architecture romaine des bas temps et dans l'architecture romane, par des arcades et des colonnes en demi-relief appliquées sur les murs.

Ces arcades et ces colonnes se rencontrent très-souvent dans le XI_e. siècle.

Celles que vous voyez (pl. XLVIII, fig. 16) sont tirées de l'église de Fontaine-Henry près de Caen.

Appareils d'ornement et incrustations. Après les arcades, le genre d'ornement qui a été employé avec le plus de succès, celui dont on a obtenu le plus d'effet à l'extérieur des édifices, résulte de la coupe symétrique des pierres de l'appareil et de l'incrustation du ciment de couleur.

Vous voyez (pl. L. fig. 13) un appareil que j'appellerai, faute d'un autre nom, *appareil obliqué* ou *zigzagué ;* je l'ai rencontré en Poitou et une ou deux fois dans le Calvados (1).

L'appareil réticulé n°. 10, composé de pièces hexagones, et le n°. 11, dont les pièces sont en

(1) M. Le Prévost a remarqué le même appareil dans les revêtements d'un mur de construction romaine découvert dans la forêt de Beaumont, département de l'Eure. (*Voyez la troisième partie du Cours.*)

forme de losange, ont été employés dans les murs extérieurs du chœur de l'ancienne abbaye du Ronceray à Angers. Ces pierres sont toutes séparées les unes des autres par une couche de ciment coloré en rouge au moyen de brique pilée (1), et l'effet qui en résulte est fort agréable.

Mais une coupe de pierres plus gracieuse que toutes les autres est celle que j'ai remarquée dans le fronton de l'église Notre-Dame à Poitiers (pl. LII, fig. 2); ce sont des pièces circulaires rangées côte à côte (pl. XLVIII, fig. 12). Les vides qui existent entr'elles sont remplis par un ciment rougeâtre qui fait ressortir la rondeur de ces pièces.

On rencontre assez souvent en Poitou un autre appareil composé de pierres arrondies d'un côté, carrées de l'autre, et séparées par du ciment coloré. Une fois rangées, ces pièces ressemblent à des écailles imbriquées, comme le montre la fig. 15, pl. XLVIII.

Enfin l'appareil n°. 14 se compose de pierres carrées, au centre et aux angles desquelles on a pratiqué des entailles ordinairement peu pro-

(1) La couleur rouge a été appliquée seulement à la surface du ciment, et n'a pas plus de six lignes d'épaisseur dans les jointures des pierres.

fondes, qui ont été remplies avec du ciment tantôt rouge, tantôt noir, quelquefois bleu. Les incrustations rouges et noires ont été dans quelques endroits disposées alternativement comme les cases d'un damier (fig. 14). Le seul exemple que je puisse citer en Normandie de ce genre d'appareil se voit au centre des arcades bouchées qui ornent à l'extérieur le transept méridional de l'église Saint-Taurin à Evreux; il n'est pas tout-à-fait semblable à celui que vous voyez pl. XLVIII, n°. 14, mais il s'en rapproche beaucoup.

Modillons et corniches. Les corbeaux ou modillons méritent une attention particulière; ils forment un des caractères les plus constants et les plus visibles, comme un des ornements les plus remarquables de l'architecture romane secondaire.

Placés ordinairement sous la corniche des murs extérieurs, ils remplissent le même office à l'intérieur de quelques édifices (1).

Le plus souvent ces espèces de consoles figurent des têtes d'hommes grotesques et grimaçantes, des têtes d'animaux, des monstres, des

(1) Les modillons supportant les corniches à l'intérieur sont rares en Normandie et au contraire extrêmement communs dans le Maine, l'Anjou et le Poitou.

griffons, des volutes, des étoiles, des sautoirs, des angles de corniche; on y voit aussi assez souvent des obscénités.

Les corbeaux ont subi, suivant les progrès de l'art, des changements qui peuvent jusqu'à un certain point indiquer l'âge auquel ils appartiennent. Les plus anciens (au commencement du XIe. siècle) sont très-saillants, tantôt simples et en forme de console, comme ceux des églises romanes primitives, tantôt ornés de figures grotesques surmontées immédiatement d'une corniche (pl. LVI, fig. 3).

Les modillons qui supportent des arcades semi-circulaires sont généralement moins anciens que les précédents (pl. LVI, fig. 4 et 5) et leur succèdent par fois dans la deuxième moitié du XIe. siècle.

Ceux-là sont à leur tour plus vieux que les modillons séparés les uns des autres par de petits arcs trilobés (pl. LI), ou des arcs en ogive (pl. LVI, fig. 6), comme on en voit à la fin du XI. siècle et dans le XIIe.

La corniche qui surmonte les modillons est quelquefois toute simple; d'autres fois elle est ornée de zigzags, de billettes, de moulures hachées, de dessins en échiquier, de torsades, etc.

D'abord très-saillantes comme les plus anciens modillons, les corniches diminuèrent graduellement comme eux vers la fin du XIe. siècle.

Colonnes. Les colonnes offrent un grand nombre de proportions diverses suivant la place qu'elles occupent; elles sont toujours droites entre la base et le chapiteau, et n'ont jamais de renflement; quelques-unes sont pesantes et courtes, formées d'un gros fût cylindrique (pl. LVI, colonne nº. 3); mais l'usage s'introduisit assez généralement dans le XIe. siècle de former les piliers d'un assemblage de demi-colonnes assez minces réunies en faisceau (pl. LVI, colonne nº. 4). Cette innovation, l'une des plus notables du XIe. siècle, et sur laquelle je réclame votre attention (1), me paraît un acheminement très-marqué vers le système nouveau d'architecture que nous verrons prédominer dans la suite; là est renfermé l'un des principaux éléments du style ogival. Du moment que la colonne n'était plus le support réel, mais seulement l'accessoire, l'ornement du support, on put sans inconvénient en varier à l'infini les proportions.

(1) Probablement on avait commencé plus anciennement à grouper les colonnes, mais c'est au XIe. siècle *surtout* que cette combinaison est devenue ordinaire.

Bientôt des fûts d'une longueur disproportionnée s'élancèrent d'un seul jet depuis le pavé jusqu'aux combles, soit pour aller recevoir les arceaux de la voûte, soit pour diviser les murs par ces lignes perpendiculaires et également espacées, d'un effet si prodigieux dans la perspective d'un grand édifice.

Chapiteaux. Les chapiteaux les plus simples présentent des faces plates sans ornements; d'autres sont garnis de feuilles ou de cannelures en forme de cône renversé; un très-grand nombre munis de volutes affectent la forme corinthienne ou composite: enfin plusieurs portent des têtes grotesques, des serpents enlacés, des monstres, des chimères et mille autres figures, créations plus ou moins bizarres de l'imagination du sculpteur.

Les chapiteaux, pl. LVI, n°s. 2, 3, 4, et ceux qui ont été réunis aux fragments d'archivolte (pl. L, n°s. 7, 9, 11) vous donneront une idée de la manière dont on traitait ces détails architectoniques.

Fenêtres. Au commencement du XIe. siècle, les fenêtres à plein cintre offrent assez ordinairement une archivolte, soit simple, soit ornée des moulures du temps et supportée par deux colonnes, ou par des pieds droits. Leurs proportions varient suivant la grandeur des édifices où elles se trouvent et suivant la place qu'elles y occupent; mais elles sont toujours d'une grandeur moyenne. Je ne pense pas que les dimensions puissent être d'un grand secours pour la détermination des époques. La présence ou l'absence des colonnes ne peut non plus donner beaucoup de lumières sur l'ancienneté relative des fenêtres ; je pourrais en citer une quantité considérable des XIe. et XIIe. siècles, qui sont dépourvues de cet ornement, comme dans les IXe. et X^e^. siècles. C'est le style général de l'architecture bien plutôt que les caractères souvent trompeurs de quelques détails qui doit guider dans la recherche de l'époque à laquelle les monuments appartiennent.

Les fenêtres devinrent fort élégantes dans le XIe. siècle et remarquables par la finesse de leurs ornements (pl. LVI, fig. 7). Celles des étages supérieurs étaient assez souvent géminées, c'est-à-dire disposées deux à deux (pl. LVI, fig. 11), et quelquefois encadrées dans un cintre d'un plus grand diamètre (fig. 9). On voit aussi des fenêtres réunies trois à trois ou triples; celle du milieu, plus haute que les deux autres, est ordinairement seule ouverte, tandis que les deux petites sont bouchées (pl. LVI, fig. 10).

Roses. Les ouvertures rondes ou en œil-de-bœuf se voient au XIe. siècle comme auparavant (Jumièges, Colleville près Bayeux, etc), mais très-rarement. Un plus grand diamètre et des bordures plus ornées (pl. LVI, fig. 8) montrent dansquelques-unes de ces ouvertures une sorte de passage aux belles roses qui, dès la fin du XIIe. siècle, ont été si heureusement employées à la décoration des églises.

Une combinaison très-rare, mais qui n'est pas moins intéressante à noter, parce que nous en trouverons plus tard des exemples multipliés, est celle de l'ouverture ronde en œil-de-bœuf avec les cintres géminés des fenêtres. Le rond ainsi placé au-dessus de deux fenêtres semi-circulaires (pl. LVI, fig. 12) se rencontre dans quelques églises de la deuxième moitié du XIe. siècle.

Portes. Au commencement du XIe. siècle, les portes conservaient encore une grande simplicité. L'archivolte ornée de quelques moulures, mais par fois tout unie, reposait encore assez souvent sur de simples pilastres, et les colonnes, lorsqu'il y en avait, ne se trouvaient qu'au nombre d'une ou deux de chaque côté.

Dans quelques portes de la même époque, les pierres qui forment l'archivolte sont taillées symétriquement de manière à s'emboiter les unes dans dans les autres, disposition que vous comprendrez facilement en jetant les yeux sur la figure 10, pl. LIV.

Ce fut vers le milieu du XIe. siècle que les archivoltes se multiplièrent, qu'elles se chargèrent d'ornements, qu'il fallut par suite proportionner le nombre des colonnes de support à celui des voussures et donner plus d'épaisseur aux parois intérieures des portes. Quelques-unes, surtout vers le XIIe. siècle, n'offrent point de colonnes ni de pilastres, et sont ornées depuis le haut jusqu'en bas avec une garniture plus ou moins large de moulures (pl. LIV, fig. 5).

De toutes les parties des églises, ce sont les portes qui ont été le plus richement décorées; souvent elles méritent d'être examinées dans les édifices religieux les plus modestes en apparence. Vous rencontrerez sur elles les moulures dont je vous ai présenté les principaux types (pages 128 et suivantes). Je vais donc en citer quelques-unes que vous pourrez visiter avec intérêt (1).

(1) Le Cours ayant été professé à Caen, les exemples signalés dans le tableau suivant ont été pris pour la plupart dans le département du Calvados.

Série	DÉSIGNATION DES ÉGLISES où les portes se rencontrent.	ARRONDISSEMENTS.	POSITION DES PORTES.	CARACTÈRES GÉNÉRAUX.
1re. SÉRIE. PORTES TRÈS-ORNÉES.	Abbaye de Ste.-Trinité.	Caen.	à l'ouest.	Plusieurs voussures concentriques et en retrait ornées de lozanges, de frètes crénelées, de zigzags, de dentelures, etc., etc. et surmontées d'un bord saillant garni selon les lieux, de billettes, de festons, ou d'une petite guirlande de lierre ou de vigne. Trois colonnes au moins de chaque côté. Ouverture de la porte carrée, timpan uni, parfois orné de trèfles, etc., etc. Selon toute apparence la plupart de ces portes ne sont point antérieures à la 2e. moitié du XIe. siècle, et quelques-unes sont peut-être du XIIe.
	Ifs.	*Idem.*	latérale au sud.	
	Audrieu (deux portes).	*Idem.*	sur la face ouest de chacun des bras de la croisée.	
	Cintheaux (deux portes).	Falaise.	latérales au nord et au sud.	
	Jort.	*Idem.*	à l'ouest.	
	Condé-sur-Laison.	*Idem.*	*Ibid.*	
	Tours.	Bayeux.	*Ibid.*	
	Trevières.	*Idem.*	au midi.	
	Fontaine-Henry.	Caen.	latérale au sud.	
	Lery.	Louviers.	à l'ouest.	
	Bocherville.	Rouen.	*Ibid.*	
	Foullebec.	Pontaudemer.	*Ibid.*	
	Montivilliers.	Le Hâvre.	*Ibid.*	
	Serquigny.	Bernay.	*Ibid.*	
	Abbaye de St.-Étienne.	Caen.	*Ibid.*	Portes moins ornées que les précédentes, n'ayant qu'une,
	Collombelles.	*Idem.*	latérale au nord.	

2e. SÉRIE.	Carpiquet.	*Idem.*	à l'ouest.	deux ou trois voussures supportées par une, deux ou trois colonnes de chaque côté, et garnies des mêmes moulures que les précédentes.
	Colleville.	Bayeux.	latérale au sud.	
	Écajeul.	Lisieux.	à l'ouest.	
	Engranville	Bayeux.	latérale au sud.	
	Saint Loup.	*Idem.*	sous la tour.	
	Hottot.	*Idem.*	à l'ouest.	
	Goustranville.	Pont-l'Évêque.	latérale au nord.	
	Foulognes.	Bayeux.	à l'ouest.	
	Étreham.	*Idem.*	*Ibid.*	
	Ver	*Idem.*	latérale au sud.	
	Vienne.	*Idem.*	*Ibid.*	
3e. SÉRIE.	Marigny.	*Idem.*	*Ibid.*	Portes dont le principal ornement consiste dans une garniture de têtes plates. Même nombre de voussures que dans les précédentes.
	Huppain.	*Idem.*	à l'ouest.	
	Asnières.	*Idem.*	*Ibid.*	
	Ouèzy.	*Idem.*	latérale au nord.	
4e. SÉRIE.	Frenouville.	Caen.	à l'ouest.	Une seule voussure ornée d'étoiles.
	Église du château de Caen.	*Idem.*	*Ibid.*	
	Busly.	*Idem.*	*Ibid.*	
	Culey-Patry.	Falaise.	*Ibid.*	
	Plessis-Grimoult.	Vire.	latérale au sud.	

Comme vous le voyez par le tableau précédent, les portes les plus ornées ne se trouvent pas seulement placées au milieu des façades des églises; bien souvent elles ont été pratiquées de côté. Quelques-unes, aujourd'hui à découvert, ont été originairement protégées par une toîture et précédées d'un porche, ainsi que le prouve une saillie triangulaire que l'on voit encore dans le mur, et qui servait à soutenir le toît (Meuvaines, Foulognes, Ifs, Loucelles, Ducy, etc., etc. (Calvados).

Il n'est pas fort rare de rencontrer des portes anciennes au milieu de murs modernes, et cette circonstance ne peut donner lieu à aucune méprise ni à aucun embarras. Les portes dont je parle avaient fait partie d'un édifice antérieur, et elles ont été replacées dans la nouvelle construction; rien n'était plus facile en numérotant les pierres (1). Quelquefois aussi des parties que l'on voulait conserver ont été rajustées, sans déplacement, avec les murailles nouvelles.

Arcades. Les arcades ouvertes pour mettre la nef principale en communication avec les ailes, sont portées sur de grosses colonnes cylindriques ou sur des piliers garnis de demi-colonnes (abbayes de Saint-Etienne et de Sainte-

(1) Les modillons ont été replacés de même.

Trinité de Caen). Ces deux espèces de supports sont quelquefois placées alternativement (Jumièges, église du Pré au Mans, etc., etc.)

Les arcades se couvrent d'ornements comme les portes vers le milieu du XIe. siècle, et déploient une grâce nouvelle dans leurs contours.

Le grand arc qui sépare le chœur de la nef est fréquemment plus orné que les autres, et j'en ai déjà dit la raison.

Quant aux arcades placées dans les étages supérieurs des murs, elles ont tant de rapports avec les fenêtres par leurs formes et leurs dimensions, que vous pouvez leur appliquer ce que j'ai dit de ces dernières et de leur décoration.

Parmi les cintres que vous rencontrerez dans les murs du XIe. siècle, vous en verrez qui ne présentent pas un demi-cercle parfait.

On leur a donné le nom d'*arcs en anse de panier*, pour indiquer leur forme déprimée ; au contraire, vous en trouverez d'autres dont la courbure excède les dimensions du demi-cercle. On est convenu de les appeler *arcs en fer à cheval*.

Voûtes. J'ai déjà parlé de la difficulté que les architectes éprouvaient à établir des voûtes, lorsqu'elles étaient un peu larges. Cette construction continua de les embarrasser dans le XIe. siècle. Je connais bon nombre d'églises de cette époque, qui n'ont été voûtées que dans les XIIIe., XIVe. et XVe. siècles, et d'autres qui ne le sont point encore. Cependant il est juste de dire que des artistes habiles et hardis surmontèrent heureusement tous les obstacles.

Le moyen qu'ils employèrent et qui n'était pas inconnu aux Romains (1), fut de diviser les voûtes par parties carrées et de croiser les arcades, de manière à neutraliser la pression latérale en la dirigeant sur quatre points opposés et toujours correspondants à des piliers ou des faisceaux de colonnes. Souvent l'arrête résultant de ce croisement des arcs (fig. 1, pl. LX) fut garnie et consolidée au moyen d'arceaux en pierres de taille (pl. LX, fig. 2).

Mais quoique les architectes aient généralement tiré un grand parti du croisement des arcs des voûtes, et que cette combinaison ait été d'un usage à peu prés général, ils ont quelquefois négligé de s'en servir dans les XIe. et XIIe. siècles. Beaucoup d'églises du Poitou et

(1) V. la 3e. partie du Cours.

de la Saintonge (églises de Saint-Hilaire, et de Notre-Dame à Poitiers, de Saint-Eutrope à Saintes, etc., etc.) ne m'ont présenté que des arcs parallèles.

Il m'a semblé que pour diminuer la poussée, on avait, dans quelques églises, eu soin d'exhausser les voûtes et de leur donner la forme d'un fer à cheval. Il m'a paru aussi que les voûtes des ailes, dont la portée était beaucoup moins considérable et qui ne présentaient pas la même difficulté, ont été disposées de manière à soutenir la voûte centrale. Ces ailes ont en effet, dans les églises dont je parle, une hauteur presque égale à celle de la grande nef et semblent avoir été élevées jusques-là pour servir de contreforts à la voûte principale. Cette intention est bien manifeste à Saint-Eutrope de Saintes, où la voûte des ailes ne forme qu'un quart de cercle (1) qui vient s'appuyer en arcboutant sur les murs de la nef, un peu au-dessous du niveau des impostes (voyez la fig. 11, pl. LIV.).

Je vous prie, Messieurs, de noter en passant

(1) M. Le Prévost a remarqué des voûtes disposées de cette manière, dans quelques localités du département de la Seine Inférieure, notamment à Pavilly.

le fait que je viens de citer ; nous y reviendrons lorsque nous chercherons l'origine de ces arcs-boutants qui jouent un si grand rôle dans l'architecture à ogives.

Tours. Vous vous rappelez ce que j'ai dit des tours et de leur forme dans les VIIIe., IXe. et Xe. siècles ; celles qui furent construites au commencement du XIe. dûrent être écrasées peu élevées au-dessus des toîts et assez simples à l'extérieur. Dans le cours du XIe. siècle on les exhaussa de plusieurs étages ; on orna leurs murs d'arcades bouchées et de fenêtres.

Un grand nombre de tours étaient terminées par une pyramide à quatre pans, soit en pierre, soit en charpente ; le plus souvent cet obélisque était obtus comme dans les siècles précédents ; mais on fit aussi des pyramides très-élevées, et il paraît que l'origine des tours élancées qu'on a nommées flèches date du XIe. siècle. Quoi qu'il en soit, ces flèches, pour me servir de l'expression qui a prévalu, étaient presque toujours à quatre pans (voyez les fig. 2—3, pl. LVIII). On ne savait pas encore marier les toîts octogones aux tours quadrangulaires, et lorsqu'on trouve la forme octogone appliquée au toît des tours romanes, il y a presque toujours lieu de croire que ces pyramides sont moins anciennes que le corps de la tour qui les supporte. Remarquez bien, je vous prie, Messieurs, que mon observation est seulement applicable aux tours dont la base est quadrangulaire; car vous trouverez aussi par fois dans l'architecture romane des tours octogones qui ont dû être invariablement couvertes par des toîts de même forme ou par des toîts ronds (voyez la fig. 4, pl. LVIII). Ces tours octogones sont rares en Normandie dans l'architecture romane et j'ai lieu de croire que celles qu'on y voit ne datent que du XIIe. siècle : ce sont, pour ainsi dire, des tours de transition. J'en ai rencontré un plus grand nombre dans le Poitou, et elles sont communes sur les bords du Rhin, d'après les observations de M. Schweighauser.

Un autre genre de couronnement est celui qu'on désigne sous le nom de *Batière* (pl. LVIII, fig. 1), et qui est formé de deux gables à double égout, supportant un toît plus ou moins incliné. Cette forme est la moins agréable de toutes; elle n'a été employée qu'assez rarement dans le XIe. siècle.

Enfin quelques tours romanes étaient terminées par une plate-forme, et pouvaient en cas de besoin servir à la défense. D'autres en très-grand nombre n'ont été achevées que dans les XIIIe., XIVe. et XVe. siècles, et sans doute elles étaient primitivement couvertes en bois.

Les tours avaient été dans l'origine construites pour recevoir des cloches; mais au XIe. siècle on les multiplia sans nécessité et uniquement pour le coup-d'œil; là où une seule tour eût suffi, on en éleva jusques à trois; ce fut alors qu'on adopta, pour les grandes églises, l'usage qui a subsisté depuis, de placer une tour de chaque côté du portail, à l'Ouest (Saint-Etienne de Caen, abbaye de Sainte-Trinité, Jumièges, etc.). La troisième s'élevait comme auparavant sur le transept. Ordinairement moins haute que les deux autres, cette tour centrale était quelquefois ornée à l'intérieur de manière à rester ouverte jusqu'au toît et à présenter un grand vide ou dôme sur l'intersection de la croix; nous verrons plus tard quel parti on tira, dans les XIIIe., XIVe. et XVe. siècles, de ces *lanternes* dont nous trouvons déjà l'élément au XIe. et au XIIe.

Une observation peu importante en elle-même, et que cependant je ne dois pas laisser échapper, parce que je ne sache pas qu'elle ait été faite par d'autres est relative à la place qu'occupe dans les tours l'escalier par lequel on y monte; on le trouve presque toujours formant à l'un des angles du carré de la tour, une saillie ou tourelle ronde qui vient se terminer à la base du toît (tours de l'abbaye de Saint-Etienne, de Bayeux, de Colleville, de Saint-Contest (Calvados), de Montivilliers, etc., etc.)

Je suppose qu'on plaçait ainsi l'escalier en dehors pour ne pas interrompre les voutes qui séparaient ordinairement les tours en plusieurs étages.

Le tableau que voici indique quelques tours romanes dont plusieurs sont situées dans le département du Calvados.

ÉGLISES Dont les Tours font partie.	ARRONDISSEMENTS.	POSITION DES TOURS.	*OBSERVATIONS.*
Abbaye de St.-Étienne (deux tours).	Caen.	à l'ouest, des deux côtés du portail.	Les flèches octogones moins anciennes que les tours.
Ste.-Trinité (deux tours).	*Idem.*	*Ibid.*	Le parapet des plate-formes très-moderne, ainsi qu'une grande partie de la tour du nord.
Jumièges (deux tours).	Rouen.	*Ibid.*	La partie supérieure de la tour, de forme octogone, peut être moins ancienne que la partie inférieure carrée.
Vaucelles.	Caen.	latérale au sud.	
Saint-Contest.	*Idem.*	*Ibid.*	
Rosel.	*Idem.*	*Ibid.*	Tours terminées par des pyramides à quatre pans plus ou moins élancées, ressemblant à des obélisques.
Quilly.	*Idem.*	*Ibid.*	
Allemagne-la-Basse.	*Idem.*	latérale au nord.	
Beny.	*Idem.*	latérale au sud.	
Saint-Loup.	Bayeux.	*Ibid.*	Plusieurs de ces pyramides d'une époque moins ancienne que la tour carrée qui les porte.
Colombiers.	*Idem.*	latérale au nord.	
Ver.	*Idem.*	latérale au sud.	
Commes.	*Idem.*	*Ibid.*	
Colleville.	*Idem.*	à l'ouest.	
Vienne.	*Idem.*	*Ibid.*	

Montivilliers.	Hâvre.	côté droit du portail.	
Cathédrale d'Angoulême.	Angoulême.	latérale au nord.	
Cunault.	Saumur.	*ibid.*	
Fontenay-le-Marmion.	Caen.	latérale au sud.	Terminaison en forme de bâtière, postérieure à la tour.
Saint-Hilaire.	Poitiers.	latérale au nord.	
Saint-Porchère.	*Idem.*	à l'ouest.	
Allemagne-la-Haute.	Caen.	centrale.	
Thaon.	*Idem.*	*Ibid.*	
Secqueville-en-Bessin.	*Idem.*	*Ibid.*	
Bocherville.	Rouen.	*Ibid.*	
Saint-Julien.	*Idem.*	*Ibid.*	
Grâville.	Hâvre.	*Ibid.*	Pyramides en charpente, couvertes de tuiles ou d'ardoises.
Cheux.	Caen.	*Ibid.*	
Clinchamps.	*Idem.*	*Ibid.*	
Saint-Germain-des-Prés.	Paris.	*Ibid.*	
Tamerville.	Valognes.	latérale au sud.	
Drubec.	Pont-l'Évêque.	latérale au nord.	
Notre-Dame.	Poitiers.	centrale.	De forme octogone.
Sainte-Radegonde.	*Idem.*	ouest.	
Sainte-Marie-Laumont.	Vire.	centrale.	

Clochetons. J'aborde, Messieurs, une question qui se rattache naturellement à l'histoire des tours, celle de savoir à quelle époque on a commencé à placer sur les églises, surtout aux angles des grands murs, les tourelles que nous nommons clochetons.

Si nos recherches à cet égard se bornaient à la Normandie, il faudrait dire que les clochetons n'ont guère été employés durant le règne de l'architecture romane, car j'en connais à peine dans cette province quatre ou cinq exemples du XIe. siècle, (1) et l'on peut affirmer qu'ils ont été fort rares chez nous avant la deuxième moitié du XIIe. L'usage des clochetons paraît s'être introduit plutôt au-delà de la Loire. L'église Notre-Dame de Poitiers (pl. LII, fig. 2) en offre plusieurs d'une forme très-élégante et j'en ai vu de tout-à-fait pareils sur plusieurs autres églises du Poitou, regardées comme appartenant au XIe. siècle.

Au reste, j'ai toujours été frappé de leur petit nombre; on les voit le plus souvent aux angles des transepts et des façades, et l'on peut admettre que leur présence dans les monuments romans est encore une de ces innovations qui

(1) Notamment à l'angle du transept septentrional de l'abbaye de St.-Étienne de Caen.

préparaient insensiblement la révolution qui éclata dans le XIIe. siècle, un des éléments de l'architecture à ogives, et qu'ils n'appartiennent pas au style roman considéré dans sa pureté.

J'aurais beaucoup à ajouter aux notions élémentaires que je viens de vous présenter concernant l'architecture romane secondaire; mais j'ai lieu d'espérer que vous comblerez les lacunes nombreuses qui existent dans cet aperçu en visitant quelques-unes de nos églises les plus intéressantes du XIe. siècle; et afin de rendre votre exploration plus facile, j'ai dressé d'avance un catalogue que voici, dans lequel j'ai mentionné une centaine d'églises appartenant en totalité ou en partie au style roman secondaire (1). Un grand nombre de ces églises ont des dates certaines qui se rapportent à une période de soixante années, depuis 1030 jusqu'à 1090 environ; l'origine des autres n'est pas encore connue, mais en considérant l'analogie qu'elles offrent avec les premières, je suis fondé à les regarder comme étant de la même

(1) Plus de la moitié des églises mentionnées dans le tableau sont situées dans les arrondissements de Caen, de Bayeux, de Falaise et de Lisieux; elles ont été signalées dans mon Essai sur la Statistique monumentale du Calvados.

époque. Il est possible cependant que plusieurs de ces églises sans date n'aient été élevées que dans le XIIe. siècle.

EGLISES QUI APPARTIENNENT AU STYLE ROMAN SECONDAIRE.

INDICATION des localités où sont situés les édifices.	**INDICATION** des parties qui appartiennent au style Roman.
DÉPARTEMENT DU CALVADOS.	
St.-Étienne de Caen.	la nef et les transepts.
Ste.-Trinité de Caen.	la nef et le chœur, en grande partie
St.-Nicolas de Caen.	l'église entière, la tour exceptée.
Ste.-Paix de Caen.	en entier.
Ouestreham.	la nef.
Lyon.	la nef, en partie.
Biéville.	nef et chœur, en partie.
Ranville.	nef, en partie.
Colombelles.	nef et chœur, en partie.
Merville.	nef, en partie.
Mathieu.	nef et chœur, en partie.
Anisy.	en partie.
Cambes.	chœur et nef, en partie.
Beny.	chœur et nef, en partie.
Bernières.	nef, en partie.
Fontaine-Henry.	le chœur.
Creully.	nef et chœur.
Saint-Gabriel (prieuré).	en entier, sauf une fenêtre dans l'abside.
Saint-Gabriel (paroisse).	chœur, en partie.
Vaux-sur-Seules.	chœur et nef.
Audrieu.	les transepts, et la nef en partie.
Loucelles.	nef, en partie.
Carcagny.	l'abside du chœur.
Cheux.	le chœur.
Mouen.	chœur et nef.
Tilly-sur-Seules.	en partie.
Ducy.	la nef.
Allemagne (Haute).	partie de la nef.
Allemagne (Basse).	nef et chœur, en partie.
Ifs.	la nef.

INDICATION des localités où sont situés les édifices.	INDICATION des parties qui appartiennent au style Roman.
Garcelles.	chœur, en partie.
Cintheaux.	nef et chœur, en partie.
Carpiquet.	la nef.
Émiéville.	chœur et nef, en partie.
Cathédrale de Bayeux.	arcades dans la nef.
Tours.	la nef.
Étreham.	la nef.
Commes.	en partie.
Maisons.	murs de la nef, en partie.
Marigny.	en partie.
Ryes.	la nef.
Meuvaines.	chœur et nef.
Le Manoir.	chœur.
Vienne.	nef.
Ver.	*Idem.*
Colombiers-sur-Seule.	en partie.
Tierceville.	partie du chœur.
Gueron.	chœur.
Hottot.	nef et chœur, en partie.
Deux-Jumeaux.	chœur.
Asnières.	chœur et nef.
Surain.	la nef, en partie.
Formigny.	quelques parties de la nef.
Saint-Laurent.	nef et chœur, en partie.
Colleville.	*Idem.*
Trevières.	quelques parties.
Huppain.	*Idem.*
Guibray.	nef et chœur, en partie.
Saint-Gervais de Falaise.	la nef, en partie.
Tassilly.	la nef.
Jort.	*Idem.*
Olandon.	*Idem.*
Rouvres.	transept nord, en partie.
Ste.-Anne d'Entremont.	chœur et nef, en partie.
Bertheville-Rabet.	le chœur.
Harcourt.	quelques parties de la nef.
Saint-Melaine de Pont-l'Évêque.	quelques parties.
Le Coudray.	*Idem.*
Bonneville-sur-Calonne.	la nef.
Hottot en Auge.	chœur, en partie.
Goustranville.	nef et chœur, en partie.
Dives.	arcades sous la tour.
Mery.	le chœur.
Quèsy.	le chœur.
Écajeul.	nef et chœur, en partie.
Saint-Maclou.	le chœur.

INDICATION des localités où sont situés les édifices.	INDICATION des parties qui appartiennent au style Roman.
EURE ET SEINE INFÉRIEURE.	
Abbaye de Bernay.	nef et chœur, en partie.
Saint-Taurin d'Évreux.	chœur et transepts, en partie.
Cathédrale d'Évreux.	quelques parties de la nef.
Fontaine-la-Soret.	la nef.
Carsix.	quelques parties.
Chambrais.	la nef, en grande partie.
Saint-Marc près Pont-Audemer.	le chœur.
Saint-Germain (à Pont-Audemer).	en grande partie.
Fique-Fleur (près de Honfleur).	chœur et nef.
St.-Julien de Rouen.	nef et chœur.
St.-Georges de Bocherville.	presque tout entière.
Jumièges.	nef et transepts.
Grâville.	chœur et nef.
Duclair.	en partie.
Pavilly.	la nef.
Gournay.	chœur et nef, en partie.
DÉPARTEMENT DE LA MANCHE.	
Abbaye de Cerisy.	presque tout entière.
Ste.-Croix de Saint-Lo.	parties basses de la nef.
Mont Saint-Michel.	la nef.
Tollevast.	chœur et nef, en partie.
Martainvast.	le chœur.
Jobourg.	parties du chœur.
Querqueville.	chœur et nef.
Briquebec.	quelques parties de la nef.
Semilly.	la nef.
Saint-Germain-sur-Ai.	le chœur.
Saint-James de Beuvron.	en partie.
Réville.	la nef.
Magneville.	le chœur.
Saint-Côme.	partie septentrionale du chœur.
Saint.-Jean de Savigny.	le chœur.
Barneville.	la nef.
Marigny.	le chœur.

INDICATION des localités où sont situés les édifices.	INDICATION des parties qui appartiennent au style Roman
HORS LA NORMANDIE.	
St.-Germain-des-Prés de Paris.	en grande partie.
St.-Pair à Chartres.	parties basses.
Bonneval (Eure et Loir).	en grande partie.
Église de Gennes (Maine et Loire).	en partie.
Nantilly à Saumur.	nef, en partie.
St.-Laurent à Angers, ruinée.	
Ste.-Trinité à Angers.	quelques parties.
Abbaye du Ronceray à Angers.	en grande partie.
St.-Martin à Laval.	transformée en écurie.
St.-Hylaire de Poitiers.	en entier.
Montierneuf de Poitiers.	en partie.
Charroux (Vienne).	en partie.
Gencay (Vienne).	chœur et nef.
Notre-Dame de Poitiers.	chœur et nef.
Cathéd. d'Angoulême.	en partie.
Ste.-Croix de Bordeaux.	en partie.
St.-Seurin à Bordeaux.	quelques parties à l'intérieur.
Médoc.	en partie.
St.-Eutrope à Saintes.	chœur et nef.
Abbaye de St.-Jean à Saintes.	en partie.
Cathédrale de Nantes.	abside et partie du chœur.
Église de Corbeil.	en grande partie.
Tournus.	*Idem.*
Église du Puy.	*Idem.*
Idem de Clermont.	*Idem.*
Abbaye de Maurmoutier ? (Haut-Rhin).	façade de l'ouest.
Cathédrale de Spire.	en partie.
Idem de Worms.	*Idem.*
Idem de Mayence.	*Idem.*
St.Dié (Vosges).	*Idem.*

Il serait facile de citer beaucoup d'autres églises romanes secondaires, car elles sont encore prodigieusement communes en France;

ces églises offrent d'autant plus d'intérêt qu'il y en a bien peu maintenant que l'on puisse faire remonter à une époque plus ancienne que le XIe. siècle. A ce sujet je dois vous prévenir contre les traditions qui attribuent à certains édifices une origine très-reculée ;elles proviennent presque toujours d'une méprise. En effet, beaucoup d'églises ont été plusieurs fois reconstruites depuis leur origine, sans pour cela changer de nom, et c'est bien souvent une erreur manifeste que de prendre les édifices actuellement subsistants pour ceux qui furent élevés dès le principe.

CHAPITRE VII.

Architecture Romane tertiaire ou de transition.

(de 1090 à 1160 ou 1200.)

Considérations sur l'état de l'architecture religieuse au XIIe. siècle. — Modifications introduites dans les ornements, les sculptures et les diverses parties des édifices. — Examen de quelques monuments qui appartiennent au roman de transition. — Un mot sur les différences de style que présentent les monuments contemporains dans les diverses contrées de la France occidentale.

Nous sommes arrivés, Messieurs, à l'une des époques les plus intéressantes de l'histoire monumentale. Une grande impulsion donnée au commerce de l'Italie avec l'Orient, les pélerinages à Jérusalem devenus plus fréquents, et surtout les croisades, établirent entre l'Orient et l'Occident des relations nouvelles qui favorisèrent de plus en plus la naturalisation du goût byrantin dans nos contrées. Aussi voit-on au XIIe. siècle un luxe de moulures que n'avaient point encore montré les monuments du XIe.

Ce nouveau travail d'assimilation, dont il est si intéressant de suivre les progrès, va s'opérer en même temps que l'adoption d'une forme nouvelle pour les voûtes et les arcades.

C'est aussi, en effet, à partir de la fin du XIe. siècle jusqu'à la fin du XIIe., que l'ogive a été substituée au cintre, comme je l'ai dit précédemment (voyez page 42).

Un double intérêt se rattache donc à la période que nous allons étudier et pour procéder avec ordre, je vais d'abord vous présenter l'état de l'architecture au XIIe. siècle, après quoi j'exposerai les différentes opinions qui ont été émises sur l'origine de l'ogive et du style dont elle forme l'un des principaux caractères.

Forme des églises. La forme des églises n'éprouva pas au XIIe. siècle de changements notables. Il est vrai que vers cette époque on construisit quelques églises rondes, à l'imitation du saint sépulcre de Jérusalem, mais ces exemples sont assez rares.

Au nombre des églises circulaires est celle de Charroux, département de la Vienne, dont la date ne m'est pas connue, mais qui, selon toute apparence, est au moins en grande partie postérieure à la première croisade.

Il ne faut pas croire en effet que cette église puisse être reportée au temps de la fondation de l'abbaye dont elle dépendait, et qui eut lieu sous le règne de Charlemagne ; s'il reste quelques parties de la primitive construction, elles doivent être peu considérables, puisque les Normands ravagèrent l'abbaye, et que plus tard elle fut ruinée par un incendie vers la fin du Xe. siècle. Le monument actuel présente une nef rectangle terminée par un chœur circulaire (voyez la fig. 12, pl. XLIII), au centre duquel s'élève un autel entouré de huit colonnes qui supportent une tour octogone. Quarante-quatre autres colonnes disposées en cercle sur deux rangs forment deux nefs autour du sanctuaire (1).

Je suis persuadé que ce chœur de l'église de Charroux est une imitation du saint sépulcre de Jérusalem. L'abbaye possédait un fragment de la vraie croix qui attirait un grand nombre de pélerins dans le moyen âge, et sans doute on aura voulu que le monument qui renfermait cette précieuse relique fût construit à l'imitation de celui qui couvrait le tombeau du Sauveur.

(1) Je n'ai pas visité la curieuse église de Charroux, j'en parle ici d'après les vues et la description publiées par M. Thiollet.

L'église de Charroux n'est pas la seule en France dont le plan circulaire rappelle la rotonde du saint sépulcre; il en existe aussi plusieurs de cette forme en Angleterre, et le nom qu'elles portent encore aujourd'hui prouve évidemment que l'intention des architectes anglais était conforme à celle que je suppose avoir déterminé l'architecte de Charroux. En effet, l'église ronde qui existe à Cambridge et celle de Northampton s'appellent encore l'une et l'autre *églises du saint sépulcre*; celle de Londres, dont une vue a été publiée dans le sixième volume de l'archéologie britannique, est connue sous le nom d'*église du temple*. Ces trois monuments appartiennent au XIIe. siècle, et l'on peut supposer qu'ils ont été construits par des architectes qui avaient visité la terre sainte.

Elévations. On multiplia les retraits dans l'élévation des murs de manière à marier les lignes obliques aux lignes verticales et à détruire la monotonie des coupes perpendiculaires en les combinant à des plans inclinés, étagés symétriquement. Les frontons coupés, tels qu'on en voit à l'église Notre-Dame de Poitiers, pl. LII, ornent plusieurs édifices du XIIe. siècle, et les façades ont généralement à cette époque plus de grâce que dans les siècles précédents.

Moulures. Parmi les ornements qui paraissent appartenir plus spécialement à l'architecture romane tertiaire, on peut citer les rinceaux, les arabesques, les entrelacs et différents genres d'enroulements ressemblant plus ou moins à ceux que vous avez examinés sur la pl. L ; les perles, les bandelettes, les dentelles et certaines ciselures qui imitent le tissu travaillé des étoffes richement ornées, comme on en fabriquait à Constantinople. On peut citer encore les festons légers, les moulures nattées, les *trèfles*, les *quatre feuilles* et quelques autres dessins d'une élégance et d'une finesse remarquables, que l'observation vous apprendra à connaître bien mieux que les descriptions que je pourrais en faire.

Les zigzags, les frètes et les autres ornements que j'ai décrits en parlant de l'architecture romane secondaire, sont aussi assez communs sur les monuments du XIIe. siècle, surtout en Normandie, et l'absence des moulures que j'indique comme appartenant plus spécialement que les autres au roman tertiaire, n'est pas toujours une preuve de l'ancienneté des édifices.

D'un autre côté, vous pourrez trouver des ornements caractéristiques du XIIe. siècle sur des églises qui ont été bâties dans le XIe. siècle, suivant des documents certains. Il paraît en effet qu'un très-grand nombre de portes et de façades ont été sculptées postérieurement à l'érection des églises dont elles font partie.

Ainsi l'on élevait des portes avec des archivoltes unies que l'on ciselait plus ou moins long temps après l'achèvement de l'édifice. J'en connais plusieurs du XIe. siècle, qui ne sont ornées qu'à moitié et qui prouvent ainsi la vérité de mon assertion (1).

Bas-reliefs et statues. Jusqu'à la fin du XIe. siècle on avait rendu la figure humaine de la manière la plus bizarre et la plus incorrecte; encore s'était-on borné à la représenter en demi-relief principalement sur les chapiteaux des colonnes. Je n'ai jamais vu dans nos églises de statues proprement dites qui aient une date antérieure à celle que je viens d'indiquer, et tandis qu'on excellait dans la manière de traiter certaines moulures, on ne savait représenter la figure humaine que d'une manière on pourrait dire hideuse.

(1) On sculptait fréquemment d'avance et avant de les assembler, les pièces qui devaient composer les cintres des portes; mais quelques fois elles ne l'étaient qu'après leur assemblage; la nature des ciselures influait sans doute sur le choix du procédé que l'on suivait à cet égard.

Mais la statuaire, presqu'oubliée dans l'Occident, avait continué d'être cultivée à Byzance, et lorsque le style grec se naturalisa dans nos contrées, on vit paraître des statues et des bas-reliefs qui, sans être exempts de défauts, étaient au moins ramenés à une certaine correction. Cette renaissance de la statuaire contribua puissamment à changer l'aspect des monuments religieux en apportant un élément tout nouveau dans leur décoration.

Les archivoltes et les voussures des portes ornées auparavant de zigzags, de frètes crenelées, de billettes et des moulures diverses que je vous ai fait connaître commencèrent à se couvrir de personnages; les timpans qui jusques-là n'avaient eu pour ornement que des figures chimériques ou simplement des pierres taillées symétriquement par fois disposées en échiquier, furent aussi tapissés de bas-reliefs.

Le culte catholique avait, comme on le pense bien, modifié les traditions de l'art grec antique; l'histoire religieuse avait fourni aux sculpteurs des sujets qui avaient reçu en Orient une sorte de consécration, avant que le style byzantin fût importé en Occident. C'est ce qui explique pourquoi nous trouvons constamment sur les édifices dans lesquels ce style domine les mêmes sujets toujours rendus de la même manière.

L'un de ceux qu'on observe le plus ordinairement et qui frappe le plus, tant par la dimension des figures que par la place qu'elles occupent, c'est la représentation de Dieu entouré de divers attributs, qui, à partir de la fin du XIe. siècle, se trouve fréquemment sur le timpan des portes et par fois au milieu des frontons des églises. On remarque deux manières principales de représenter ainsi la divinité.

Souvent Jésus-Christ est assis sur son trône, vêtu d'une longue tunique enrichie de broderies et tenant la main droite élevée comme pour donner la bénédiction; autour de lui sont les symboles des quatre évangélistes désignés dans la vision d'Ezéchiel, savoir : Dans la partie supérieure du tympan, au niveau de la tête du Sauveur, l'aigle (saint Jean), l'ange (saint Mathieu), et plus bas, le lion (saint Marc), et le bœuf (saint Luc). Les artistes paraissent avoir eu une grande prédilection pour ce sujet tiré de l'Apocalypse.

Ailleurs Jésus-Christ est représenté dans l'attitude que je viens d'indiquer, mais au lieu des symboles des quatre évangélistes, on remarque seulement à ses côtés deux anges, tantôt debout et tenant des encensoirs, tantôt à genoux ou dans l'attitude de la prière.

Sur le linteau des portes au-dessous du tympan sont quelques fois des personnages rangés sur une même ligne et dans lesquels on reconnaît souvent les douze apôtres ou les prophètes. Parmi les autres sujets fréquemment représentés en bas-relief dans le XIIe. siècle on peut citer :

La naissance de Jésus-Christ;
L'adoration des Mages;
Le massacre des Innocens;
La fuite en Egypte;
La présentation de Jésus-Christ au temple;
L'Annonciation;
La Visitation;
Le pèsement des ames (1);
Le jugement dernier;
Les peines de l'enfer, etc., etc.

Mais on commença aussi au XIe. et au XIIe.

(1) Ce sujet allégorique est très-fréquemment reproduit au XIIe. siècle et au XIIIe. St.-Michel tient ordinairement une balance dont les bassins sont remplis de corps humains; d'un côté on voit un ange et de l'autre un démon qui fait des efforts pour faire pencher vers lui l'un des bassins de la balance.

siècles à sculpter des figures de grande proportion et à placer sur les façades des édifices et sur les parois latérales des portes, des statues représentant des rois, des reines, des évêques, des personnages de l'ancien et du nouveau testament, et les bienfaiteurs des églises; ces statues confiées sans doute aux artistes les plus habiles du temps offrent pour l'histoire de l'art plus d'intérêt encore que les autres figures à cause de leurs grandes dimensions et de leur relief complet. La plupart sont vêtues de longues tuniques recouvertes d'une espèce de manteau qui ouvre en devant et laisse apercevoir de riches étoffes, le plus souvent bordées de galons magnifiques.

Dans toutes ces statues on remarque de longs bustes, une sorte de roideur et d'absence de mouvement qui, indépendamment de leur costume et de leur *physionomie bysantine* vous les feront toujours distinguer de celles de la fin du XIIIe. siècle et du XIVe. Examinez les statues qui décorent le grand portail de Chartres, celles que l'on voit au Mans, à Corbeil, à Notre-Dame de Poitiers, à Saint-Denis, à Angers, etc., etc.; dans toutes vous remarquerez les caractères que je viens d'indiquer; vous les retrouverez également dans les autres représentations en bas-relief ou en peinture qui appartiennent à la même école.

Ce qui distingue les figures de cette époque, soit bas-reliefs, soit statues, c'est l'imitation d'un type à peu près uniforme dans les traits du visage, la tournure et le costume des différents personnages.

Le Père éternel, le Christ, la Vierge, les Apôtres, les Saints, les Anges, reçurent dans ce système leurs traits, leur forme, leur costume propre et déterminé. Ces types partout admis, partout reproduits avec le scrupule religieux qui tenait à la fois à un sentiment de dévotion et à l'impuissance de l'art, étaient partout exécutés au moyen de procédés semblables, comme le dit avec raison M. Raoul Rochette dans ses leçons sur l'histoire de la statuaire (1).

Un sujet que l'on n'a guères reproduit, je crois, avant la fin du XIe. siècle, sur les monuments de la France occidentale, c'est la représentation des signes du Zodiaque (2).

(1) Cours d'Archéologie professé à la bibliothèque royale en 1828.

(2) Je n'ai jamais vu sur nos églises de zodiaque d'une date authentiquement antérieure à la fin du XIe. siècle, et je crois ce sujet imité des monuments orientaux ; peut-être de nouvelles

On les voit rangés en demi-cercle sur la face des archivoltes, et quelquefois sur deux lignes perpendiculaires, de chaque côté des portes.

Il n'est pas rare de trouver des transpositions dans l'ordre des signes; elles proviennent le plus souvent de l'inadvertance des sculpteurs, et il ne faut pas chercher de motifs dans ces transpositions, comme l'ont fait quelques savants, faute d'avoir examiné avec assez d'attention plusieurs de ces sculptures, ou parce qu'ils ont apporté dans cet examen un esprit prévenu. La transposition des signes et leur sens parfois incomplet montrent que les artistes n'avaient d'autre intention que celle de rappeler les travaux propres à chaque saison ou simplement de reproduire un sujet que l'usage avait fait adopter pour la décoration des édifices. Quelquefois les signes du Zodiaque sont accompagnés de figures représentant les travaux de la campagne pour chaque mois de l'année, comme nous en figurons encore aujourd'hui sur nos almanachs.

Sculpture polychrome. On n'avait pas oublié à Byzance le parti que l'on pouvait tirer de la sculpture polychrome; on avait con-

observations feront-elles découvrir des zodiaques beaucoup plus anciens que ceux que j'ai observés.

servé l'usage de rehausser la sculpture par l'éclat de la peinture et de détacher les figures des bas-reliefs sur des fonds de couleur différente. Cet usage se répandit parmi nous au XIIe. siècle, et il n'est pas rare de trouver parmi les figures de cette époque des personnages dont les vêtements ont été peints et par fois dorés ; on peut encore se former une idée juste de l'éclat que dut présenter alors cette sculpture polychrome qui avait produit de si grands effets dans les beaux temps de la Grèce.

Je ne prétends pas, Messieurs, que la sculpture polychrome fut tout-à-fait inusitée durant la période romane primordiale ; j'ai prouvé par des faits que les Romains nous avaient laissé des exemples de ce genre de sculpture (1), et ces modèles purent être imités dans les monuments religieux de tous les siècles, mais je crois que le goût en devint prédominant lorsque le style grec lui-même fut adopté et que l'habileté des artistes byzantins permit de marier plus heureusement la peinture et la sculpture. La peinture à fresque et la peinture sur verre firent aussi de grands progrès au XIIe. siècle, et l'in-

(1) Voir la 3e. partie du Cours.

fluence byzantine ne fut pas étrangère à ce perfectionnement. Mais nous n'avons pas à nous occuper en ce moment de la peinture, et les observations qui pourraient trouver ici leur place doivent être présentées plus tard dans la sixième partie du cours.

Colonnes. Les colonnes devinrent de plus en plus élégantes et sveltes dans le XIIe. siècle, quelques-unes même furent d'une seule pièce, et entièrement séparées des murs et des piliers dont elles faisaient l'ornement.

On ne se contenta pas toujours d'un fût simple et uni, on sculpta sur ceux qui présentaient des contours un peu considérables des entrelacs, des enroulements, des animaux fantastiques, ou bien on les couvrit de ciselures en spirale et de zigzags.

C'est aussi, je crois, à la fin du XIe. siècle qu'on commença à représenter sur quelques colonnes des anneaux ou cercles destinés en apparence à les assujettir sur le mur ou le pilier qui les soutient, mais dont le véritable motif est de remédier à la nudité ou à la longueur des fûts.

Enfin dans les parties les plus remarquables des édifices, telles que les façades, les angles saillants qui séparent les colonnes les unes des autres furent couverts d'étoiles, de violettes, de feuillages, de rinceaux, d'entrelacs et d'animaux fantastiques. Beaucoup d'églises, notamment celle de Civray, en Poitou, dont vous voyez la façade (pl. LI) montrent avec quelle profusion de détails on couvrit les entre-colonnements au XIIe. siècle (1).

Chapiteaux. Le goût byzantin se manifeste de plusieurs manières dans les sculptures qui ornent les chapiteaux; quelques-uns, garnis de feuillages d'une élégance remarquable, se rapprochent beaucoup du chapiteau corinthien; d'autres couverts de bas-reliefs représentent des scènes toutes entières de l'ancien et du nouveau testament : ces petites figures profondément ciselées se distinguent par la même raideur et la même physionomie que celles qui tapissent les voussures de quelques portes.

Modillons et entablements. Déjà nous avons vu (page 136) que les modillons qui présentent des têtes en console surmontées de petites

(1) Je n'ai pas encore de renseignements précis sur la date de l'église de Civray; mais je suis convaincu qu'elle n'est pas antérieure aux dernières années du XIe. siècle; je pencherais à la regarder comme un ouvrage du XIIe., peut-être même de la deuxième moitié de ce siècle.

arcades circulaires ou trilobées, sont moins anciens que ceux qui supportent immédiatement les corniches; ces deux espèces de modillons se rencontrent très-fréquemment depuis la fin du XIe. siècle. Quelquefois, à cette époque, ils ne présentent plus que des consoles en demi-relief, de la forme de celles que je trace sur le tableau (voyez la pl. LVI, fig. 9). Ce genre de modillons s'est perpétué pendant très-long-temps et se retrouve même, comme nous le verrons, fort avant dans le XIIIe. siècle. On les voit souvent vers le milieu du XIIe. siècle, ainsi que les moulures en dents de scie (pl. LVI, fig. 10); mais comme il y a eu hésitation et mélange toutes les fois que l'on a passé d'une forme à une autre en architecture, on trouve les modillons, à figures grimaçantes, employés concurremment avec les modillons applatis, sans figures et avec les dents de scie (pl. LVI, fig. 8). J'ai même remarqué dans un petit nombre d'églises, notamment dans celle de Branville, arrondissement de Pont-l'Evêque, l'alternance régulière des dents de scie et des têtes grimaçantes (pl. LVI, fig. 7).

Les corniches devinrent plus élégantes et plus ornées au XIIe. siècle.

Dans les monuments de l'Anjou, du Poitou

et de la Saintonge, celles qui séparent les ordres ou étages, sont assez souvent supportées par des modillons (Civray, pl. LI; Notre-Dame de Poitiers, pl. LII) : chose très-rare en Normandie où ce genre d'ornement n'a guère été employé que pour les corniches supérieures.

Fenêtres et roses. Les archivoltes des fenêtres furent richement ornées, et quelquefois, quoique rarement, couvertes de figures en relief. On donna à certaines fenêtres, surtout à celle qui est superposée à la principale porte de l'Ouest, des dimensions plus considérables.

Ce fut aussi à la même époque que les fenêtres rondes, auxquelles on a donné le nom de roses, acquirent de vastes dimensions.

Il fallut alors les diviser par des meneaux qui, partant du centre, rayonnaient vers la circonférence, et présentaient plus ou moins de rapport avec les pièces d'une roue. La place des roses fut marquée dès ce moment aux extrémités des transepts, au-dessus de la porte principale, et quelquefois au centre de l'abside ou du chevet.

Le transept Nord de l'église de Beauvais est percé d'une rose très-remarquable dont les rayons sont réunis par des arcades trilobées (pl. LVI, fig. 15). La bordure extérieure de cette rose est ornée de figures en bas-relief dans le goût byzantin qui annoncent la première moitié du XIIe. siècle.

Uue rose plus remarquable encore que celle de Beauvais se voit dans la façade de la cathédrale de Chartres, on reconnaît dans cette belle fenêtre circulaire du XIIe. siècle le type des chefs-d'œuvre qui ont produit des effets si prodigieux aux XIIIe. XIVe. et XVe. siècles.

Arcades. L'ogive se montre fréquemment dans les arcades du XIIe. siècle, mais elle y est presque toujours combinée avec des cintres; ainsi après un arc en tiers point, on en voit un autre semi-circulaire.

Ajoutons que l'ogive se présente bien souvent avec les moulures propres à l'architecture romane, comme vous la voyez sur la pl. LIII (fig. 5) et sur la pl. LIV (fig. 7). Elle n'a point encore l'élégance et la grâce qui la distinguent dans les monuments des siècles postérieurs au XIIe.

Tours. La forme octogone fut assez souvent employée pour la partie supérieure des tours d'églises dans le XII. siècle; c'est peut-être à cette époque qu'il faut rapporter la partie supérieure des clochers de Jumièges (pl. LVIII, fig. 4), celle du clocher de Trevières(pl. LIX, fig. 1)et quelques autres (1).

Ces pyramides réunirent l'élégance à la solidité, en même temps qu'elles acquirent de plus grandes dimensions en hauteur.

Quelques-unes furent exhaussées de plusieurs étages.

Les clochetons tantôt couronnés de pyramides à quatre pans, tantôt de pyramides octogones, comme les tours, furent placés aux angles des édifices.

Portes. Ce que j'ai dit des ornements et des bas-reliefs employés à la décoration des portes et des façades suffit déjà pour montrer de quelle manière on traitait, au XIIe. siècle cette partie des édifices religieux; je vais présenter une description sommaire de quelques portails remarquables du même temps.

Vous avez sous les yeux la représentation des façades de deux églises très-intéressantes, celles de Civray et de Notre-Dame de Poitiers; on ne sait pas précisément à quelle époque elles ont été construites, mais tout porte à croire qu'elles remontent au commencement du XIIe. siècle ou à la fin du XIe.

(1) Les pendantifs résultant de ce passage du carré à l'octogone, sont ordinairement voûtés à plein cintre et évidés en forme de cul-de-four à l'intérieur de la pyramide.

La première est, comme vous le voyez (pl. LI) divisée en deux ordres. Au centre de l'ordre inférieur s'ouvre la porte principale ornée de quatre archivoltes richement décorées ; des deux côtés s'élèvent de belles arcades bouchées, subdivisées par deux arcs en ogive.

Dans l'étage supérieur trois arcades remplissent, comme dans l'étage inférieur, la largeur de l'édifice ; celle du milieu est ouverte, les deux autres sont fermées ; des bas reliefs se voient sur les murs, dans les intervalles compris entre les arcades (1).

NOTRE-DAME DE POITIERS. La façade de Notre-Dame de Poitiers (pl. LII) est flanquée de deux faisceaux de colonnes, surmontés de clochetons.

On y remarque d'abord trois arcades, dont une ouverte et deux bouchées ; la première est voutée à plein ceintre ; les autres, de forme ogive, sont subdivisées en deux par des arcades semi-circulaires.

Au-dessus du portail règne une corniche à modillons qui sépare le second ordre du premier ; celui-là est rempli par deux rangs super-

(1) Un entablement droit couronne la façade de l'église de Civray, mais il y a lieu de croire que dans l'origine un fronton triangulaire s'élevait au-dessus de la corniche.

posés de petites arcades renfermant des statues, qui se trouvent l'un et l'autre interrompus par une grande fenêtre ouverte au-dessus de la porte centrale.

Cette brillante façade ornée, comme celle de Civray, d'élégantes moulures et de bas-reliefs qu'il est inutile de décrire puisque vous en voyez l'image (pl. LII), est couronnée par un fronton brisé construit de pierres taillées en forme de disque.

Au centre du fronton est un encadrement arrondi à la partie supérieure, pointu en dessous, dans lequel on distingue Jésus-Christ debout entouré des symboles des quatre Evangélistes et surmonté d'un chœur d'anges.

CHARTRES. Le portail de la cathédrale de Chartres appartient, à ce que l'on croit, à la première moitié du XIIe. siècle (1); il a été décrit il y a plusieurs années par M. Gilbert : je vais me servir de sa description pour vous donner une idée de ce morceau très-intéressant d'architecture *ogivalo-byzantine*.

Trois grandes portes pratiquées sous des voussures en ogive divisent en trois parties l'espace compris entre les deux tours.

Sur la porte centrale on voit, dans la partie supérieure du tympan, Jésus-Christ dans un

(1) V. l'Essai descriptif de M. de Jolimont,

ovale lumineux, assis sur son trône, tenant de la main gauche le livre des sept sceaux et ayant la droite elevée comme pour donner la bénédiction. Cette figure du Sauveur est vêtue d'une longue tunique et d'une espèce de *peplum* ou manteau enrichi de broderies; elle est environnée des symboles des quatre Evangélistes désignés dans la vision d'Ezéchiel; au-dessous de cette représentation sont placées sur une même ligne les figures des Prophètes au nombre de quatorze; et dans les arcs qui forment la voussure se voient les vingt-quatre vieillards de l'Apocalypse tenant divers instruments de musique et des coupes remplies de parfums. Les deux faces latérales sont ornées de grandes statues, de saints, de rois, de reines, dans le style que j'indiquais tout-à-l'heure(voir la page 170)(1).

Le portail, placé à droite du précédent, re-

(1) Il règne encore beaucoup d'incertitude au sujet des personnages que représentent quelques-unes des statues du grand portail de Chartres et de plusieurs autres façades du même temps. On ne peut les examiner avec trop d'attention, d'autant que le costume oriental de la plupart de ces figures peut donner lieu à des observations très-intéressantes.

L'abbé Le Bœuf a prouvé, que beaucoup de statues de cette époque, représentent des personnages de l'ancien testament plutôt que des rois et des reines de France.

Dans les statues d'hommes, il a reconnu souvent Salomon David et Melchisédech.

présente différents traits de la vie de la sainte Vierge, et l'on voit successivement dans trois divisions distinctes: 1°. un ange qui annonce aux bergers la naissance de Jésus-Christ; 2°. la présentation de Jésus-Christ au temple; 3°. dans la partie supérieure du tympan, la Vierge assise tenant l'enfant Jésus sur ses genoux, et ayant à ses côtés deux anges qui tiennent des encensoirs; sur les faces latérales sont placées six grandes statues de rois et de reines.

Le portail placé à gauche montre dans le tympan Jésus-Christ la main droite élevée, ayant à ses côtés deux anges et plus bas les quatre

Parmi les statues de femmes placées sur quelques portails du XIIe. siècle, il en est une qui est représentée avec un pied d'oie.

L'abbé Le Bœuf établit par de bonnes raisons que ces statues ne peuvent représenter, comme quelques-uns l'ont avancé, ni Clotilde, femme de Clovis, ni d'autres princesses de France, ni une certaine reine qui aurait été nommée *Pedauque* à cause de la difformité de ses pieds, laquelle n'a jamais existé; mais que, selon toute apparence on a voulu représenter la reine de Saba, qui d'après les traditions orientales avait les pieds fort laids.

Quoiqu'il en soit, toutes les statues de reines (qu'elles aient ou non un pied d'oie) portent le même costume, leurs cheveux sont très longs, partagés en tresses ou entremêlés de bandelettes. Elles ont sur la tête une sorte de chemise gauffrée, enrichie de galons et de broderies; sur la partie inférieure du ventre se trouve une longue ceinture dont les extrémités pendent très-bas, un manteau richement brodé couvre leurs épaules. Tous ces ajustements sont empruntés aux costumes de l'Orient et montrent de plus en plus l'influence byzantine sur nos arts au XIIe. siècle.

anges désignés dans le septième chapitre de l'Apocalypse. au-dessous sont encore dix petites figures en ligne horizontale. Dans les voussures on remarque plusieurs grotesques , des quadrupèdes , les signes du Zodiaque et les travaux agricoles des douze mois de l'année; enfin les faces latérales du portail sont, comme celles des deux portails précédents, décorées de grandes statues.

LE MANS. Le curieux portail méridional de la cathédrale du Mans offre la plus grande analogie de style avec celui de Chartres.

Dans le tympan du portail, qui est de forme ogive, on voit le Père éternel au milieu des quatre Evangélistes représentés par l'ange, l'aigle, le lion et le bœuf; au-dessous figurent les douze Apôtres assis et rangés sur une même ligne. Dans les voussures sont d'abord des anges au nombre de dix, puis diférents sujets tirés de l'Apocalypse et de l'histoire sainte.

Les colonnes qui ornent les deux côtés de la porte ont des chapiteaux qui se rapprochent beaucoup de l'ordre corinthien. Leurs futs sont masqués en partie par des statues de grande proportion qui ressemblent tout-à-fait à celles de Chartres par leur raideur, leurs longs bustes leurs costumes et leurs physionomies. Ces statues sont au nombre de huit, dans lesquelles on reconnaît trois saints, trois rois et deux reines. Les deux pieds-droits de la porte sont en outre ornés des images de saint Pierre et de saint Paul en demi-relief et de la même dimension que les statues; on peut remarquer aussi sur ce portail un grand nombre de moulures byzantines (rinceaux, étoiles, listels, etc.), et tout annonce qu'il a été construit dans le XIIe. siècle, soit, comme le pense M. Richelet, sous l'épiscopat de Hildebert qui fit de grands travaux à la cathédrale et qui mourut en 1125, soit un peu plus tard sous l'épiscopat de son successeur.

ANGERS. La porte principale de la cathédrale d'Angers, du XIIe. siècle, est aussi garnie de grandes statues très curieuses, entées sur les colonnes qui supportent les voussures, et l'on voit dans le tympan Jésus-Christ sur son trône, ayant dans la main gauche un livre et tenant la droite élevée; il est environné, comme à Chartres, au Mans et ailleurs, des symboles des quatre Evangélistes.

Je vais joindre aux descriptions précédentes l'indication d'un certain nombre d'églises dans lesquelles domine le roman de transition, et qui pour la plupart appartiennent au XIIe. siècle.

INDICATION des localités où sont situés les édifices.		INDICATION des parties qui appartiennent au roman de transition et qui meritent le plus d'être examinées dans les édifices cités.
Potigny.	Calvados.	Ogive romane (1) à l'ouest. Fenêtres du chœur légèrement ogivées.
Douvres.	*Idem.*	Deux ogives romanes sous la tour. Fenêtres et corbeaux de transition à la partie supérieure de la tour.
Le Bourg-d'Un	Seine-Infér.	Ovives romanes à l'intérieur.
Étretat.	*Idem.*	*Idem.*
Jumièges.	*Idem.*	Ogive romane à l'entrée du cloître.
Meuvaines	Calvados.	*Idem* sous la tour.
Vieux-Fumé.	*Idem.*	*Idem* dans le mur méridional.
Vaux-sur-Seules.	*Idem.*	*Idem* à l'ouest.
Fontaine - Étoupefour.	*Idem.*	Porte romane (à l'ouest) légèrement aiguë, garnie de têtes plates, ayant de chaque côté deux ogives romanes bouchées.
Airan.	*Idem.*	Porte romane, légèrement aiguë ornée de zigzags, entre deux ogives romanes bouchées. Fenêtre en ogive au-dessus du portail. Corbeaux de transition.
Bernières-sur-mer.	*Idem.*	Quelques parties de la nef vers le portail.
Cairon.	*Idem.*	Le chœur en partie.
Fierville.	*Idem.*	Corbeaux de transition , ainsi que quelques parties de l'église.
Moult.	*Idem.*	Arcades bouchées, dont les unes sont à plein cintre, les autres en ogive dans le mur latéral du chœur.

(1) J'appelle *ogives romanes* celles qui ont été employées concurremment avec les cintres et qui, ornées de zig-zags, de frètes crénelées et autres moulures particulières au style roman (pl. LIV, fig. 7, et pl. LIII, fig. 5), n'ont point encore la légèreté qui caractérise l'architecture ogivale proprement dite. Cette dénomination, dont je me suis servi pour la première fois il y a 8 ans, a été adoptée par plusieurs antiquaires.

INDICATION des localités où sont situés les édifices.		INDICATION des parties qui appartiennent au roman de transition et qui méritent le plus d'être examinées dans les édifices cités.
St^e.-Marie-du-Mont.	Manche.	Ogive romane dans le collatéral méridional.
Hôpit. de Caen	*Idem.*	*Idem* à l'ouest et à l'est.
Étavaux.	*Idem.*	Ogive romane au sud.
Carentan.	Manche.	*Idem* à l'ouest, conservée dans l'édifice qui est d'une date plus moderne.
St^e. - Trinité.	Angers.	Ogives romanes à l'intérieur de la nef dans les deux murs latéraux.
Nogent-le-Rotrou.	Eure et L.	Ogive romane très-ornée à l'ouest.
St. - Germain.	Beauvais.	Transept septentrional très-orné. Rosace à compartiments trilobés fort remarquables.
Cunault.	Maine et L.	Grand nombre d'ogives romanes dans la nef et les ailes.
Cathédrale.	Angers.	Ogives romanes dans les murs latéraux de la nef. Modillons et fenêtres à étudier.
St^e.-Trinité.	Laval.	Ogives romanes dans les murs latéraux de la nef.
La Couture.	Au Mans.	*Idem.* La nef de cette église très-intéressante offre beaucoup d'analogie avec celles des deux églises précédentes. Elle paraîtrait avoir été bâtie dans le même temps et sur le même plan.
Fécamp.	Seine-Infér.	Grand nombre d'ogives romanes dans toute l'église.
Ouistreham.	Calvados.	Ogives romanes dans l'abside à l'extérieur.
St.-Contest.	*Idem.*	Fenêtres romanes légèrement aiguës au chœur.
Mondeville.	*Idem.*	*Idem.* Corbeaux de transition.
Luc.	*Idem.*	Fenêtres romanes légèrement aiguës dans la tour.
St.-Pierre-sur-Dives.	*Idem.*	Ogives romanes et petites rosaces, dans la partie supérieure de la tour du sud-ouest. Porte latérale à plein-ceintre au nord. Corbeaux de transition.

INDICATION des localités où sont situés les édifices.		INDICATION des parties qui appartiennent au roman de transition et qui méritent le plus d'être examinées dans les édifices cités.
Cathédrale.	Rouen.	Porte en ogive au nord-ouest, ornée de rinceaux et de bas-reliefs.
Courcy.	Calvados.	Intersections au chevet.
Audrieu.	*Idem.*	Abside de la croisée, côté gauche; quelques autres parties de l'église.
Trévières.	*Idem.*	A la partie supérieure de la tour ogives trèsallongées avec colonnettes dans le style roman de la dernière époque.
Cathédrale.	Poitiers.	Parties basses à plein-cintre avec colonnes effilées.
Idem.	Bordeaux.	Parties basses de la nef dans le même style que la cathédrale de Poitiers.
Église du Pré.	Mans.	Portail à plein-cintre avec colonnes légères, entrecolonnements tapissés de violettes.
Ancien hôpital	*Idem.*	Portail élégant, colonnes légères garnies de feuillages.
Hôpital.	Angers.	Cloître entouré d'arcs à plein-cintre, très-élégants, supportés par des colonnes accouplées dont les chapitaux sont ornés de feuillages. Salle des malades, voûtée en ogive. Église, *idem.*
St.-André.	Chartres.	Ogives romanes très-ornées au portail, colonnes à chapitaux garnis de feuillages délicatement ciselés.
Cheux.	Calvados.	Partie de la nef.
Ryes.	*Idem.*	Le chœur.
Touques.	Calvados.	Ogives romanes dans deux églises, dont une sert au culte et l'autre est convertie en magasin.
Anglesquevill.	*Idem.*	Quelques parties du chœur et de la nef.
Vivonne.	près Poitiers	Ogives romanes étroites sans ornements à l'ouest.
Verson.	*Idem.*	Quelques parties du chœur.

Géographie des styles. Avant de terminer ce qui a rapport a l'architecture romane, je crois devoir vous présenter quelques courtes observations sur la géographie des styles.

Suivant les contrées où on l'observe, l'architecture du même type présente des traits particuliers qu'il est bon d'examiner attentivement, quoiqu'on ne puisse les regarder que comme de simples variations d'un type général et c'est à reconnaître ces modifications dans les ornements et les formes architectoniques que doivent tendre les travaux des antiquaires dans les diverses contrées de la France. Ces différences de style s'étendront et se modifieront de plus en plus, à mesure que le nombre des observateurs se trouvera augmenté et que les descriptions d'une plus grande quantité de cantons fourniront des renseignements plus précis sur le goût qui distingue l'architecture dans des pays plus ou moins éloignés les uns des autres.

Parmi les nuances qui existent dans le style des monuments contemporains de régions différentes, les unes tiennent à la diversité des matériaux ; ainsi, toutes choses égales d'ailleurs, on trouvera des sculptures plus fines, des détails plus corrects dans les localités où l'on a fait usage de pierre blanche facile à travailler, que dans celles où l'on s'est servi dematériaux moins convenables, tels que certains calcaires et le granite. Nous avons une preuve frappante de cette influence toute physique des matériaux dans la richesse monumentale des arrondissements de Caen, de Falaise et de Bayeux où l'on trouve de belles pierres de taille, comparée à la pauvreté de certains cantons des environs de Lisieux et de Pont-l'Evêque où l'on en manque, et à celle des arrondissements de Vire et de Saint-Lo où l'on n'a que du granite et des roches schisteuses (1).

Mais ce n'est pas sur de semblables différences qui ne tiennent nullement au génie des artistes ni à leur degré d'habileté que je veux dans ce moment fixer votre attention; il y a des variations bien plus importantes à constater pour la philosophie de l'art, et dont les causes sont plus générales et plus indépendantes des circonstances de localité; ces variations proviennent de l'influence exercée par le goût qui a prévalu suivant les lieux, abstraction faite des moyens d'exécution: elles méritent un examen sérieux.

L'école Poitevine, par exemple, n'avait

(1) Voir les nombreux détails que je donne à ce sujet dans ma statistique monumentale du Calvados.

pas dans ses travaux architectoniques, au XIe. et au XIIe. siècles, un style parfaitement identique avec celui de l'*école normande*.

L'architecture romane d'outre Loire est généralement plus ornée, plus élégante au XIe. siècle et au XIIe. qu'elle ne l'était en Normandie a la même époque; l'influence du goût oriental est souvent visible dans les monuments d'outre Loire, tandis que les nôtres conservent en général un style plus sévère jusqu'à la naissance du style ogival. (1)

D'une part, la forme gracieuse des façades dégagées de ces grosses tours qui chez nous écrasent et rétrécissent les frontispices des églises du XIe. et du XIIe. siècles. De l'autre, l'emploi habituel des rinceaux et des broderies, au lieu du zigzag et des moulures angulaires si fréquentes chez nous, constituent des différences notables qui distinguent, au XIIe. siècle, le style *pictavo-roman* du style *normano-roman*.

(1) Au commencement du XIe. siècle la langue romane avait atteint, au-dela de la Loire, un degré de perfection qu'elle n'avait point encore dans les provinces du nord, et les troubadours poitevins savaient tourner leurs vers avec plus d'habilité et d'harmonie que les trouvères normands, ce qui prouve de plus en plus que *l'état des arts est presque toujours en rapport avec celui de la littérature*.

Voulez-vous avoir avoir une idée plus précise de ces différences, comparez l'église de l'abbaye de Sainte-Trinité de Caen, dont le type se trouve reproduit chez nous jusqu'au milieu du XIIe. siècle, avec celle de Civray, ou plutôt avec celle de Notre-Dame de Poitiers, et voyez combien celle-ci, avec sa belle façade et ses élégants frontons coupés, l'emporte sur l'église de Sainte-Trinité, dont le frontispice se trouve comprimé entre deux grosses tours (pl. LII).

Maintenant si vous me demandiez à quelles causes on doit rapporter ces différences de style, je serais fort embarrassé de vous répondre; peut-être pourrait-on les attribuer d'abord à ce que certaines contrées étaient plus riches que les autres en monuments romains qui avaient fourni des modèles plus variés et plus parfaits à imiter; secondement à ce que le goût oriental exerça plus ou moins d'influence, et modifia plus ou moins l'architecture indigène, suivant que les circonstances en favorisèrent plus ou moins l'importation ou l'adoption dans telle ou telle partie de la France.

D'un autre côté, la durée de l'architecture à plein cintre peut avoir été un peu plus longue dans certaines provinces que dans d'autres, et si cette supposition était fondée, il serait facile de comprendre pourquoi les monuments du même type offrent dans quelques localités des sculptures plus riches et plus délicates. Je reviendrai tout-à-l'heure sur ce sujet en parlant de l'architecture ogivale.

Quoi qu'il en soit, cette élégance, que nous remarquons dans les monuments romans de quelques parties de la France occidentale, se retrouve en Auvergne et dans d'autres provinces de l'Est et du Sud-Est.

Si je me rappelle bien les communications verbales que me fit M. Le Prévost, à son retour d'un voyage archéologique dans l'Est et le Sud-Est de la France, l'architecture romane aurait, dans cette contrée comme dans le Sud-Ouest, une physionomie particulière et différente de celle qui la distingue dans le Nord-Ouest; elle y serait aussi plus ornée qu'en Normandie. Des feuillages, des rinceaux, des broderies plus ou moins ressemblantes à celles que j'ai remarquées dans le Poitou (voyez la pl. L) domineraient parmi les ornements des édifices romans du Sud-Ouest, qui se distingueraient en outre par des entablements plus complets, des formes plus correctes et des contours plus gracieux.

CHAPITRE VIII.

Court exposé des principales opinions émises concernant l'origine du style ogival, et recherches sur l'époque de l'introduction de cette architecture dans l'Europe occidentale. — L'ogive paraît en général avoir été substituée au plein cintre pendant le XIIe. siècle. Quelques-uns font remonter plus haut l'introduction de cette arcade dans nos contrées. — Examen des faits allégués pour soutenir cette opinion. — Réflexions sur la difficulté de faire accorder les progrès variables de l'art avec la marche uniforme du temps.

Nous venons de voir que l'emploi de l'ogive devint fréquent dans le cours du XIIe. siècle ; un changement aussi important que la substitution de cette nouvelle arcade au plein-cintre, a piqué vivement la curiosité de ceux qui ont étudié l'histoire de l'architecture. Presque tous ont cherché la solution des deux questions suivantes intimement liées l'une à l'autre : *dans quelle contrée l'ogive a-t-elle pris naissance? à quelle époque a-t-elle été adoptée dans l'Europe occidentale?*

Considérée dans toute son étendue, la première question a donné lieu à beaucoup de controverses.

En laissant de côté les opinions plus ou moins bizarres de quelques antiquaires, on peut réduire à trois les principales hypothèses émises sur l'origine du style ogival.

Suivant les uns, ce genre d'architecture existait très-anciennement en Orient, et les Croisés, enthousiasmés de ce qu'ils avaient observé dans ce pays, importèrent l'ogive en Europe, où elle fut généralement adoptée peu de temps après.

Les seconds sont d'accord avec les premiers quant à l'origine de l'ogive; mais ils croient que les Maures avaient introduit cette arcade en Espagne avant les Croisades, et qu'elle se répandit de là dans toute l'Europe, en même temps que la philosophie arabe.

Les troisièmes rejettent les deux systèmes précédents, et prétendent que l'architecture à ogives est née dans l'Europe occidentale.

Contentons-nous de prendre rapidement connaissance des principaux arguments employés pour ou contre ces différentes hypothèses.

D'abord on ne peut nier que l'arcade en tiers point ne fût connue long-temps avant d'être appliquée à un système particulier d'architecture le type de cette arcade existe dans les ouvertures formées de pierres surplombant les unes sur les autres, comme on en voit dans plusieurs monuments en Chine, en Egypte et ailleurs (1).

Mais il y a loin de ces arcades grossières aux ogives proprement dites et au système d'architecture, dont elles forment l'un des principaux caractères; aussi de pareils faits ne sont-ils d'aucune importance pour la solution du problême qui nous occupe.

Whittington et lord Aberdeen regardent le style ogival comme originaire de l'Orient. Ainsi que je l'ai dit précédemment (voir les pages 15 et 16), ils ont habilement défendu cette opinion, et leurs arguments ont beaucoup contribué à la faire prévaloir aux yeux de quelques antiquaires.

Lord Aberdeen affirme (2) que si l'on traçait une ligne partant du Pont-Euxin, passant par Constantinople et se terminant en Egypte, on

(1) M. Hawkins fait observer que la courbe nécessaire pour produire la forme géométrique de l'ogive est clairement exprimée dans la première proposition du problême d'Euclyde, qui indique la manière de tirer un triangle équilatéral sur une ligne droite. Euclyde vivait plus de trois siècles avant l'ère chrétienne.

(2) Dans la préface placée en tête de l'ouvrage de Whittington que j'ai déjà cité (voir p. 16).

trouverait dans plusieurs régions, à l'Est de cette zône, de fréquents exemples d'arcades pointues accompagnées des formes maigres et légères qui caractérisent l'architecture ogivale, notamment dans l'Asie mineure, l'Arabie, la Perse et sur les bords de la mer Caspienne jusqu'aux déserts de la Tartarie. Le noble écrivain convient qu'il serait impossible de préciser les dates de ces édifices, mais il pense qu'on doit les regarder comme remontant à une haute antiquité.

M. Haggit, dans les lettres remplies d'érudition qu'il a publiées sur l'architecture à ogive, annonce qu'on a remarqué des inscriptions en caractères cufiques sur des areades en tiers point, et comme il paraît que cette écriture a été abandonnée dans le Xe. siècle, il résulterait du fait annoncé que l'ogive aurait été connue en Orient long-temps avant les Croisades.

Des observations plus récentes, faites en Sicile par un architecte français, M. Hittorf, paraissent confirmer les inductions tirées par M. Haggit des inscriptions précédentes (1).

Parmi les monuments à ogives, auxquels M.

(1) Communications verbales de M. Dureau De la Malle et de M. Hittorf.

Hittorf assigne une date reculée, est le château de la Ziza, dont j'ai reproduit une esquisse, pl. LIII. Ce château, situé sur la route de Monréal à Palerme, a été construit, à ce qu'on croit, du IXe. au XIe. siècle, par les Emirs sarazins qui occupaient la Sicile. La plupart des arcades qu'on y voit à l'intérieur et à l'extérieur sont légèrement aigües et tout-à-fait ressemblantes à celles que nous trouvons souvent en France dans les monuments du XIIe. siècle (1).

Quoi qu'il en soit, le petit nombre de faits recueillis par des observateurs consommés, force les antiquaires qui attribuent au style ogival une origine étrangère à mettre beaucoup de réserve dans leurs assertions; à défaut de renseignements sur les dates des édifices, ils établissent un raisonnement que l'on peut formuler de la manière suivante :

Comment expliquer autrement, disent-ils, la grande révolution qui s'opéra dans l'art de

(1) Séroux d'Agincourt avait aussi examiné le palais de la Ziza; il dit, dans son histoire de l'art, que l'ogive a peut-être été employée dans cet édifice en même temps que des restaurations ont été faites par ceux qui l'occupèrent après les Arabes; mais cette explication a paru peu admissible à ceux qui ont visité le monument. La plupart regardent les ogives de la Ziza comme aussi anciennes que les autres parties de ce palais.

bâtir ? Croira-t-on qu'un architecte de France, d'Angleterre ou d'Allemagne ait inventé le style ogival, et que malgré la difficulté des communications, malgré le penchant ordinaire à suivre les anciennes routines, tous les architectes d'Europe se soient entendus pour adopter les nouvelles formes à peu près dans le même temps ? ou bien admettra-t-on que plusieurs architectes aient spontanément créé l'architecture à ogives dans les diverses contrées de l'Europe ? Cette supposition serait moins vraisemblable encore que la première.

Il est bien plus naturel de penser que le débordement de la population européenne en Orient, qui d'ailleurs a produit une amélioration générale dans les arts et les sciences, fut aussi la cause du changement qui s'opéra dans l'architecture. Les Croisés, partis de tous les points de l'Europe, rapportèrent dans leurs patries respectives l'idée de ce qu'ils avaient vu ; ils voulurent en retracer l'image, aussi l'architecture à ogives s'introduisit dans l'Europe occidentale, vers le temps des Croisades.

Voyons maintenant comment procèdent les antiquaires qui regardent le style ogival comme une invention de l'Occident.

M. Bentham recherchant l'origine de l'ogive, avoue qu'il n'a pu acquérir de notions satisfaisantes sur cette origine, mais que le croisement des arcs semi-circulaires forme des arcades aigües (pl. LIII, fig. 1, 2, 3), et que cette combinaison pourrait avoir donné la première idée de l'ogive.

La même opinion a été adoptée par le docteur Milner, qui en a fait l'objet d'une théorie complète, et qui a posé hardiment en principe *que l'arcade en tiers point fut découverte par ceux qui avaient observé les nouvelles formes résultant des cintres enlacés* (pl. LIII), *tels qu'on les disposa sur les murs, pour l'ornement, au XIe. et au XIIe. siècles.*

Afin de combattre Whittington et son noble éditeur, Lord Aberdeen, Milner affirme que ces habiles écrivains ont étudié les monuments de l'Orient sur des planches gravées, inexactes pour la plupart, et auxquelles on ne peut accorder une grande confiance.

« Il est difficile de concevoir, dit Milner (1), sur quoi se fonde Lord Aberdeen lorsqu'il annonce qu'à l'Est d'une ligne tirée du Nord du Pont-Euxin, par Constantinople, en Egypte, on rencontre souvent des monuments à ogives. Les obé-

(1) Treatise on the ecclesiastical architecture of England.

lisques et les minarets élevés sur les mosquées pour appeler le peuple à la prière, peuvent offrir des traces d'architecture ogivale, mais la date de ces édifices n'est pas connue. On sait d'ailleurs que la mosquée de Sainte-Sophie, élevée au VIe. siècle, n'offre pas une seule ogive dans tout ce qui appartient à la construction primitive.

« Dans la Terre-Sainte on n'a trouvé aucune église à ogives, si ce n'est celle de Saint-Jean-d'Acre, et encore a-t-elle été bâtie par des chrétiens.

« En Perse, il existe bien des arcades pointues dans un petit nombre de ponts et d'édifices publics, mais on n'a pas de notions sur leurs dates et des raisons assez fortes portent à les regarder comme n'étant point antérieures non seulement à Gingis-Kan dans le XIIIe. siècle, mais encore à Tamerlan dans le XVe., la plupart des monuments de la contrée étant dus à l'un ou à l'autre de ces hommes célèbres.

« Dans l'Inde on connaît plusieurs mausolées qui offrent des décorations dans le style ogival, mais tous ces édifices sont sans aucun doute d'une date très-récente.

« On n'a pas non plus de renseignements sur l'époque à laquelle on peut faire remonter le temple de Madura, dans lequel domine encore le style ogival ; il parait néanmoins n'être pas très-ancien.

« Rien ne prouve, ajoutent Milner et ses disciples, que les Maures d'Espagne aient employé l'ogive avant les autres peuples ; on ne peut trouver aucun monument qui en donne une preuve certaine, et d'ailleurs on sait qu'ils se servaient d'architectes byzantins(1). La cathé-

(1) Le style mauresque est surtout remarquable par une grande profusion d'ornements (pl. LIII, fig. 5) dont les dessins sont pour la plupart empruntés aux riches étoffes de l'Orient. On peut dire que les monuments mauresques manquent en général de grandeur et d'apparence et qu'ils annoncent plus de patience que de génie de la part des artistes (a). Cependant ceux-ci savaient distribuer les détails avec goût et les encadrer dans de grandes lignes, de manière à ce qu'on ne perdît pas de vue les masses.

Au reste, et c'est ce qui nous intéresse ici, ce style n'avait pas, avant le XIIe. siècle, de caractères qui le distinguassent *essentiellement* de l'architecture byzantine ; les arcades étaient cintrées : seulement leur base, au lieu de présenter le plus grand diamètre de la courbe comme dans la voûte sémi-circulaire, se trouvait diminuée et rétrécie par deux parties rentrantes qui donnaient à l'arc une sorte de ressemblance avec un fer à cheval (voir la fig. 5, pl. LIII). Il y avait aussi dans les monuments mauresques, au milieu des arcs en fer à cheval, quelques arcades à trois et même à cinq lobes, comme on le voit par les planches du bel ouvrage de M. De la Borde sur l'Espagne.

(a) L'espèce de grâce que semble présenter l'architecture arabe, dit Séroux d'Agincourt, touche de bien près à l'afféterie, et la surprise qu'elle cause n'est due le plus souvent qu'à la hardiesse, à la variété, à la profusion des ornements et des formes fantastiques.

drale de Cordoue, où l'on voit des arches romanes en fer à cheval et des ogives, était, dans l'origine, une mosquée ; elle fut commencée par Abdérame Ier., et terminée par son fils Issen, vers l'an 800 ; mais il est certain que cet édifice a été aggrandi par la suite, et l'on ne peut rien affirmer positivement sur la date des différentes parties qui le constituent. Le palais de l'Alhambra, à Grenade, est bien à ogives, mais il fut bâti depuis 1273, et, par conséquent, long-temps après que l'ogive eut été adoptée dans toute l'Europe. En un mot, beaucoup d'édifices mauresques, antérieurs au XIIe. siècle, sont construits dans le genre roman, et pas un édifice à ogives n'est prouvé appartenir à une époque plus ancienne que les autres monuments du même genre qui existent dans le reste de l'Europe.»

M. De la Borde rejette aussi l'origine orientale de l'architecture à ogives. « C'est une grande erreur, dit-il, que d'attribuer aux Arabes l'invention de l'architecture gothique et de la voûte à ogives, qui constitue réellement cette sorte d'architecture. Il n'est aucunes traces de voûtes de ce genre dans les édifices arabes de l'Espagne ni dans ceux qui ont été construits à peu près aux mêmes époques ou postérieurement dans les royaumes de Fez et de Maroc. On se trompe d'ailleurs, continue le savant académicien, lorsqu'on attribue principalement aux Arabes l'esprit d'invention; ces peuples étaient plus habiles à perfectionner qu'ingénieux à concevoir, ou prompts à s'instruire. Habitant une grande partie des pays jadis occupés par les Grecs, vivant au milieu des souvenirs des écoles d'Alexandrie, d'Ephèse et de Carthage, ils furent long-temps avant de profiter de ces traditions. Pendant les deux premiers siècles de l'hégire ils continuèrent à mener une vie errante, demeurant sous des tentes et vivant de pillage, comme le dit l'écriture : *Morantes in tabernaculis ...... insidians sicut Arabs in deserto.*

« En Orient, aucun édifice à ogives ne remonte plus haut que le XIIIe. ou le XIVe. siècle, long-temps après l'introduction de l'arc ogive en Europe. Les temples de l'Asie mineure et de la Palestine, les églises de la Crimée et du midi de la Russie, ont des voûtes à plein cintre, et quant aux monuments de l'Inde, semblables à ceux des Egyptiens, ils n'offrent la trace d'aucune voûte (1). »

(1) M. De la Borde, essai sur l'Espagne.

M. Boisserée, de Stutgard, croit qu'il faut chercher l'origine de l'ogive dans le Nord de la France ou dans l'Ouest de l'Allemagne, bien plutôt qu'en Orient; il prétend que l'arc en tiers point ne s'est guère montré dans les monuments orientaux avant le XIIIe. siècle, et que les données historiques s'opposent formellement à ce qu'on puisse faire dériver l'architecture à ogives de l'architecture mahométane, puisque les Arabes ont pris dans les cloîtres et dans la coupole de Sainte-Sophie le type de leurs mosquées.

Du reste, M. Boisserée ne pense pas qu'on puisse expliquer l'origine de l'ogive au moyen de l'hypothèse de Milner ; selon lui, l'élévation que prirent les édifices vers le XIe. siècle produisit un resserrement dans les arcades et un changement sensible dans le rapport de la largeur à la hauteur; il dit, ce qui n'est pas exact, que ce rapport était comme 1 est à 2 durant le XIIe. siècle, et que les cintres ainsi surhaussés prirent enfin la forme elliptique.

Vous le voyez, Messieurs, il règne bien du vague dans les arguments employés par les deux écoles.

L'origine du style ogival est grandement problématique encore.

Dans cette incertitude, j'ai cru devoir consulter M. Lenormant qui explorait tout récemment l'Egypte avec M. Champollion.

Sans résoudre la difficulté, les renseignements que M. Lenormant vient de me transmettre sont remplis d'intérêt ; je vous demande la permission de vous lire une partie de sa lettre.

« Vous désirez connaître, Monsieur, l'opinion que je me fais de l'origine de l'architecture à oviges ? A cela je ne puis que vous répéter ce que j'ai déjà imprimé ailleurs, ce qui, à force d'avoir été un lieu commun, finit par passer pour un paradoxe : l'architecture à ogives vient directement de l'Orient. Je ne l'appelle pourtant ni arabe, ni sarrazine : voici ma raison. Les Arabes n'ont rien pu inventer en architecture : cela ne pouvait être dans la destinée d'un peuple, primitivement et pour la plus grande partie, nomade. Les Arabes ont d'abord conquis sur les Grecs, et leur première architecture a été byzantine, témoin la mosquée d'Amrou au Caire, ouvrage du VIIe. siècle, entièrement à plein cintre, sans trace de fer à cheval, et presque sans encorbellement des archivoltes sur les impostes. Dans le commencement du siècle suivant, les Arabes font la conquête du second empire de Perse, et l'architecture des Sassanides devient leur architecture favorite. Consultez les voyageurs anglais qui ont donné le palais de Sapor, et généralement tous les monuments de cette monarchie, et vous trouverez constamment l'arc brisé dans toutes ses applications. Jusque là l'ogive, connue des Grecs anciens, et qu'on retrouve dans les monuments Pelasgiques, dans plusieurs tombeaux Helléniques de la Sicile, à l'ouverture de l'aquéduc de Tusculum, l'ogive n'avait été qu'un accident, un caprice, une irrégularité. Chez les Sassanides, elle nous apparaît, comme règle, comme habitude, comme principe de goût. L'étude de l'ogive doit donc commencer par des recherches approfondies sur les monuments du second empire de Perse; mais on ne possède encore sur ce point que des données incomplètes; je ne connais aucuns dessins des monuments de Bagdad, ni de ceux de Damas, dont la mosquée passe pour la plus belle de l'Orient.

« Au Caire, où à l'influence persane et byzantine vient se joindre celle des monuments si voisins et si frappants de Memphis, la série des monuments à ogives commence par le *Meqiâs*, ou nilomètre de l'Ile de Rodah, enceinte carrée sur les parois de laquelle se dessinent (si je ne me trompe,) quatre ogives, une pour chaque face, interrompant une frise, décorée d'une inscription cufique. Je ne suis pas à même de vous affirmer rien de certain sur le contenu de cette inscription ; mais ce qui me paraît incontestable, c'est, 1°. que le Meqiâs a été construit vers l'an 800 de notre ère, et refait probablement en partie seulement en 850; 2°. que les ogives font partie intégrante et nécessaire de la décoration originale; 3°. que les réparations successives n'ont en rien altéré la décoration très-simple de ce monument. Mais le Meqiâs nous manquerait, que nous trouverions un argument plus que suffisant, pour nous autres occidentaux, dans la mosquée d'*Ebn-Touloun*, lieutenant des Califes en Egypte, pendant la dernière moitié du IXe. siècle ; mosquée qui subsiste en son entier, et qui, abandonnée depuis long-temps, et préservée de la destruction par la douceur du climat bien plus que par le soin des hommes, nous présente dans son ensemble le plus riche specimen du goût des Arabes à la plus belle époque de leur histoire. Cette mosquée est gravée en partie dans le grand ouvrage d'Egypte : il est vrai qu'on n'a conservé que les masses et que l'on a supprimé tous les ornements; probablement le dessin original n'en donnait pas davantage. Mais ici la question de l'ornement n'est qu'accessoire : l'ogive est le point principal, et vous la trouverez nettement écrite, petite et grande, dans toutes les parties de la mosquée de Touloun.

« Pour les époques qui suivent, le classement offre de grandes difficultés; je ne puis donc vous citer avec certitude que la mosquée d'El-Hasar, construite sous les Califes Fatimites; par conséquent dans le cours du XIe. siècle, et où j'ai trouvé le premier exemple du surrélèvement des arcs par le prolongement de l'archivolte. Au XIIe. siècle, nous arrivons aux monuments de Saladin, nombreux au Caire, et dont la parité avec les Eglises du XIIIe. siècle (sauf la naïveté qui n'existe pas en Orient) ne me paraît pas plus contestable que la lumière du jour. Avant donc qu'on puisse rien affirmer de certain, et surtout de complet, sur l'origine de l'architecture à ogives dans l'Occident, il faut que quelqu'un se dévoue à l'étude de l'Arabe : qu'il apprenne non seulement la langue, mais encore les diverses sortes d'écritures, depuis la cufique, uniforme, anguleuse, liée, dépourvue de signes critiques, et où les différentes valeurs de sons se confondent sans cesse les unes avec les autres, jusqu'à cette écriture ornée, enchevêtrée, surchargée, qui décore presque toutes les mosquées Ces édifices sont remplis d'inscriptions de cette sorte dont un grand nombre sont historiques : c'est par la transcription de ces légendes qu'il faut commencer l'histoire des monuments arabes. La personne qui se sera préparée à cette étude, devra y joindre une grande habitude du dessin, et un œil déjà exercé à la critique comparative des différents styles d'architecture, puis une bonne santé, et une prudence consommée dans l'exécution de son plan (beaucoup de mosquées étant de difficile accès aux chrétiens) : il ne faut rien moins que tout cela pour que l'on sache positivement ce qu'est l'architecture arabe. Il existe un portefeuille admirable, de M. Coste, architecte français, qui est resté plusieurs années au service du Pacha d'Egypte ; mais le choix de cet architecte, qu'aucune marche historique ne guidait, est précisément tombé sur les monuments les plus riches, il est vrai, mais les plus récents : il y a peu à espérer, pour l'histoire, de la publication de ces dessins.

« Quoi qu'il en soit, admettez pour constant qu'il existe en Egypte des ogives du VIIIe., ou au moins du IXe. siècle; admettez pour constant aussi que des ogives semblables se retrouvent au palais de la Zisa, construit à Palerme par les conquérants arabes, dans le courant du Xe. ; que la chapelle Royale, et plusieurs églises de la capitale de la Sicile, bâties par les Rois normands dans la première moitié du XIIe. siècle, continuent sans interruption cette chaîne, et montrent l'application de l'ogive aux monuments chrétiens: de là aux premières ogives reconnues qui existent dans le Nord il n'y a plus qu'un pas. Je ne parle ni de l'Italie, ni du midi de la France, qui nous offriraient des preuves non moins frappantes; il me paraît que la Sicile suffit bien, surtout dans ce qui se rapporte à la Normandie. Mais, direz-vous, comment l'ogive a-t-elle passé d'Orient en Occident? Ce n'est point par un fait précis, à jour fixe, c'est par infiltration, par les voies militaires religieuses et commerciales, par les étoffes, les meubles, les récits des voyageurs et même les émigrations d'artistes.

« Maintenant l'ogive d'Orient est-elle identiquement la même que l'ogive classique du XIIIe. siècle? Pas plus que l'ogive à lancettes de Coutances n'est la même que celle de Cologne. Il y a ici, comme partout, dépôt d'un premier fait, accumulation de traditions sur un seul point, et sur cette base, un édifice neuf, original, complet, réglé surtout, comme l'esprit des peuples occidentaux l'est comparativement à celui des populations africaines et asiatiques.

« Je n'ai pas besoin de vous rappeler combien les objections tirées de l'absence de l'ogive en Espagne, avant le XIIIe. siècle, ont peu de force. Qui dit maure, ne dit pas arabe ; il y a toute la différence qui existe entre un grec d'Alexandrie et un rhéteur de Carthage, entre Callimaque et Apulée, Chrysostôme et Augustin. Le monde latin devait rester, plus long-temps que tout autre, fidèle au plein cintre, le grand instrument de l'architecture romaine. L'Espagne appartenait au monde romain, je dis plus, c'était le monde de Lucain et de Sénèque. Les Maures, comme toutes les populations d'origine nomade, ont dû commencer par adopter l'architecture du pays dont ils faisaient la conquête. Ainsi, que l'ogive de l'Espagne descende de Westminster ou remonte du Caire, peu importe à la solution générale du problême. La question mauresque n'est qu'accessoire. »

Aux observations intéressantes que vous venez d'entendre j'ajouterai, Messieurs, que si l'ogive était employée en Orient avant le

XIIe. siècle, l'usage n'en était pas général, selon toute apparence, car l'église Saint-Marc de Venise, élevée, dans le XIe., par des artistes renommés de Constantinople, les cathédrales de Pise, de Pavie, de Véronne, érigées vers le même temps avec le concours d'architectes étrangers, offrent toutes un style analogue à celui qui régnait chez nous dans le XIe. siècle ; on n'y voit pas d'ogives. Bien d'autres faits encore semblent prouver que le style roman était usité à Byzance et dans l'empire grec au XIe. siècle. D'un autre côté, le style ogival de l'Orient différait sensiblement, je crois, de celui qui régnait chez nous au XIIIe. siècle: il n'en avait ni la légèreté ni tous les accessoires, c'était, à quelque chose près, l'architecture byzantine avec des arcades en tiers point au lieu de cintres, ou pour me servir d'une comparaison plus frappante, notre architecture de transition avec nos premières ogives du XIIe. siècle, telles que nous les trouvons à Fécamp, à Cunault, à l'hôpital de Caen, etc., etc. (1)

(1) Telle est l'idée qu'on se forme en examinant les dessins qui ont été faits de quelques monuments orientaux à ogives, réputés anciens ; à la vue de ces dessins on demeure convaincu *que l'ogive d'Orient n'est pas identiquement la même que celle qui régnait au XIIIe. siècle, dans le Nord et le Nord-Ouest de la France.*

De là nous pouvons conclure que si l'arc en tiers point est imité des monuments de l'Orient, ce qui n'est pas encore démontré, le style ogival a subi dans le Nord de l'Europe une sorte de métamorphose, une régénération presque complète.

C'est là, selon toute apparence, qu'il a pris les formes excessivement maigres et élancées qui le caractérisent dès le XIIIe. siècle, et qu'il a développé ces moyens d'exécution vraiment merveilleux qui excitent notre admiration.

Au temps où les peuples de l'Europe occidentale, pris d'enthousiasme pour les lieux saints, s'élancèrent, pour ainsi dire, vers les régions orientales, une fermentation extraordinaire, qui cherchait un aliment partout, agitait toutes les classes de la société.

Pendant que les masses rêvaient au recouvrement de leur liberté, il y avait chez les artistes, surtout chez les architectes, besoin de perfectionner, besoin irrésistible d'innover.

Il faut d'ailleurs tenir compte de plusieurs circonstances qui favorisèrent, au XIIe. siècle, les nouvelles conceptions des architectes.

A cette époque beaucoup d'églises tombaient de vétusté (1); d'autres étaient trop petites et

(1) C'est ce dont on demeure convaincu en lisant les chroni-

insuffisantes pour la population : en même temps l'enthousiasme religieux qui avait produit les croisades inspirait un zèle incroyable pour réédifier et multiplier les monuments destinés au culte. Les architectes qui présidaient à ce renouvellement des églises durent naturellement chercher à éviter les défauts qui avaient hâté le dépérissement des anciens édifices (1), et l'on peut supposer que s'ils voulaient, en employant l'arc en tiers point, satisfaire le penchant qu'on éprouve ordinairement pour les idées et les inventions nouvelles, ils étaient aussi persuadés que cette arcade devait donner à leurs édifices plus d'élégance et de solidité (2). Ils trouvèrent d'ailleurs de l'économie à suivre la nouvelle méthode ; on s'accorde à reconnaître qu'il serait impossible de produire autant d'effet dans un autre système, avec aussi peu de matériaux que les artistes du moyen âge ont

ques; il paraît d'ailleurs qu'avant le XIe. siècle, il y avait en France beaucoup d'églises construites en bois ou avec des matériaux peu durables, car on voit que ces édifices ont été perpétuellement ruinés par des incendies.

(1) Sous un ciel humide comme le nôtre, on dut songer à faciliter, par une plus grande inclinaison du toit, l'écoulement des eaux pluviales qui ne se faisait que lentement avec les toîts légèrement inclinés qu'on éleva jusqu'au XIe. siècle.

(2) Les voûtes cintrées sont sujettes à fléchir vers le centre de la courbure, inconvénient que ne présentent pas les voûtes en ogive.

su le faire dans leurs constructions à ogives.

Du reste, les causes qui ont déterminé l'adoption du style ogival, sont peut-être plus complexes qu'on ne l'a supposé jusqu'ici. Tous ceux qui ont fait des recherches sur l'origine de cette architecture, se sont attachés à certains caractères isolés sans examiner avec assez d'attention l'ensemble des éléments qui la composent, et sans tenir compte des innovations successives qui en avaient fort anciennement préparé la naissance.

Plus nous avancerons dans l'étude des monuments du moyen âge, plus vous serez convaincus, comme je le suis moi-même, que l'architecture ogivale s'est développée sous la triple influence des conceptions de nos artistes indigènes, des souvenirs romains et du goût oriental qui avait pénétré en Occident.

Maintenant si nous recherchons à quelle époque l'ogive a été adoptée dans l'Ouest de la France, nous reconnaîtrons, en comparant un très-grand nombre de monuments d'une date authentique, que cette adoption a eu lieu dans le cours du XIIe. siècle (*). Ce résultat général ne peut guère être contesté.

(*) Ici M. De Caumont a présenté à ses auditeurs *l'analyse*

A la vérité, dès le XIe. siècle et peut-être longtemps auparavant, on avait placé, sur les murs et surtout au milieu des cintres, des arcs trilobés (pl., LIV fig. 6), tels qu'on en vit souvent dans le XIIe. siècle.

L'emploi des médaillons ou encadrements elliptiques présentant la forme de deux ogives réunies par leurs bases était devenu fréquent.

Enfin on avait élevé çà et là de véritables ogives, on les avait même par fois disposées en certain nombre autour des absides, dont la courbure nécessitait un rétrécissement dans les arcades (églises de Saint-Germain-des-Prés de Paris, de Saint-Gabriel, Calvados, etc., etc.); mais ces innovations partielles, prélude de la révolution qui devait s'opérer, ne constituaient point encore un système : l'ogive n'était, pour ainsi dire, qu'un accident, une irrégularité dans les édifices.

Cependant il existe quelques églises réputées du XIe. siècle, dans lesquelles l'ogive domine,

comparée de plus de 100 églises à dates certaines et appartenant toutes au XIIe. siècle, qui montrent l'architecture ogivale à ses différents degrés de développement, et prouvent que ce style n'a été complètement formé que dans la seconde moitié du XIIe. siècle.

On n'a pas reproduit ce catalogue pour ne pas multiplier les tableaux déjà assez nombreux dans la 4e. partie du Cours.

et dont le style diffère peu de celui d'un grand nombre de monuments du XIIIe. ou de la fin du XIIe siècle.

Il convient, je crois, de nous arrêter un instant sur ces faits présumés exceptionnels, et d'examiner quelques-uns de ceux qui paraissent contredire le plus manifestement les règles générales.

Cathédrale de Coutances. La cathédrale de Coutances est un monument remarquable dans le style du XIIe. siècle et du XIIIe. Quoique complètement à ogives, elle présente encore quelques traces de l'architecture de transition qui régnait dans la première moitié du XIIe. siècle.

Ainsi sur le timpan de la porte placée sous la tour méridionale, on voit comme dans beaucoup d'églises de cette dernière époque, le Père éternel entouré des symboles des quatre Evangélistes.

Dans la nef, les chapiteaux de plusieurs colonnes sont presque romans.

A l'extérieur, plusieurs clochetons sont terminés par des pyramides à quatre pans en forme d'obélisques, et les tours de l'Ouest, d'abord carrées, prennent la forme octogone à moitié de leur hauteur, disposition que j'ai remarquée dans beaucoup de tours de transition (tour méridionale de Chartres, tour de Trévières, pl. LIX, fig. 1, etc., etc.)

Les toîts de ces pyramides en pierre sont tous ciselés de manière à présenter des modillons imbriqués (pl. LV fig. 1); enfin l'on voit des modillons de transition sur une abside voisine du transept méridional.

Afin de prendre pour terme de comparaison un édifice qui est journellement sous vos yeux, le style de la cathédrale de Coutances, en mettant de côté les parties qui appartiennent au XIVe. siècle et qui sont faciles à distinguer, se rapproche de celui du chœur de Saint-Etienne de Caen, remarquable aussi par des réminiscences byzantines qui en font, sous quelques rapports, un monument de transition(1).

Malgré ces nuances de style qui n'échapperont pas à un observateur exercé, la cathédrale de Coutances est conforme aux grands monuments religieux du XIIIe. siècle et du XIIe. (Chartres, le Mans, Beauvais en partie, etc., etc.), tant pour le plan général que pour la forme et l'ordonnance des arcades de la nef et du chœur, et pour les détails d'ornement (2).

(1) L'Architecture du chœur de Saint-Etienne est cependant moins légère que celle de la cathédrale de Coutances.

(2) Quand on a vu les cathédrales de Chartres, du Mans, de Beauvais et plusieurs autres, qu'on les a comparées avec celle de Coutances, on est frappé de l'identité du plan que les archi-

M. De Gerville reconnaît cette analogie, mais en même temps il oppose aux inductions qu'on pourrait en tirer un témoignage écrit auquel il attache beaucoup d'importance (1).

Ce sont les notes d'un contemporain insérées dans un cartulaire nommé *le livre noir de l'évêché de Coutances*, espèce de compilation faite peu de temps après 1260.

Suivant ce document (2), la cathédrale de Coutances aurait été commencée en 1030; les travaux auraient été conduits avec peu d'activité jusqu'à l'épiscopat de Geoffroy de Montbray, en 1040, par les soins duquel l'ouvrage aurait ensuite été poussé avec tant de rapidité qu'on aurait pu consacrer l'église en 1056 et qu'elle aurait été achevée bientôt après.

Vous comprenez, Messieurs, combien il serait étonnant de trouver à Coutances un monument du XIe. siècle, construit dans un style qui ne régna qu'un siècle et demi plus tard dans les autres villes de la France occidentale, un monu-

tectes ont suivi dans ces édifices ; même élancement des arcades autour du chœur, même forme et même disposition des fenêtres.

(1) Voir, dans le 1er. volume de la société des Antiquaires de Normandie, le mémoire intitulé : *Détails sur l'église de Mortain et sur la cathédrale de Coutances.*

(2) La pièce dont on parle a été imprimée dans le XIe. volume du *Gallia christiana.*

ment complètement à ogives, tandis que les édifices bâtis au XIe. siècle par les hommes les plus illustres et les plus opulents, ne présentent que des arcades cintrées.

Pour citer un exemple, Guillaume-le-Conquérant fonda une abbaye à Caen en 1066, et la reine Mathilde, son épouse, en fonda une autre la même année (1); comme on n'épargna pas la dépense pour rendre ces deux monuments dignes des fondateurs et de l'évènement à la mémoire duquel ils furent élevés, il y a lieu de croire qu'on aura employé le style le plus moderne et le plus parfait; cependant nous voyons qu'ils sont d'un style plus retardé et plus ancien (2) que la cathédrale de Coutances qui aurait été bâtie près de 20 ans plutôt, suivant le document cité par M. De Gerville.

Long-temps après la date assignée à la con-

(1) Quoique la fondation de l'abbaye de Saint-Etienne ait eu lieu en 1066, l'église ne fut dédiée qu'en 1077; la dédicace de l'abbaye de Sainte-Trinité eut lieu le 18 juin 1066, année de la fondation du monastère; mais il est bien probable qu'alors elle n'était pas terminée (voir les essais historiques sur la ville de Caen par M. l'abbé De La Rue, tome second.)

(2) Il est inutile d'avertir qu'on ne parle pas du chœur de l'abbaye de Saint-Etienne qui est à oviges, et, comme on l'a fait observer, d'un style analogue à celui de la cathédrale de Coutances; il est facile de reconnaître que cette partie de l'église est postérieure à la nef.

sécration de la cathédrale de Coutances, on construisit une vaste église pour l'abbaye de Bénédictins fondée à Lessay, à trois lieues au Nord de cette ville(1).

On serait porté à croire que l'architecte chargé de cet ouvrage, ayant pour ainsi dire sous les yeux un aussi beau modèle que la cathédrale de Coutances, aurait dû l'imiter dans quelques parties; cependant il n'en est rien: nous ne voyons à Lessay que des arcades à plein cintre. L'église appartient au style roman sans mélange (2).

Mais dira-t-on : « Geoffroy de Montbray, « sous l'épiscopat duquel la cathédrale de Cou- « tances fut bâtie, était allé en Pouille près de « Robert Guischard, et des autres barons nor- « mands, ses amis et ses parents; il en rapporta « des sommes considérables : ne peut-on pas « supposer qu'il ramena de ce pays des ouvriers « pour construire la cathédrale dans un style « inconnu en Normandie? »

Cette explication séduisante, au premier abord, est loin de satisfaire lorsqu'on a examiné

(1) L'église de Lessay, commencée à la fin du XIe. siècle, n'a été consacrée qu'en 1178.

(2) Ce qui est dit ici doit s'entendre de l'ensemble de l'église, car les voûtes et quelques parties peu importantes peuvent être postérieures au reste.

les belles vues des monuments de Sicile publiées par M. Hittorf. Que voyons-nous, en effet, dans les églises bâties dans ce pays au XIIe. siècle, cent ans après la cathédrale de Coutances, notamment dans la magnifique église de Monreal près Palerme, élevée par Guillaume-le-Bon? Nous y trouvons des ogives pour ainsi dire de transition, qui n'ont pas, à beaucoup près, l'élancement de celles de Coutances, et le goût byzantin domine dans les riches ornements qui décorent l'édifice.

Bref, si le style ogival était connu dès le XIe. siècle, en Sicile et en Italie, il différait considérablement de celui que nous voyons dans la cathédrale de Coutances, et ce dernier ne peut en être l'imitation exacte.

La notice dans laquelle M. De Gerville a développé son opinion sur la cathédrale de Coutances, n'a pas seulement été remarquée en France; elle a été analisée dans un article de la revue d'Edimbourg, le meilleur recueil périodique d'Angleterre (1).

Les auteurs de l'article ne paraissent pas avoir une entière confiance dans le document tiré du livre noir de l'évêché; ils insistent sur la négligence avec laquelle une semblable

(1) Edimburg review. Juin 1829.

chronique peut avoir été écrite, et finissent par conclure *que la véritable date de la cathédrale est encore fort incertaine.*

Le doute exprimé par les savants qui rédigent la revue d'Edimbourg, est bien propre à fortifier celui que nous avions conçu nous-même, et nous suspendrons d'autant plus volontiers notre jugement que nous n'avons pas retrouvé, à Coutances, le cartulaire renfermant le document invoqué par M. De Gerville. A la vérité, ce document a été publié dans le XIe. volume du *Gallia christiana*; mais nous désirions consulter le texte original, espérant d'ailleurs trouver quelques lumières dans les autres pièces qui composent le recueil (1).

ÉGLISE DE MORTAIN. D'après le cartulaire de la collégiale de Mortain et le *Gallia christiana*, cette église aurait été fondée en 1082, et consacrée quelques années plus tard par l'archevêque de Rouen, assisté de presque tous ses suffragants. Comme l'évêque de Coutances assistait à cette cérémonie et qu'il mourut en 1093, M. De Gerville conclut naturellement qu'elle

(1) Le voyage que j'ai fait exprès à Coutances a été sans fruit ; je n'ai point trouvé le livre noir, et M. Le Tertre, bibliothécaire de la ville, n'a pu me dire dans quelles mains ce manuscrit est déposé, en supposant qu'il ne soit pas détruit ou perdu pour jamais.

ne peut avoir eu lieu postérieurement à cette année (1).

M. Ch. de Vauquelin et moi nous visitâmes l'église de Mortain en 1826; elle offre les caractères d'un monument de la seconde moitié du XIIe. ou du commencement du XIIIe. siècle. Vous pouvez en juger vous-même par la façade de cette église, qui fut alors dessinée par M. de Vauquelin, et que j'ai reproduite sur la planche LII; quelques personnes ont pensé que si l'église actuelle est celle qui fut dédiée en 1082, cette consécration avait eu lieu vraisemblablement avant l'achèvement des travaux (2).

On voit, il est vrai, au bas de la nef, du côté du midi, une porte à plein cintre ornée de zig-zags et de dents de scie, comme on en faisait au XIe. et dans la première moitié du XIIe. siècle; mais il faut bien remarquer que cette porte est isolée, qu'elle peut avoir été replacée là où elle se trouve; que d'ailleurs on en a parfois encore élevé de semblables à la fin du XIIe. siècle et au commencement du XIIIe.

(1) Mémoire cité dans le premier volume de la société des Antiquaires de Normandie, p. 146.

(2) L'Eglise de Mortain n'offre pas un style aussi orné ni aussi avancé que la cathédrale de Coutances, et comme on lui attribue une date beaucoup plus récente, elle ne présente pas à beaucoup près une aussi grande anomalie.

Quoi qu'il en soit, Messieurs, ici comme en parlant de la cathédrale de Coutances, je me garde de rien affirmer, je ne fais qu'élever un doute, afin de provoquer un nouvel examen et des recherches plus étendues que celles qui ont été faites précédemment.

CATHÉDRALE DE CHARTRES. La cathédrale de Chartres est un édifice dans le style ogival du XIIe. et du XIIIe. siècle. On y remarque seulement quelques parties plus anciennes appartenant à l'architecture romane, et faciles à distinguer des autres.

Si l'on en croyait les écrivains, la cathédrale que nous admirons aujourd'hui aurait été bâtie en 8 ans par l'évêque Fulbert, qui mourut en 1029. L'erreur vient sans doute de la confusion de quelques dates et de quelques récits isolés qui n'ont point été vérifiés par l'inspection du monument (1).

En examinant l'église actuelle, on demeure convaincu qu'elle ne remonte pas au-delà du XIIe. siècle, à l'exception des cryptes et de quelques parties peu apparentes qui sont évidemment antérieures, et qui ont été conservées lorsqu'on a construit les nouveaux murs. Quelques faits rapportés par M.

(1) Voir l'essai historique et descriptif de M. de Jolimont, Paris, 1828.

de Jolimont, viennent à l'appui de cette assertion, et concourent à prouver que si l'édifice bâti par Fulbert fut achevé en huit ans, ce ne fut qu'un édifice provisoire, ou ce qui est plus vraisemblable encore, que la construction de la cathédrale resta long-temps suspendue, et qu'on ne s'en occupa sérieusement que depuis la fin du XIe. siècle jusqu'au milieu du XIIIe., époque à laquelle il paraît que cette église fut seulement terminée.

En effet, Fulbert écrivait peu de temps avant sa mort à Guillaume, duc d'Aquitaine, *qu'à l'aide de Dieu il avait déjà fait les grottes de son église* (probablement la partie souterraine dont on a parlé précédemment, v. la page 124). Thierry, son successeur, continua l'ouvrage, mais il est difficile de savoir en quoi consiste ce qui fut construit de son temps et depuis lui jusqu'à la fin du XIe. siècle ; il est certain que les travaux furent repris avec une grande activité dans la première moitié du XIIe. siècle, et qu'alors la cathédrale n'était pas terminée, puisque Hugues, archevêque de Rouen, écrivait, en 1145, à Thierry, évêque d'Amiens, que depuis peu, les habitants de Chartres travaillaient avec un zèle extraordinaire à la construction de leur église ; qu'ils se livraient aux ouvrages les plus pénibles, tirant eux-mêmes les voitures nécessaires pour le transport des matériaux ; qu'enfin, beaucoup de fidèles de Rouen et des autres villes de la Normandie, étaient allés à Chartres augmenter le nombre des travailleurs.

Le portail de l'Ouest, que j'ai décrit précédemment (voir la page 186), et les parties basses du chœur datent vraisemblablement de cette époque, mais il est probable qu'une grande partie de l'église est moins ancienne, et ne remonte qu'à la fin du XIIe. siècle et au XIIIe., car elle ne fut dédiée à la sainte Vierge qu'en 1260, et alors elle n'était pas complètement achevée (1).

Des recherches moins superficielles que celles qui avaient d'abord été faites ont suffi, comme vous le voyez, pour applanir une grande partie

(1) La Cathédrale de Séez est encore une des églises que l'on cite comme preuve de l'emploi du style ogival dès le XIe. siècle, toutefois les faits s'expliquent assez facilement.

Yves de Bellême qui était allé en Pouille et même jusqu'à Constantinople pour y faire une quête, jeta les fondements de cette cathédrale en 1053, mais elle ne fut consacrée qu'en 1126, et alors elle n'était pas terminée, puisqu'on y travaillait encore 80 ans plus tard. Des retouches nombreuses et des réparations plus ou moins considérables ont été faites dans le XIVe. et le XVe. siècle. On ne peut en douter lorsqu'on examine l'édifice, et M. d'Orville indique les dates de ces ouvrages dans son *Essai historique sur la ville de Séez* (in 8°. Caen, 1827).

des difficultés qui s'étaient élevées relativement à la cathédrale de Chartres; il en sera probablement de même pour beaucoup d'autres. N'oubliez pas, je vous prie, Messieurs, qu'il ne faut jamais admettre les faits exceptionnels avant de les avoir soumis à un examen sérieux.

La première question qui se présente lorsqu'une anomalie vient contrarier des principes fondés sur une grande quantité de faits concordants, c'est de savoir si le fait exceptionnel est incontestablement prouvé; ainsi, lorsque le style d'un monument ne s'accorde pas avec la date qu'on lui assigne, on ne peut se livrer à trop de recherches pour découvrir si cet édifice n'a point été reconstruit à une époque postérieure, et si l'on ne peut trouver la preuve de cette reconstruction, il est encore prudent de rester dans le doute, car le silence des historiens ne peut souvent donner lieu qu'à une simple présomption.

D'un autre côté, les inductions qu'on tire souvent de la date de la consécration d'une église pour fixer l'époque à laquelle elle a été construite, ne sont pas toujours certaines par la raison que les dédicaces ont quelquefois eu lieu long-temps avant l'achèvement des édifices religieux.

Enfin, l'on ne fait pas toujours assez d'attention aux retouches nombreuses qui ont eu lieu dans presque toutes les églises, et qui en ont sensiblement modifié ou dénaturé le style primitif.

Les difficultés qui résultent de l'incertitude des dates et la contemporanéité apparente de certains monuments de styles dissemblables, ont porté quelques personnes à révoquer en doute tous les principes de chronologie monumentale, à remettre en question l'antériorité de l'architecture romane au syle ogival, à renier, en un mot, toutes les conséquences déduites des observations les plus rigoureuses.

Mais ce pyrrhonisme n'est nullement motivé par quelques faits exceptionnels qui feront seulement remonter un peu plus loin l'adoption de l'ogive en France, s'ils viennent à être prouvés; il ne peut en aucune manière infirmer une théorie qui se fonde sur un grand nombre de faits concordants.

Du scepticisme qui nie tout il faut distinguer une opinion qui renaît de temps en temps parmi les observateurs expérimentés, et suivant laquelle les édifices de contrées différentes, quoique présentant le même type, n'appartiennent pas toujours à la même série d'années; ainsi l'on croit que des églises romanes ont été bâties dans certaines contrées, lorsque l'architecture ogivale régnait déjà sans partage dans d'autres, et que l'architecture à plein cintre n'a pas été totalement abandonnée au commencement du XIIIe. siècle. Cette opinion me paraît fondée, et je ne serais point surpris que le cintre et l'ogive eussent pendant long-temps été employés indistinctement suivant le caprice des architectes; les innovations ont été tardives dans un pays, rapides dans un autre, et l'on aurait tort de vouloir toujours régler les progrès variables de l'art sur la marche uniforme du temps.

D'un autre côté, plusieurs antiquaires recommandables avec lesquels j'entretiens des relations, sont persuadés que le style ogival a été usité en France à une époque bien plus ancienne que le commencement du XII$_{e}$. siècle (1); ils ont fait des observations qui sembleraient confirmer cette manière de voir, mais ces observations ne sont pas encore assez nombreuses ni assez positives pour déterminer votre conviction. Au reste, ne croyez pas, je vous prie,

(1) Au moment où cette partie de mon cours est sous presse, M. de la Saussaye, membre de plusieurs sociétés savantes et conservateur de la bibliothèque publique de Blois, m'annonce aussi que l'ogive était usitée dans le Blesois long-temps avant la première croisade.

Messieurs, que je veuille exprimer une opinion absolue sur l'époque à laquelle l'ogive a été usitée en France; je cherche, au contraire, à mettre aujourd'hui une grande réserve dans tout ce qui touche à cette question, persuadé que de nouveaux voyages, surtout celui que je compte prochainement entreprendre dans le centre et dans le midi de la France, me fourniront de grandes lumières et me permettront de la traiter plus longuement dans l'ouvrage spécial que je prépare sur l'état de l'architecture aux différents siècles du moyen âge (*).

Si j'émets des doutes sur l'authenticité des dates assignées à quelques édifices à ogives réputés du XIe. siècle, c'est que je suis fermement convaincu que le doute est plus favorable aux progrès de la science, à la découverte de la vérité que la trop prompte admission de faits exceptionnels qui ne reposeraient pas sur des preuves incontestables. L'incertitude qui règne le plus souvent sur les dates des édifices justifie, je crois, cette manière de procéder.

Quoi qu'il en soit: ce qu'il m'importe de vous

(*) M. de Caumont donnera dans ce traité l'analyse des caractères architectoniques de 2 à 300 églises de transition, à dates certaines. C'est avec de pareils éléments sagement élaborés qu'il essaiera d'émettre sur l'introduction du style ogival en France une opinion décisive.

présenter, ce sont des faits généraux et positifs, des principes de classification applicables au plus grand nombre d'édifices possible. Or pour me résumer : il me paraît évident que l'ogive a été usitée dès la première moitié du XIIe. siècle dans la France occidentale ; il est impossible de faire remonter moins loin quelques parties de l'église de Chartres et plusieurs autres édifices dans lesquels l'ogive domine (1).

Il n'est pas moins vrai que l'architecture romane a régné long-temps encore concurremment avec ce nouveau style, et que l'arc en tiers point ne triompha complètement du cintre qu'à la fin du XIIe. siècle. J'ai donc eu raison d'assigner en général à l'architecture de transition la période comprise entre le XIe. siècle et le XIIIe., et je ne crois pas qu'il y ait lieu, quant à présent, de modifier le principe que j'ai posé.

(1) Je pourrais ici réfuter le docteur Milner suivant lequel les premières arcades en ogive qui aient été faites en Europe sont vingt fenêtres construites par l'évêque Henry de Blois entre l'an 1132 et l'an 1136, dans le chœur de l'église Ste.-Croix près de Winchester; mais une semblable opinion n'est plus soutenable aujourd'hui que les observations se sont multipliées : elle n'a pas besoin de réfutation.

CHAPITRE IX.

Du style ogival primitif

(Depuis 1160 environ jusqu'à 1300).

Observations préliminaires sur l'état progressif de l'art au XIIIe. siècle.—Description succincte des formes et des ornements appliqués aux différentes parties des monuments de cette époque. — Un mot sur la filiation des combinaisons usitées au XIIIe. siècle et sur les rapports qui existent entre les diverses parties des monuments romans et celles des monuments à ogives de la première époque. — Considérations sur l'effet prodigieux des monuments du XIIIe. siècle et sur les éléments qui le produisent.— Moyens d'exécution.—Les peuples étaient animés, au XIIe. et au XIIIe. siècle, d'un zèle extraordinaire pour bâtir des églises sur de nouveaux modèles. — Conclusion.

Nous avons reconnu qu'on n'abandonna pas entièrement l'architecture romane avant le XIIIe. siècle; mais que dès le milieu du XIIe. on éleva des églises dans le style ogival ; le tableau que je vais présenter des caractères de cette nouvelle architecture s'appliquera donc principalement aux monuments du

XIIIe., mais il conviendra aussi à une partie de ceux du XIIe. siècle.

Quoique les monuments à ogive, élevés depuis la seconde moitié du XIIe. siècle jusqu'au XIVe., offrent les mêmes caractères généraux, cependant l'état progressif de l'art est visible dans cette série d'édifices, et l'on remarque quelques différences entre ceux qui remontent au commencement et ceux qui appartiennent à la fin de cette période.

Dans la seconde moitié du XIIe. siècle et au commencement du XIIIe., l'architecture nouvelle est encore empreinte d'une physionomie qui rappelle l'ancien style ; ce n'est guères qu'au milieu du XIIIe. siècle qu'elle acquiert la légèreté, l'élégance et les heureuses proportions qui donnent, selon moi, tant de supériorité au style ogival de la première époque sur celui des siècles postérieurs. Je dois me borner ici à vous faire connaître les caractères généraux de cette architecture ; l'observation vous apprendra bientôt à apprécier les différences au moyen desquelles on peut découvrir l'ancienneté relative des monuments élevés depuis le XIIe. siècle jusqu'à la fin du XIIIe.

Forme des Églises. On apporta quelques

modifications dans le plan des églises, au XIIIe. siècle; le chœur devint plus long qu'il ne l'avait été auparavant, comparativement à la nef (1). On prolongea les collatéraux autour du sanctuaire, et ils furent toujours bordés de chapelles, ce qui n'avait pas lieu constamment dans le XIe. siècle, comme je l'ai dit précédemment (voir les pages 121 et 122).

Quelquefois on donna à la chapelle terminale placée derrière le rond point du chœur, plus d'extension qu'aux autres (voir la fig. 13, pl. XLIII); elle fut alors consacrée à la sainte Vierge, mais quoique cet usage ait pris naissance vers le XIIe. ou le XIIIe. siècle, c'est, je crois, dans le XIVe. qu'il a été le plus général.

Au XIIIe. siècle, on ne garnissait point encore de chapelles les bas côtés de la nef (v. la fig. 14, pl. XLIII); vous n'en trouverez point à Chartres (2), à Reims, ni dans un grand nombre d'autres basiliques: celles qu'on voit aujourd'hui

(1) Dans plusieurs églises de cette époque le chœur occupe la partie centrale des transepts et se prolonge sans intervalle jusqu'à la nef (Bayeux, Coutances, etc., etc.). La même disposition existait plus anciennement dans quelques églises romanes.

(2) On voit à Chartres une seule chapelle placée du côté droit entre les piliers butants de la cinquième travée de la nef, mais elle n'est que du XVe. siècle (de 1413).

le long des nefs des églises de cette époque, ont été construites au XIVe. siècle ou au XVe.

On trouve au XIIIe., comme dans les siècles précédents, des églises sans absides, qui se terminent par une muraille plate percée de deux ou trois fenêtres ; ces églises sont assez communes dans les campagnes. Bien souvent on n'y voit point de collatéraux, et ceux-ci, lorsqu'ils existent, se terminent eux-mêmes par un mur droit, des deux côtés du sanctuaire.

Enfin quelques églises ont des absides à pans coupés ou des absides anguleuses, caractère que n'offrent pas ordinairement les monuments postérieurs au XIIIe. siècle.

Appareils. On cessa tout-à-fait d'employer les petites pierres taillées carrément ; les pièces de l'appareil furent généralement plus grandes et de forme moins régulière ; on ne rangea plus les pierres en *arête de poisson* (voir la page 125).

Arcs-boutants et Contreforts. Un trait hardi du nouveau style fut de projeter en l'air ces arcs-boutants qui s'appuient d'un côté sur les contreforts des collatéraux et qui vont de l'autre soutenir les murs du grand comble (pl. LXI, fig. 2). Ce moyen ingénieux de consolider le sommet des édifices était inconnu dans le XIe.

siècle ; alors les arcs-boutants qu'on élevait par fois le long des murs de la principale nef étaient cachés sous la toîture des aîles.

Du moment que les arcs-boutants formèrent des *arcades aériennes*, les contreforts s'élevèrent comme des tours au-dessus des toîts des aîles; on les couronna de clochetons tantôt carrés, tantôt octogones (pl. LXI, fig. 4), quelquefois d'un fronton aigu ou d'un toît à double égout (fig. 3). Sur les pieds droits de ces contreforts pyramidaux on pratiqua des niches garnies de colonnes dans lesquelles on plaça des statues (pl. LXI, fig. 3 et 4).

Comme les arcs allaient soutenir le haut des murs on en fit aussi des aquéducs pour l'écoulement des eaux pluviales du grand comble ; ces eaux étaient reçues dans une espèce de gouttière en pierre ; elles coulaient ensuite sur des dalles pratiquées dans l'épaisseur des arcs ; puis elles étaient rejetées au-delà des murs des basiliques par des conduits saillants que l'on a nommés *gargouilles*.

Il faut avoir examiné nos belles églises du XIIIe. siècle, pour se rendre compte de l'effet des arcs-boutants et des contreforts pyramidaux qui les soutiennent. Dans les édifices les plus élevés, chaque contrefort supporte jusqu'à trois arcs projetés les uns au-dessus des autres, avec une hardiesse surprenante et en apparence téméraire.

Ces arcades qui décrivent une multitude de courbes autour de l'abside et des nefs, viennent toujours buter contre les massifs qui séparent les fenêtres les unes des autres. Par là les architectes ont neutralisé la poussée des voûtes, dont les arceaux se réunissent et portent sur ces mêmes massifs.

Les contreforts, soit qu'ils supportent des arcs-boutants ou qu'ils soient immédiatement appliqués contre les murs, comme dans les façades et le long des églises qui n'ont point de collatéraux, présentent des pilastres de forme carrée; ils sont divisés en plusieurs étages par des corniches, et leur saillie, souvent très-considérable vers la base, diminue progressivement en approchant des étages supérieurs.

Ornements. Je ne chercherai point à décrire tous les genres d'ornements et de moulures employés pendant la première période du règne de l'ogive, je ne m'attacherai qu'aux espèces principales, à celles qu'on rencontre le plus souvent et le plus abondamment sur les édifices de cette époque.

Les Treffles sont assez connus pour que je puisse me dispenser de les décrire ; on en voit communément de deux espèces, les uns à feuilles arrondies, les autres à feuilles aiguës et lancéolées (pl. LV, fig. 2 et 3).

Les Quatre-Feuilles (fig. 4) diffèrent des treffles en ce qu'ils ont quatre lobes au lieu de trois ; je désigne, sous le nom de *Fleurons crucifères*, les quatre-feuilles à pétales lancéolées (fig. 5) (1).

Les Violettes (pl. LV, fig. 6 et 7) ne ressemblent pas toujours à la fleur de ce nom, et l'on comprend sous la même dénomination plusieurs fleurons de formes différentes, sculptés en relief, qui garnissent les archivoltes, les pieds droits des portes et des fenêtres, et quelquefois les arceaux des voûtes. J'ai souvent observé, sur les voussures des portes principalement, des violettes à pétales renversées,

(1) Je ne donne pas de nom particulier à plusieurs moulures qui ressemblent à celles qu'on obtient en traçant, à l'aide du compas, des cercles entrelacés les uns dans les autres (pl. LIII, fig. 8), et qui représentent assez bien ce qu'on appelle vulgairement des *croix de dieu* ; elles me paraissent rentrer dans la classe des quatre-feuilles. Ces figures, ainsi que les treffles et les quatre-feuilles, avaient été employées à la décoration des monuments à plein cintre, mais rarement et en petite quantité ; ce n'est qu'au XIIe. siècle et au XIIIe. qu'on les a répandues sur les murs avec profusion.

et évidées en-dessous avec tant de délicatesse qu'elles ne tiennent à la pierre qui les supporte que par l'extrémité de leurs pétales.

Les Fleurons (pl. LV, fig. 8) offrent des pétales épanouies au nombre de cinq au moins; le centre du calice est ordinairement en saillie sur le reste.

Les Rosaces ne sont point en relief comme les fleurons, et leur diamètre est beaucoup plus considérable; elles présentent un nombre indéterminé de lobes arrondis (pl. LV, fig. 9), et leur centre est souvent orné de ciselures profondément fouillées.

Les Feuilles entablées (pl. LV, fig. 10 et 11) ont reçu cette dénomination, parce qu'elles forment des bordures sur les parties saillantes de l'entablement, notamment sur les corniches; elles sont toujours élégamment ciselées, et l'on y reconnaît le plus souvent une imitation des feuilles d'acanthe.

Les Guirlandes de feuillages ont aussi été employées très-fréquemment; ce sont les feuilles de vigne qu'on a le plus souvent et le plus heureusement imitées.

Les Crochets placés sur les angles des pyramides, le long des frontons, sous les corniches et dans quelques autres parties des édifices, surtout à l'extérieur, se rencontrent principalement dans le XIVe. siècle; mais on les trouve dès le XIIe. (1). Ils ont pour caractère à cette époque et dans le XIIIe. d'être allongés, et terminés par un évasement qui figure tantôt un petit fleuron, tantôt une feuille roulée en forme de volute (fig. 12-13). On peut ajouter qu'ils sont plus écartés les uns des autres que ceux du XIVe. siècle, et qu'au lieu d'être implantés constamment sur les parties les plus saillantes, telles que les angles des pyramides, le bord des frontons, etc., etc., ils sortent quelquefois du centre des canelures pratiquées dans les voussures des portes entre les colonnes ou le long des pilastres: c'est ainsi qu'on les voit sur la belle tour de la cathédrale de Coutances.

Arcades simulées. Dans le XIe. siècle on avait, comme nous l'avons dit (voir page 133, et pl. XLVIII, fig. 16), décoré les murs avec des arcs à plein cintre bouchés; dans le XIIe. et le XIIIe. on simula de la même manière des arcs en tiers point. Les timpans de ces

(1) Peut-être pourrait-on faire remonter un peu plus loin l'origine de cet ornement; car à la fin du XIe. siècle, on avait placé en guise de crochets, sur quelques édifices, des têtes d'hommes et d'animaux portées sur un cou allongé et légèrement courbé.

arcades et les intervalles compris entre leurs sommités furent assez souvent ornés de rosaces, de fleurons, de treffles ou de quatre-feuilles. Au reste, ce que je dirai des fenêtres et des galeries pourra s'appliquer aux arcades simulées, car elles offrent les mêmes formes et les mêmes combinaisons.

Les Pinacles présentent de petites pyramides trop peu élevées pour pouvoir être confondues avec les clochetons auxquels elles resemblent toujours plus ou moins. Ces pyramides ont été, comme nous le verrons, bien plus communes dans le XIVe. que dans le XIIIe.

Les Dais (fig. 14) forment des couronnements en saillie, qui ne tiennent que d'un côté au mur qui les supporte. Le plus souvent ils surmontent les niches destinées à recevoir des statues.

Aux ornements que je viens d'indiquer, il faut ajouter quelques moulures que nous avons remarquées dans l'architecture romane, et qui se représentent dans le XIIIe., mais avec un caractère particulier, une finesse d'exécution qui ne permet pas de les confondre avec celles des siècles précédents. Ce sont les zig-

ZAGS, les TÊTES SAILLANTES, les TÊTES PLATES, les ÉTOILES, les BILLETTES, etc., etc.

LES DENTS DE SCIE (pl. LVI, fig. 10), qui ont commencé à se montrer dès la fin du XIe. siècle, sont extrêmement communes sur les monuments du XIIIe.

Bas-reliefs. Les petites figures en bas-relief, rares au commencement du XIIe., ont été employées avec profusion dans le XIIIe. siècle. On ne peut penser sans étonnement au travail prodigieux auquel se sont livrés les sculpteurs de cette époque, lorsqu'ils ont entrepris de représenter de grands tableaux sur les portes des églises; on y voit quelquefois les quatre fins dernières de l'homme: la mort, le jugement dernier, le paradis, l'enfer, dans une suite d'actions diverses, d'une étonnante complication. Suivant l'usage qui régnait alors, la plupart des autres tableaux en bas-relief offrent des scènes de l'ancien et du nouveau testament.

On trouve encore assez souvent la représentation du Zodiaque, mais les signes sont rarement isolés; presque toujours on voit près d'eux des figures dont l'action indique les travaux propres à chaque mois de l'année (1).

(1) Dans le zodiaque sculpté sur le portail de l'église Notre-Dame de Paris on voit, près du signe de la Balance (sep-

Sur le portail de l'Eglise Notre-Dame, à Paris, ces figures sont sculptées dans des cadres séparés.

En somme, les bas-reliefs ont au XIIIe. siècle bien moins de raideur que dans le XIIe.; quelquefois les personnages sont taillés entièrement à même la pierre ; mais lorsque le relief est un peu fort, les parties les plus saillantes, telles que les bras, la tête, etc, ont été rapportées et fixées au moyen de crampons en fer.

Statues. La statuaire fit de grands progrès à partir de la fin du XIIe. siècle; on remarque dès la première moitié du XIIIe. de la souplesse et du mouvement dans les poses, de l'expression dans les figures. On ne voit plus de ces statues qui s'allongent en forme de gaîne et qui rappellent la raideur et l'immobilité des statues égyptiennes. A mesure que les progrès de l'art furent plus sensibles, on multiplia les statues à l'extérieur des monuments religieux. On ne se contenta plus, comme on l'avait fait dans le XIIe., de les placer sur les parois latérales des portes,

tembre), un homme occupé à fouler des raisins dans une cuve; près du scorpion (octobre) un vieillard sème du blé dans un champ, etc., etc.

(*Voir la dissertation publiée sur les bas-reliefs de Notre-Dame de Paris par feu M. Fauris de Saint-Vincent, membre de l'Institut.*

elles occupèrent les niches pratiquées au haut des contreforts et les nombreuses arcades qui forment des galeries à la partie supérieure des façades.

Les statues du XIIIe. siècle peuvent donner lieu à une multitude d'observations importantes sur les costumes religieux, civils et militaires de l'époque. Si quelques-unes ont encore trop peu de vie et de mouvement, cependant il faut convenir qu'on en trouve aussi de drapées avec beaucoup d'élégance et de hardiesse, qui décèlent un talent déjà perfectionné chez les artistes.

D'ailleurs, comme le pensent avec raison MM. Lud. Vitet, Daniel Ramée et Ch. Magnan, « La beauté chrétienne n'est pas la beauté payenne. » Le développement des épaules et de la poitrine, ces signes caractéristiques de la force dans le sens le plus physique, ne sont pas les attributs de la sainteté; et qui n'a étudié que la statuaire antique, n'est pas suffisamment préparé pour comprendre la statuaire du moyen âge. Dans la statuaire de l'antiquité les sens parlent aux sens; dans la sculpture moderne, c'est un dialogue, pour ainsi dire, entre les sens et l'esprit : la statuaire grecque produit en nous un sentiment très-pur, le sentiment du beau, mais du beau physique; la statuaire chrétienne développe le sentiment du beau physique et du beau moral, et plutôt le dernier que le premier. »

Entablement. Nous avons vu (page 176) que, dans le XIIe. siècle, les modillons à figures grimaçantes avaient été peu à peu remplacés par des consoles semblables à celles que j'ai dessinées devant vous (voyez pl. LVI, fig. 9), ou bien en forme de dents de scie (fig. 10); ces consoles ont été employées pendant tout le temps que j'assigne au style ogival primitif, ainsi que les feuillages entablés dont je vous ai présenté l'image sur la cinquante-cinquième planche (1).

Mais un changement plus considérable s'opéra dans l'entablement des grands édifices par l'addition des balustrades. On commença, au XIIe. siècle, à couronner les corniches avec des rampes en pierre (pl. LVI, fig. 11), et dès le commencement du XIIIe. ces balustrades devinrent l'accessoire ordinaire des corniches qui terminent les murs principaux, à l'ex-

(1) J'ai quelquefois remarqué des têtes saillantes délicatement sculptées au milieu des feuilles entablées (pl. LVI, fig. 13). Cette alliance des anciens modillons avec le nouveau système d'ornements adopté pour les corniches au XIIIe. siècle produit un effet assez agréable.

térieur. Dans les églises où l'on remarque trois rangs de balustrades, le premier est au-dessus des chapelles ; le second surmonte les bas côtés, et le troisième règne autour du grand comble : mais le plus souvent on n'en voit que deux rangs, l'un au-dessus des chapelles, et l'autre au-dessus du grand comble.

A l'intérieur on a principalement placé les balustrades au-dessus de la corniche qui surmonte les grandes arcades du premier ordre.

Les balustrades peuvent aider à reconnaître l'âge des monuments à cause des modifications successives de leurs formes, mais quelquefois on n'en trouve point même dans des églises assez vastes. Celles qui prédominent au XIIIe. siècle sont portées sur des arcs ogives (pl. LVI, fig. 11) ou sur des arcs trilobés, tantôt à colonnes (fig. 12), tantôt sans colonnes (fig. 14); quelques-unes sont ornées de treffles et de quatre-feuilles.

Colonnes et pilastres. Les colonnes minces et allongées forment un des caractères les plus frappans de l'architecture ogivale. Quelquefois on les isolait et on les plaçait à des distances égales pour l'ornement des murs (pl. LVI, fig. 20); le plus souvent elles étaient disposées par faisceaux et tapissaient les pilastres toujours nombreux dans les grands édifices (pl. LVII, fig. 3, et pl. LVI, fig. 6—7). En général, les colonnes, soit groupées, soit isolées, se détachent, de manière que les trois quarts du cylindre restent visibles (pl. LV, fig. 15-16); quelques-unes même sont tout-à-fait séparées du mur ou du pilier qu'elles décorent (1).

Les fûts des colonnes présentent fréquemment des anneaux qui les divisent par parties égales (pl. LVI, fig. 6). J'avais désigné sous le nom de *colonnes annelées* celles qui sont ainsi munies de renflements, et j'avais annoncé, en 1823, dans mon *Essai sur l'architecture religieuse*, que ce caractère était particulier aux colonnes antérieures au XIVe. siècle; des observations plus récentes m'ont confirmé dans cette opinion que M. Schweighauser partage avec moi, depuis qu'il a visité les monuments religieux des bords du Rhin, de l'Alsace et de la Lorraine (2).

La longueur des colonnes varie suivant la

(1) Plusieurs des colonnes qui ornent les magnifiques portails latéraux de la cathédrale de Chartres sont entièrement dégagées, et leur fût est d'un seul morceau (v. la fig. 17, pl. LV).

(2) Voyez, dans le troisième volume de la société des Antiquaires de Normandie, la lettre qui me fut adressée, en 1525, par M. Schweighauser, sur les monuments des bords du Rhin.

hauteur des édifices où elles sont placées, leur diamètre est aussi très-variable.

Dans les grandes nefs, des colonnes en faisceaux s'élancent d'un seul jet jusqu'au haut des murs où elles reçoivent les arceaux des voûtes; mais plus souvent encore on en voit plusieurs ordres superposés les uns aux autres sans entablement intermédiaire, de sorte que la base des colonnes d'un étage repose immédiatement sur les chapiteaux des colonnes inférieures. C'est ce que vous trouverez dans le chœur de Saint-Etienne de Caen (pl. LVII, fig. 2), dans celui de Bayeux, à Chartres, etc., etc. Dans beaucoup d'églises, le premier ordre est composé de grosses colonnes cylindriques (pl. LVI, fig. 5), et des colonnes groupées forment le second et le troisième ordre (pl. LVII, fig. 4).

Les chapiteaux se distinguent par leurs formes élégantes; quelques-uns se rapprochent du chapiteau corinthien: la plupart sont garnis de feuilles dont les extrémités offrent des espèces de crochets ou de volutes (pl. LV, fig. 18).

Les bases ressemblent presque toutes à celles que vous voyez sur la planche LV (fig. 19—20); mais on en voit à Chartres de bien plus riches: ce sont des piédestaux octogones sculptés sur chaque face avec une élégance admirable (pl. LV, fig. 17).

Fenêtres. Les fenêtres sont étroites et allongées dans l'architecture ogivale primitive ; comme elles ressemblent en quelque sorte à un fer de lance, les antiquaires anglais leur ont donné le nom de *lancettes.* Au reste, les proportions des lancettes sont variables ; on en voit de très-longues, de moyennes et de courtes dans les monuments de la même époque.

Il y a des fenêtres qui ne présentent point d'ornements (pl. LVI, fig. 16) ; d'autres qui sont couronnées d'un simple cordon garni de dents de scie ou d'un léger zig-zag (fig. 17). Mais le plus souvent, surtout à partir du XIIIe. siècle, elles offrent des voussures canelées soutenues par des colonnes appliquées sur les parois des ouvertures (pl. LVI, fig. 18—20).

Dans les édifices peu élevés, tels que nos églises de campagne, les lancettes sont presque toujours isolées ou séparées les unes des autres; au contraire, dans les monuments plus considérables on les rencontre très-fréquemment réunies deux à deux et encadrées dans une arcade principale (fig. 19) ; c'est ce que j'appelle des *lancettes géminées.*

Entre les sommités des lancettes géminées et celle de l'arcade principale qui les renferme, il reste un espace dans lequel on a presque toujours pratiqué une ouverture en forme de treffle, de quatre-feuille ou de rosace (fig. 19). Cette addition complète, en quelque sorte, les fenêtres du XIII$_e$. siècle, qui présentent alors les formes les plus élégantes et les plus heureuses proportions.

Les fenêtres ont été disposées dans les églises du XIIIe. siècle, à peu près comme dans celles du XIe.

Dans les façades on plaçait assez fréquemment trois lancettes dont une (celle du milieu) était plus élevée que les deux autres. Cette disposition s'observe dans les églises de Chartres, de Saint-Denis, de Gournay et dans celle de Mortain (pl. LII). Elle existe aussi aux chevets des églises qui n'ont pas d'absides et qui se terminent par un mur droit (1).

Roses. J'ai parlé de l'effet produit par les grandes roses et de la place qu'elles occupent dans les basiliques (voir p. 177). Au XIIIe. siècle

(1) On avait de même placé trois fenêtres cintrées dans les façades des églises romanes.

Au lieu de trois lancettes j'ai trouvé deux lancettes surmontées d'une rose dans quelques églises du XIIIe. siècle.

elles offrent assez souvent des compartiments en forme d'ogives trilobées, ou bien une suite de figures régulières, telles que rosaces, quatre-feuilles encadrés, treffles, etc. En général, elles ne présentent pas encore dans leurs découpures la complication que l'on remarque aux XIVe. et au XVe. siècles.

Galeries. A l'intérieur des édifices un peu considérables qui offrent trois étages superposés, la partie moyenne est occupée constamment par une galerie obscure (1); ainsi, entre les arcades des ailes latérales et les fenêtres des grandes nefs, règne dans tout le pourtour des églises une suite d'arcades supportées par de petites colonnes (2).

Tantôt ces arcades sont simples en forme de lancettes (pl. LVIIe. fig. 3 — 4), tantôt elles sont géminées et encadrées dans une ogive d'un plus grand diamètre; quelquefois on les trouve disposées de la même manière, trois à trois et

(1) La galerie dont je parle ici est désignée par les antiquaires anglais sous le nom de *Triforium*, elle remplace les tribunes qui existaient dans les basiliques romaines au-dessus des arcades de la grande nef et qu'on retrouve dans plusieurs églises du moyen âge.

(2) Dans quelques églises qui font exception à cette règle les galeries sont remplacées par une simple balustrade.

même quatre à quatre (1) (chœur de Bayeux, nef de Coutances, etc.).

En général, c'est au pourtour du chœur que les galeries offrent le plus d'élégance et de complication, et c'est là qu'on rencontre les combinaisons dont je viens de parler ; on y voit rarement de simples arcades en lancettes comme dans les nefs, et très-souvent, au contraire, des lancettes géminées encadrées dans une ogive ou dans une arcade cintrée (pl. LVII, fig. 2).

A l'extérieur des églises il existe presque toujours des galeries à la base du fronton triangulaire qui supporte le toît, et au-dessus des fenêtres et des roses qui occupent le centre des façades ; elles consistent, comme les galeries intérieures, dans une colonnade supportant des arcades étroites isolées ou géminées et surmontées de pignons aigus : des statues de grande proportion ont souvent été placées sous ces arcades (Chartres, Reims, Paris, etc., etc.).

Portes. Les voussures et les timpans des portes sont ordinairement enrichis d'une quantité considérable d'ornements et de petites figures ; des colonnes et des statues de grande proportion décorent les parois latérales.

(1) Cette réunion de quatre arcades en lancettes sous une grande ogive résulte du rapprochement de deux lancettes géminées surmontées d'un trefflo et encadrées dans deux ogives.

Dans les églises qui ne sont pas très-ornées, les voussures sont garnies simplement de tores, et les parois latérales de colonnes sans statues.

Les portes se présentent ordinairement au nombre de trois au milieu des façades des grandes églises (1), et souvent les portails latéraux ne le cèdent point en magnificence à ceux de la façade occidentale.

Au XIe. siècle, les portes latérales étaient pratiquées dans les murs de la nef et du chœur ; à partir du XIIe. leur place fut presque invariablement fixée à l'extrémité des bras de la croix formée par les chapelles des transepts.

Quelques portails sont précédés d'un porche plus ou moins saillant, surmonté de pignons triangulaires ; je ne connais rien de plus magnifique en ce genre ni de plus digne d'être cité que les péristyles qui décorent les transepts de l'église de Chartres.

Ces péristyles sont élevés sur des perrons de plusieurs marches, ils présentent trois grandes arcades surmontées de pignons, correspondant aux trois entrées du fond, et soutenues sur des massifs, des pieds droits et des colonnes qui, ainsi que les voussures, sont décorés d'une quantité considérable de bas-reliefs et d'orne-

(1) Outre les trois portes du grand portail, on trouve dans quelques églises (Chartres, Coutances, etc.) deux portes latérales ouvertes au Nord et au Midi sous les deux tours de l'Ouest.

ments aussi curieux par la manière dont ils sont travaillés que par la variété de leur composition et le goût qu'il a présidé à leur emploi et à leur disposition (1).

Les colonnes qui concourent avec les massifs à supporter les arcades de ces magnifiques péristyles sont entièrement dégagées, et leurs fûts sont d'un seul morceau. Sur les parois latérales sont placées des statues de grandeur naturelle représentant les apôtres, des patriarches, des prophètes, plusieurs évêques et des personnages du temps dont les costumes fournissent des observations précieuses pour l'archéologie.

Arcades. Les grandes arcades, supportées par des colonnes ou des pilastres, à l'intérieur des églises, ne sont jamais ornées de figures en bas-relief, comme les portes; quelquefois leurs proportions sont telles que les impostes et le sommet coïncident avec les angles d'un triangle équilatéral (pl. LV., fig. 21), mais bien souvent les arcs sont surrélevés et légèrement rétrécis près des impostes (pl. LV., fig. 22). Cette disposition des arcades contribue beaucoup à donner aux monuments à ogives de la

(1) Voir l'essai descriptif de M. de Jolimont et celui de M. Gilbert.

première époque la hardiesse et l'élancement qui en font, à nos yeux, le principal mérite.

Voûtes. C'est peut-être dans la construction des voûtes que les architectes des XIIe. et XIIIe. siècles ont montré le plus d'habileté. Il y a des voûtes qui n'ont que six pouces d'épaisseur, et qui sont jetées d'un mur à l'autre à plus de 100 pieds d'élévation, avec une hardiesse admirable; jamais elles ne sont faites en pierre de taille, mais en petites pierres mêlées avec beaucoup de mortier, et cependant ces voûtes, si faibles en apparence, ont une telle solidité qu'elles résistent, après des siècles, aux efforts des hommes et des éléments (1).

Les arceaux des voûtes en ogives sont croisés comme ceux des voûtes à plein cintre (pl. LX, fig.3.); quelques-uns sont parallèles entre eux, et traversent les nefs en ligne droite (point *a*, fig. 23, pl. LV). Tous viennent se réunir et s'appuyer sur les massifs qui séparent les fenêtres (2). Dès

(1) Je connais des voûtes du XIIIe. qui sont exposées depuis plus de trente ans à l'action des eaux pluviales par suite de l'enlèvement des toîts des églises dont elles font partie et qui sont encore très-solides.

(2) Cette retombée des arceaux se fait ordinairement au niveau de l'entablement qui supporte les fenêtres du troisième étage. Il en résulte que, vues du portail de l'Ouest, ces fenêtres se trouvent masquées en partie et séparées les unes des autres par les arêtes de la voûte.

le XIIe. siècle, les points où s'opère le croisement des arceaux furent ornés de fleurons; un petit nombre d'arceaux ont été tapissés de violettes ou de fleurs crucifères (cathédrale d'Angers) disposées en guirlande.

On remarque dans la hauteur de l'arc des voûtes les mêmes variations que dans celle des arcades (voir page 256).

Tours. On avait fait, comme nous l'avons vu, dès le XIe. siècle, des tours remarquablement hautes, mais c'est au XIIe. et au XIIIe. surtout, que le génie des architectes parvint à élever jusqu'à une hauteur prodigieuse ces pyramides élancées qui donnent tant de charme et de mouvement à l'architecture ogivale.

Objet d'étonnement pour les siècles qui les ont vu naître, ces tours feront l'admiration de tous ceux qui seront témoins de leur durée.

Au XIIIe. siècle, elles sont percées de fenêtres longues et étroites, et assez souvent couronnées par des flèches octogones (1) (pl. LIX, fig. 2.). Les espaces triangulaires qui existent entre les quatre angles de la tour et la base de la py-

(1) On se rappelle que les tours romanes sont le plus souvent terminées par une pyramide à quatre pans (pl. LVIII, fig. 2—3.)

ramide octogone sont remplis par quatre clochetons, et les quatre pans de l'octogone qui correspondent aux quatre faces de la tour sont percés de fenêtres ou de lucarnes de la forme de celles que vous voyez dans la seconde des pyramides figurées sur la planche LIX (1).

Beaucoup de tours n'ont pas été terminées et s'arrêtent là où eût dû commencer la pyramide octogone. Elles sont alors couvertes d'une plate-forme ou d'un toît supporté par une charpente (Notre-Dame de Paris, Reims, etc., etc.).

Dans les grandes églises du XIIIe. siècle, comme dans celles du XIe., les deux tours principales sont placées à droite et à gauche du grand portail de l'Ouest; une autre tour moins haute, mais d'une plus grande hardiesse, s'élève portée sur les quatre piliers des arcades qui occupent le centre des transepts. Ce dôme (2) était quel-

(1) On peut voir dans les flèches en pierre combien les artistes du moyen âge ont su produire d'effet avec peu de matériaux; je connais des tours qui ont plus de 300 pieds d'élévation et dont le toît pyramidal n'a que 5 à 6 pouces d'épaisseur vers le haut.

(2) C'est à tort que certains architectes attribuent exclusivement aux temps modernes l'invention des dômes ou des coupoles; il faut restituer aux artistes du moyen âge l'honneur de cette invention. On sait qu'un dôme ou coupole est une construction sphérique à son sommet, reposant par sa base sur des piliers ou massifs qui

quefois, comme je l'ai dit précédemment, ouvert de manière à présenter un grand vide au-dessus des voûtes. Alors semblables à des lunettes colossales, les tours allaient puiser la lumière à une hauteur prodigieuse pour la verser en faisceau au milieu des nefs.

Mais on ne s'est pas toujours contenté de trois tours principales dans les grands monuments du XIIIe. siècle ; les transepts qui offrent des portails d'une structure remarquable, au Nord et au Midi, sont quelquefois flanqués chacun de deux tours carrées, isolées sur trois faces, et percées de longues ouvertures sans vitres (Chartres, Reims, etc.), qui devaient offrir la répétition des deux grandes tours de l'Ouest. A Chartres, deux autres tours étaient encore

dessinent un plan carré; un dôme offre par conséquent trois parties principales :

1°. La calotte ou le toît ;

2°. Le tambour qui soutient la calotte ;

3°. Les pendentifs qui portent le tambour, et qui sont destinés à racheter les angles du polygone inférieur sur lequel repose toute la construction.

Or, nous trouvons dans un grand nombre d'églises, notamment dans celle de Coutances, des tours octogones très élevées et d'une hardiesse admirable, assises sur un carré dont les angles sont rachetés par des pendentifs.

Il me semble que ces tours présentent bien l'élément des dômes du XVIe. siècle.

placées de chaque côté du chœur à peu près au point où commence la courbure du rond point.

Ces tours qui auraient produit un effet admirable, si elles eussent été achevées, sont presque toujours demeurées imparfaites (1).

Dans presque toutes les grandes églises du XIIIe., on trouve, à défaut de tours, aux différentes places que je viens d'indiquer (aux angles des transepts et près de la courbure de l'abside), des clochetons qui se distinguent des autres par leur volume plus considérable.

Clochetons. Les clochetons offrent en petit l'image des tours percées sur chacune de leurs faces d'une ouverture en forme de lancette géminée; la plupart se terminent par une flèche octogone, quelques-uns par une pyramide quadrangulaire.

(1) A Chartres et à Reims elles ne s'élèvent guères plus haut que le toît et se terminent par des plates-formes. Mais la solidité avec laquelle elles ont été construites ne permet guères de douter que dans l'origine on n'eût eu l'intention de les couronner de flèches en pierre.

Les pyramides qui surmontent les deux tours du transept méridional de la cathédrale de Bordeaux ont été élevées postérieurement à ces mêmes tours.

Après avoir rapidement énuméré les caractères de l'architecture ogivale primitive, il conviendrait de décrire quelques-unes de nos belles églises du XIIIe. siècle; mais déjà plusieurs ont été l'objet de notices très-étendues dans lesquelles vous trouverez bien plus de détails que je ne pourrais en donner ici : je préfère donc, vu le peu de temps que nous devons consacrer à chaque époque de l'histoire de l'art, vous renvoyer aux notices descriptives de M. Gilbert, sur les églises de Chartres, de Reims, de Paris, etc, etc.; à celles de M. de Jolimont, sur les mêmes églises et sur les cathédrales de Rouen, d'Amiens, de Sens et de Dijon; à la description de la cathédrale de Strasbourg, par M. Schweighauser, etc, etc.

Mais la lecture de ces ouvrages, quelque profitable qu'elle soit, ne peut vous dispenser de visiter nos chefs-d'œuvre du XIIIe. siècle et de les examiner attentivement; *allez et voyez par vous-mêmes* : les meilleures descriptions ne peuvent donner qu'une idée approximative des détails et de l'effet général des monuments religieux. Les dessins les plus exacts, préférables aux descriptions, ne sont eux-mêmes que des traductions dans lesquelles l'original est toujours plus ou moins altéré.

Vous trouverez en France un très-grand nombre d'églises appartenant au style ogival primitif. Il est seulement à remarquer qu'elles ne sont pas également réparties dans toutes les provinces. D'après le petit nombre d'observations qui ont été faites sur leur distribution géographique, il paraît que le Midi de la France est beaucoup moins riche que le Nord en beaux monuments à ogives et que le style ogival n'avait pas dans cette contrée autant d'élévation, d'élégance et de hardiesse que dans nos provinces centrales et septentrionales.

Les églises du XIIIe. siècle et de la fin du XIIe. sont très-communes en Normandie; je vais me borner à vous en citer quelques-unes situées pour la plupart dans cette province ou dans les départements voisins.

INDICATION des localités où sont situés les édifices.		DÉSIGNATION des parties qui appartiennent au style ogival primitif, dans les édifices cités.
Cathédrale.	Bayeux.	Le chœur et les chapelles qui l'entourent ; les parties supérieures de la nef.
Idem.	Coutances.	Tout l'édifice, sauf les chapelles des bas côtés de la nef et la chapelle de la Vierge.
Idem.	Rouen.	Le transept Nord et le chœur en partie.
Idem.	Séez.	La nef et le chœur en partie.

INDICATION des localités où sont situés les édifices.		DÉSIGNATION des parties qui appartiennent au style ogival primitif, dans les édifices cités.
St.-Pierre.	Lisieux.	La nef et le chœur en grande partie.
Eu.	Seine-Inférieure.	La nef et le chœur en partie.
Gournay.	*Idem.*	La façade occidentale.
St.-Pierre-sur-Dives.	Calvados.	Le chœur, les chapelles qui l'entourent, et une partie de la nef. *Nota.* Des retouches nombreuses ont complètement altéré le style primitif de cette église à l'intérieur.
Vire.	*Idem.*	Partie de la nef.
St.-Sever.	*Idem.*	Le chœur et la nef.
St.-Etienne.	*Idem.*	Le chœur et les chapelles qui l'entourent.
Norrey.	*Idem.*	Le chœur et les bas côtés qui l'entourent.
Langrune.	*Idem.*	Le chœur et la nef.
Frenouville.	*Idem.*	Le chœur.
Harcourt.	*Idem.*	La façade de l'Ouest.
Brettev.-l'Orgueilleuse.	*Idem.*	Le chœur.
Bretteville-sur Laise.	*Idem.*	La nef.
Airan.	*Idem.*	Le chœur.
Christot.	*Idem.*	*Id.*
St.-Manvieux.	*Idem.*	La nef en partie.
Ryes.	*Idem.*	Le chœur.
Sassy.	*Idem.*	*Id.*
Ouville.	*Idem.*	La nef et le chœur. *Nota* Cette église présente un des derniers exemples de la combinaison des moulures de l'architecture romane avec les ornements du style ogival.
Tours.	*Idem.*	Le chœur et la tour.
Sommervieux.	*Idem.*	Le chœur.
Ste.-Marguerite-de-Ducy.	*Idem.*	La tour en partie.
Louvières.	*Idem.*	La tour et quelques parties du chœur.
Isigny.	*Idem.*	Le chœur.
St.-Laurent-de-Condelle.	*Idem.*	En partie.
Fierville.	*Idem.*	La tour.

INDICATION des localités où sont situés les édifices.		DÉSIGNATION des parties qui apartiennent au style ogival primitif, dans les édifices cités.
Bellengreville.	*Idem.*	Le chœur.
Fontaine-Henry.	*Idem.*	La chapelle du château.
Verson.	*Idem.*	La nef.
Démouville.	*Idem.*	Quelques parties.
Ifs.	*Idem.*	La partie supérieure de la tour.
Formigny.	*Idem.*	Quelques parties du chœur.
Mortain.	Manche.	Le chœur et la nef.
Colomby.	*Idem.*	*Id.*
Couvains.	*Idem.*	Le chœur.
Le Ham.	*Idem.*	*Id.*
Appeville.	*Idem.*	En partie.
St.-Gilles.	*Idem.*	Le chœur.
Ste.-Croix-de-St.-Lô.	*Idem.*	Les parties supérieures de la nef.
Mont-martin.	*Idem.*	En partie.
Conches.	Eure.	En partie.
Petit-Andelys.	*Idem.*	*Id.*
Moulineaux.	*Idem.*	En entier.
Cathédrale.	Chartres.	Le Chœur et la nef, sauf quelques parties.
Idem.	Amiens.	*Id.* en partie.
St.-Julien.	Mans.	Le chœur, les bas côtés et les chapelles qui l'entourent, en partie.
Cathédrale.	Beauvais.	Les parties inférieures et moyennes.
Idem.	Paris.	Le portail, la nef et le chœur.
Idem.	St.-Denis.	La nef et le chœur, en partie.
Idem.	Strasbourg.	Parties du chœur et de la nef.
Idem.	Bordeaux.	Quelques parties.
Idem.	Reims.	Façade, chœur et nef, en partie.
Idem.	Dijon.	Chœur et nef en partie.
Idem.	Sens.	*Id.*
Idem.	S Quentin.	*Id.*
Idem.	Auxèrre.	Le chœur et les bas côtés qui l'entourent, en partie.
Idem.	Saintes.	Quelques parties du transept méridional, seulement.
St. Seurin.	Bordeaux.	Le portail latéral.
Gonesse.	Seine-et-Oise.	Chœur et nef en partie.
Mantes.	*Idem.*	Le chœur et la nef.

Maintenant que nous sommes arrivés à l'époque où la révolution architectonique opérée par l'adoption du style ogival est terminée, essayons de mieux saisir les rapports qui existent entre ce nouveau style et celui qui régnait aux XIe. et XIIe. siècles. Voyons si nous ne trouverons pas dans l'architecture romane les principales combinaisons que nous venons de remarquer dans l'architecture ogivale de la première époque ; en d'autres termes, si la première ne renfermait pas une grande partie des éléments de la seconde.

D'abord, Messieurs, si nous comparons les fenêtres aigües du XIIIe. siècle avec les fenêtres semi-circulaires du XIe. et du XIIe., nous pourrons remarquer que les lancettes géminées nous représentent absolument, sauf la forme aigüe des arcades, les cintres géminés si souvent employés dans l'architecture romane (pl. LVI, fig. 9—11); les fenêtres disposées trois à trois, telles qu'on en voit à la fin du XIIe. siècle (pl. LVI, fig. 14), et au XIIIe., nous rappellent aussi les cintres disposés de même dans le siècle précédent (pl. LVI, fig. 10), et les lancettes géminées surmontées d'une rosace (pl. LVI., fig. 19), si fréquentes dans l'architecture ogivale de la première époque, ont évidemment leur type dans les cintres géminés, surmontés d'une ouverture ronde, comme on en trouve, rarement à la vérité, au XIIe. siècle (pl. LVI, fig. 12).

Dans les XIIe. et XIIIe. siècles, on plaçait souvent sur la porte d'entrée, au milieu de la façade de l'Ouest, trois fenêtres régulièrement espacées (Mortain, pl. LII, Gournay, Chartres, Saint-Denis, etc.). Nous retrouvons la même combinaison dans les trois fenêtres placées de même dans beaucoup de façades du XIe. et de la première moitié du XIIe. siècle.

La distribution des arcades et des portes est, à peu de chose près, la même dans le XIIIe. que dans les siècles précédents; si l'on subdivisa en deux parties les principales portes des grands édifices, les arcades géminées réunies sous une autre arcade d'un plus grand diamètre (pl. LVI, fig. 9) avaient donné depuis longtemps l'idée de cette combinaison : nous avons même un exemple de cet accouplement dans les fausses portes de Civray (pl. LI), et de Notre-Dame de Poitiers (pl. LII).

Vous avez pu voir déjà que l'agroupement ou la disposition des colonnes en faisceaux (pl. LVI, fig. 7), l'un des éléments les plus caractéristiques de l'architecture ogivale, avait été fréquent dès le XIe. siècle (v. le pilier n°. 4, même pl.), et que dès le commencement du XIIe. siècle, les chapiteaux présentaient parfois d'élégants feuillages comme dans le XIIIe.

Quant aux ornements, on peut dire que les treffles, les quatre-feuilles et quelques autres habituellement employés dans le XIIIe. s'étaient parfois montrés dans le XIe.

Nous pourrions pousser beaucoup plus loin notre examen comparatif, si ce court aperçu ne suffisait pour prouver que la plupart des éléments du nouveau style étaient compris dans l'architecture romane de la dernière époque ; au reste il n'est pas moins extraordinaire que presque partout et presqu'en même temps on ait abandonné le cintre pour l'ogive, l'ancien système pour le nouveau.

A mon avis, Messieurs, la belle époque de l'architecture ogivale est le XIIIe. siècle. Dès la fin du XIVe., il y eut moins de rectitude dans les lignes, moins d'harmonie dans l'ensemble, l'architecture perdit de son élévation.

Il faudrait être tout-à-fait dépourvu de sensibilité et d'enthousiasme pour contempler sans émotion l'effet magique de nos belles églises du XIIIe. Les heureuses proportions observées par les architectes dans la forme des arcades et des fenêtres, la vaste étendue des nefs, ces murs aériens sur lesquels on a semé les découpures et les élégantes broderies; toutes ces merveilles de sculpture et de hardiesse rehaussées par la clarté mystérieuse d'un jour que les vitraux peints ont terni, impriment à l'âme un sentiment éminemment religieux.

Et lorsque placé sous le portique d'une cathédrale, l'œil saisit tout l'espace du temple, parcourt la nef centrale, glisse avec étonnement sous ces voûtes à la fois légères et gigantesques pour venir se perdre dans le lointain où apparaît le rond point, on ne peut se défendre d'une vive exaltation, d'une sorte de tressaillement; l'aspect d'une basilique frappe les sens comme le ferait une poésie sublime, ou une belle mélodie.

Si de l'intérieur on passe à l'extérieur, on n'est pas moins charmé des proportions à la fois vastes et gracieuses du vaisseau, de l'élégance des tours, de la profusion des clochetons, des arcs-boutants et des contreforts.

L'examen le plus superficiel suffit pour convaincre qu'une pensée prédomine dans les monuments du XIIIe. siècle, savoir : *l'élancement, la direction vers le ciel.* Cette forme pyramidale qui se reproduit dans toutes les parties dominantes des édifices, non seulement dans les frontons, les tours, les clochetons, mais encore dans les fenêtres en lancettes, contribue beaucoup à donner aux basiliques une apparence de hauteur qu'elles n'ont pas toujours en réalité. C'est aussi de cet accord dans les formes que naît l'harmonie et l'unité qui distinguent si heureusement les monuments de la première époque ogivale.

Quoi qu'il en soit, l'architecture du treizième siècle, cet art admirable qui se brise sous les pesantes mains de nos artistes modernes, est souvent dépréciée par eux et dédaignée comme barbare; la fausseté d'un pareil jugement vient de ce qu'on s'est acharné à comparer l'architecture ogivale avec l'architecture antique, sans réfléchir qu'elles n'ont entre elles aucun rapport et que leurs éléments sont incompatibles.

Pour comprendre l'architecture du moyen âge, il faut d'abord reconnaître que dans tous les siècles les croyances religieuses ont puissamment influé sur le caractère de l'architecture. Ainsi, chez les Grecs et les Romains, la religion toute matérielle, je pourrais dire toute naturelle, a produit et devait produire une architecture basée sur des proportions qui ne dépassaient pas ce qu'on est convenu d'appeler le bon goût; l'ensemble des parties devait montrer cette grâce, cette élégante simplicité, et en même temps cette richesse que nous admirons dans les édifices des anciens, parce que l'imagination était fixée sur des choses naturelles, et que le type du vrai beau, par rapport à eux, ne sortait pas de la nature physique. La pensée, mue par une religion dont tous les dogmes étaient à la portée de l'intelligence humaine, n'avait rien d'inspiré; ainsi, dans l'architecture antique, tout était méthodique, simple et raisonné (1).

Il n'en est pas de même dans l'architecture ogivale, que l'on pourrait appeler architecture chrétienne; les modernes ont puisé dans le repentir chrétien l'habitude de se replier continuellement sur eux-mêmes, et dans leurs pieuses méditations une tendance a s'écarter de la nature physique et à tout exalter, principalement à l'époque où l'enthousiasme religieux a tout embrasé, durant le XIIIe. siècle. De ce moment tout fut hors de proportion avec les idées terrestres; l'esprit de spiritualité parut dans l'architecture au point que les édifices furent à jour couverts de ciselures et de

(1) Voyez mon *Essai sur l'architecture religieuse du moyen âge*. Caen 1825, pages 63 et suivantes.

broderies qui semblaient rivaliser avec les subtilités de la pensée.

La forme est tout dans l'architecture antique, dans l'architecture ogivale il y a la forme et la pensée, car dans cet élancement des parties vers le ciel et dans la plupart des combinaisons usitées au XIIIe. siècle (1), on ne peut méconnaître l'expression d'une idée mystique. Qui sait même si la forme triangulaire de l'ogive n'était point un symbole aux yeux des architectes? Mais sans insister sur ces considérations qui intéressent à un très-haut degré la philosophie de l'histoire de l'art, bornons-nous à poser en principe : *que si l'architecture des anciens est plus pure comme art, celle des modernes est plus touchante et plus religieuse.*

Il suffit, en effet, d'observer sans prévention l'aspect magnifique des grandes églises élevées par les architectes du moyen âge, pour se convaincre que le style ogival convient plus particulièrement à nos temples, auxquels il

(1) Il est evident que les architectes voulaient rendre un hommage à la Trinité en disposant les fenêtres trois à trois ou deux à deux avec une rosace en-dessus. D'autres combinaisons exprimaient d'autres idées symboliques ; le nombre 7 que l'on remarque assez souvent dans la distribution des chapelles et des rosaces, rappelle les sept jours de la création : le nombre 12 est commémoratif des 12 apôtres, etc, etc.

imprime un caractère solennel, que n'offrent point en ce genre les imitations plus ou moins heureuses de l'architecture antique. Les basiliques de Saint-Pierre de Rome, de Saint-Paul de Londres, de Sainte-Geneviève de Paris, chefs-d'œuvre de l'école moderne, sont loin, malgré leur grandiose et leur somptuosité, d'exciter en nous ce sentiment involontaire de vénération et de grandeur, cette émotion indéfinissable qui s'empare de notre âme quand nous contemplons, même avec des dispositions indifférentes, l'intérieur des édifices étonnants, bâtis dans les XIIe., XIIIe. et XIVe. siècles (1).

Moyens d'exécution. Il faut que vous sachiez par quels moyens on parvenait à bâtir, au XIIe. et au XIIIe. siècles, ces immenses et élégantes basiliques, répandues en si grand nombre dans toutes les parties de la France.

D'abord, Messieurs, le clergé possédait des revenus considérables, et quelquefois il pouvait entreprendre de grands travaux sans réclamer de secours étrangers. Mais il lui fallait bien souvent recourir à l'assistance des fidèles; alors il trouvait dans le zèle extraordinaire, dans l'enthousiasme inconcevable qui animait les

(1) De Jolimont, description des cathédrales de France.

esprits, de telles ressources de tout genre, qu'au lieu de se borner à construire de nouvelles églises et à réparer les anciennes, on en renversait quelquefois de très-solides pour les réédifier d'après les règles du style ogival. Non contents de contribuer par des offrandes à la construction des basiliques (1), les fidèles se rendaient en foule dans les lieux où l'on en élevait, pour prendre part aux travaux les plus pénibles. C'était une sorte de pélerinage qu'on entreprenait pour racheter ses fautes et pour obtenir des grâces spirituelles.

Dans une lettre écrite, en 1145, aux religieux de l'abbaye de Tuttebery en Angleterre, Haimon, abbé de Saint-Pierre-sur-Dive, peint l'empressement avec lequel on se livrait à ces actes de dévotion.

C'est un prodige inoui (dit-il) que de voir des hommes puissants, fiers de leur naissance et de leurs richesses, accoutumés à une vie molle et voluptueuse, s'attacher à un char avec des traits et voiturer les pierres, la chaux, le bois,

(1) Au XIIIe. siècle, un des moyens les plus puissants pour exciter la générosité des fidèles était d'accorder des indulgences à ceux qui contribuaient par leurs offrandes à la construction des églises; le pape donnait très-fréquemment aux evêques et aux abbés le pouvoir d'accorder les grâces spirituelles à ceux qui les auraient méritées de cette manière.

et tous les matériaux nécessaires pour la construction de l'édifice sacré. Quelquefois mille personnes, hommes et femmes, sont attelées au même char (tant la charge est considérable), et cependant il règne un si grand silence qu'on n'entend pas le moindre murmure. Quand on s'arrête dans les chemins, on parle, mais seulement de ses péchés dont on fait confession avec des larmes et des prières; alors les prêtres engagent à étouffer les haines, à remettre les dettes, etc., etc. S'il se trouve quelqu'un assez endurci pour ne pas vouloir pardonner à ses ennemis, et refuser de se soumettre à ces pieuses exhortations, aussitôt il est détaché du char, et chassé de la sainte compagnie (1).

Haimon rapporte ensuite que pendant la nuit on allumait des cierges sur les chariots, autour de l'Eglise en construction, et qu'on veillait en chantant des hymnes et des cantiques.

Enfin, il nous apprend (et ceci est intéressant à noter) que ce pieux usage de se réunir,

(1) Cette lettre insérée dans les annales de l'ordre de saint Benoît, n°. 67, t. VI, a été traduite et reproduite par M. Richome, membre de la société des Antiquaires de Normandie, dans un mémoire sur l'abbaye de Saint-Pierre-sur-Dive.

pour travailler à la construction des églises, avait pris naissance à Chatres, à l'occasion des travaux qui furent faits à la cathédrale de cette ville; que d'autres réunions eurent lieu peu de temps après à Saint-Pierre-sur-Dive pour aider à construire l'église de cette abbaye, et qu'ensuite de semblables congrégations se formèrent dans toute la Normandie, *surtout dans les lieux où l'on élevait des temples sous l'invocation de la sainte Vierge* (1).

On trouve aussi dans une lettre de Hugues, archevêque de Rouen, que j'ai déjà citée (page 227) des détails sur ces grandes réunions d'ouvriers bénévoles. Je ne puis résister au désir de vous rapporter un fragment de cette lettre.

Les habitants de Chartres (dit l'archevêque de Rouen), ont concouru à la construction

(1) Hujus sacræ institutionis ritus apud carnotensem ecclesiam est inchoatus, ac deindè in nostrâ virtutibus innumeris confirmatus, postremò per totam ferè Normanniam longè latèque convaluit ac loca per singula matri misericordiæ dicata, præcipuè occupavit. (*Annales de l'ordre de saint Benoît*, t. 6, p. 394.

Il est à remarquer qu'on eut pour la sainte Vierge une très-grande dévotion à partir du XIIe. siècle ; c'est à cette époque que l'on commença à donner à la chapelle qui lui était dédiée de plus vastes dimensions qu'aux autres.

de leur église en charriant des matériaux ; notre Seigneur a récompensé leur humble zèle par des miracles qui ont excité les Normands à imiter la piété de leurs voisins. Nos diocésains ayant donc reçu notre bénédiction se sont transportés à Chartres où ils ont accompli leur vœu.

Depuis lors, les fidèles de notre diocèse et des autres contrées voisines ont formé des associations dans un but semblable ; ils n'admettent personne dans leur compagnie, à moins qu'il ne se soit confessé, qu'il n'ait renoncé aux animosités et aux vengeances et ne se soit réconcilié avec ses ennemis.

Cela fait, ils élisent un chef sous la conduite duquel ils tirent leurs chariots en silence et avec humilité (1). »

Mais cette foule qui venait travailler par corvées à la construction des églises n'avait aucunes notions d'architecture ; elle agissait évidemment sous la direction des architectes (2), et ceux-ci devaient être fort nombreux, puis-

(1) Voir le reste de cette lettre dans le mémoire de M. Richome sur l'abbaye de Saint-Pierre-sur-Dive.

(2) Les travailleurs bénévoles étaient principalement occupés à transporter les matériaux. Plusieurs antiquaires attribuent à la difficulté que l'on devait éprouver à voiturer les pierres, le

qu'on bâtissait partout avec tant d'ardeur au XIIe. et au XIIIe. siècles.

Il paraît que, dès cette époque, les maçons ou tailleurs de pierre se réunirent en compagnies, qui avaient leurs statuts et leurs chefs, et qui allaient s'établir dans les lieux où il y avait des édifices religieux à construire. Les différents travaux n'étaient pas indistinctement exécutés par tous les membres; les uns sculptaient les chapiteaux des colonnes, les autres des bas-reliefs ou des statues: chacun avait une partie dont il s'occupait exclusivement et dans laquelle il excellait (1). Du reste, ces associations différaient beaucoup, je crois, de la confrérie des *francs-maçons*, qui se forma plus tard sur les bords du Rhin, et dont je parlerai dans la prochaine conférence.

Quand on considère la perfection et l'uniformité des monuments du XIIIe. siècle, on ne peut douter qu'il n'existât parmi les architectes

volume peu considérable qu'elles offrent presque toutes dans les constructions du moyen âge; il faut compter aussi pour beaucoup la facilité que l'on trouvait à manier des pièces d'un petit volume, surtout lorsqu'il fallait les placer dans les pyramides et dans des murs élevés des églises.

(1) Voyez mon *Essai sur l'architecture religieuse du moyen âge*, Caen, 1824, page 77, et le premier volume de la société des Antiquaires de Normandie, p. 613.

une doctrine bien arrêtée, et des connaissances beaucoup plus étendues qu'on ne l'a supposé pendant long-temps. Il y a lieu de croire que ces connaissances, ou si l'on veut, les secrets de l'art, se transmettaient oralement et en pratiquant, car on n'a rien trouvé sur cette matière dans les manuscrits des bibliothèques conventuelles, ni dans les autres dépôts où l'on pouvait s'attendre à les rencontrer.

Il est encore à remarquer que la plupart des grands monuments qui nous attestent le génie des architectes au XIIe. siècle et au XIIIe., sont sans noms d'auteurs. Cela vient, comme le pensent avec raison ceux qui ont étudié le moyen âge, de ce que, durant cette période éminemment catholique, il n'y eut point d'individus, pour ainsi dire, mais seulement des confréries, des monastères, où l'on mettait en commun, non seulement sa vie, ses biens, ses espérances, mais encore ses pensées, son âme et son génie.

Toutefois, dès la fin du XIIe. siècle, l'art commençait à *s'individualiser*, et les noms de quelques habiles architectes du XIIIe. siècle sont parvenus jusqu'à nous.

Une inscription sépulcrale nous apprend

que celui auquel on doit le chœur de Saint-Etienne de Caen, se nommait Guillaume (1).

Nous savons, par la chronique de l'abbaye du Bec, qu'Ingelramme qui avait travaillé à l'église Notre-Dame de Rouen, fut engagé, en 1212, par l'abbé Richard, à rebâtir l'Eglise de cette abbaye; un peu plus tard, Robert de Lusarches éleva la cathédrale d'Amiens; Hugues Libergier travaillait, en 1229, à la nef de l'Eglise Saint-Nicaise de Reims (2); Robert de Coucy, bâtit dans le même temps, la belle cathédrale de Reims, dont la première pierre avait été posée en 1211 (3).

Eudes de Montreuil, qui accompagna Saint-Louis en Orient, où il fortifia la ville de Jaffa,

(1) Cette inscription gravée à l'extérieur de l'abside est conçue en ces termes :

GUILLELMUS JACET HIC, PETRA RUM SUMMUS IN ARTE.
ISTE NOVUM PERFECIT OPUS DET PREMIA CHRISTUS AMEN.

(2) Hugo Libergier pronaon ecclesiæ perfecit, utrasque alas, frontem, propyleum et turres; chron. S. Nicas., p. 636. L'inscription tumulaire suivante prouve que cet architecte mourut en 1265.

CY GIST MAISTRE HUGUES LIBERGIER, QUI A COMMENCÉ CETTE ÉGLISE L'AN DE L'INCARNATION 1229, MERCREDI D'APRÈS PAQUES, ET MOURUT L'AN 1263, LE VENDREDY D'APRÈS PAQUES; POUR DIEU PRIEZ POUR LUI

(3) Trente ans après (en 1241), o célébra l'office divin dans la cathédrale de Reims.

bâtit le chœur de Beauvais, l'église Notre-Dame de Mantes et plusieurs autres édifices (1).

Il est inutile de citer un plus grand nombre de noms d'artistes; remarquons seulement, en terminant, que beaucoup d'habiles architectes du XIIIe. siècle n'appartenaient point au clergé; l'époque hiératique était passée comme le pense M. Vitet; la plupart des secrets de l'art avaient été confiés à des séculiers, ou devinés par eux. Tout dans la société de cette époque tendait à la sécularisation et à l'établissement des franchises.

(1) Cet artiste mourut en 1289, et fut enterré dans le couvent des Cordeliers de Paris, dont il avait bâti l'Eglise.

CHAPITRE X.

Du style ogival secondaire,

(de 1,200 à 1,400 environ).

Enumération des caractères qui distinguent les monuments du XIVe. siècle de ceux du XIIIe.

Après avoir présenté le tableau de l'architecture ogivale primitive, je vais indiquer, le plus rapidement possible, les caractères qui différentient les monuments du XIVe. siècle et qui peuvent les faire distinguer de ceux du XIIIe.

Forme des églises. Un changement notable s'introduisit, au XIVe. siècle, dans le plan des églises, par l'addition d'un rang de chapelles le long de chacun des bas côtés de la nef (pl. XLIII, fig. 13). Ces chapelles qui forment en quelque sorte le complément des temples du moyen âge, furent, à cette époque, construites en sous-œuvre dans un grand nombre d'églises. Ce fut aussi à partir du XIVe. surtout qu'on donna à la chapelle terminale dédiée à la sainte Vierge de plus grandes dimensions qu'aux autres, comme je l'ai dit dans la dernière conférence

Contreforts. La disposition des contreforts et des arcs-boutants était, au XIVe. siècle, à peu près la même qu'auparavant; seulement on substituait quelquefois aux clochetons qui couronnaient les contreforts, au XIIIe. siècle, des aiguilles garnies de crochets (pl. LXI, fig. 5), portées sur des bases carrées, octogones, et parfois triangulaires.

Ornements. La plupart des ornements du XIIIe. siècle se retrouvent dans le XIVe., sauf, peut-être, les violettes et les fleurons que vous avez vus sur la planche LVe. (n°s. 6, 7, 8), mais ils offrent un faire différent. Si l'on remarque en général beaucoup de facilité et de hardiesse dans les sculptures, on y trouve aussi bien souvent de la maigreur; les tores n'ont plus la rondeur ni la saillie qui les distinguent dans le XIIIe.; les ciselures sont aussi moins profondément fouillées : en un mot, ce n'est plus la touche du XIIIe. siècle. Ces différences sont plus faciles à saisir à l'œil qu'à exprimer dans une description, c'est pourquoi je vais seulement parler de celles qui m'ont paru les plus frappantes.

Les Treffles se rencontrent souvent sur les murs, tantôt gravés en creux avec peu de profondeur, tantôt figurés par des tores peu saillants (pl. LV, fig. 24). Dans quelques treffles, les angles formés par la partie rentrante qui sépare les lobes les uns des autres sont ornés de feuillages trilobés.

Quatre-Feuilles. Ce que je disais des treffles peut s'appliquer aux quatre-feuilles dont on a fait très-fréquemment usage au XIVe. siècle. Les quatre-feuilles d'un grand diamètre que l'on a figurés sur les murs, dans les frontons, au centre des fenêtres, etc. etc., soit isolés, soit réunis et disposés en triangle, sont assez souvent entourés d'un cercle (pl. LV, fig. 25), et alors on peut les appeler *quatre-feuilles encadrés*, pour les distinguer de ceux qui n'offrent pas ce caractère.

Rosaces. Les rosaces se présentent comme les quatre-feuilles et tapissent comme eux les murailles à l'intérieur et à l'extérieur des édifices; on retrouve, en petit, dans leurs compartiments, les mêmes dessins que dans les grandes fenêtres circulaires.

Les arcades simulées, outre les ornements dont nous avons parlé précédemment (p. 243), sont couronnées de frontons triangulaires souvent garnis de crochets (pl. LV, fig. 26).

LES PINACLES, plus nombreux et plus élancés, présentent des aiguilles garnies de crochets, semblables à celles que nous avons déjà remarquées au sommet de quelques contreforts.

LES DAIS se compliquent et s'allongent ; ils sont surmontés de pinacles plus ou moins chargés de ciselures.

LES CROCHETS, placés avec profusion sur les parties que j'ai déjà désignées (v. page 241) sont plus serrés que dans le XIIIe. siècle (pl. LV, fig. 27). Quelques-uns se terminent par une espèce de feuille recourbée (fig. 28).

Balustrades. Les balustrades présentent des rosaces ou des quatre-feuilles encadrés (pl. LVI, fig. 16-17), au lieu des petites arcades ogives ou à trois lobes qui dominent au XIIIe. siècle (1) ; quelques-unes cependant offrent encore des arcades trilobées, aigües, semblables à celles que j'ai figurées sur la planche LVI (n°. 14-15).

Colonnes et Pilastres. La disposition des colonnes est la même dans le XIVe. que dans le XIIIe. ; celles qui sont groupées commencent

(1) Il ne faut pas oublier que je parle toujours en général ; je ne prétends pas que les balustrades supportées par des quatre-feuilles n'aient point été usitées avant le XIVe. Il y en avait eu probablement quelques exemples dans le XIIIe.

à devenir maigres et ne se détachent pas aussi bien qu'auparavant des piliers qui les soutiennent, souvent les chapiteaux sont plus riches en feuillages (pl. LV, fig. 29); quelques-uns sont garnis de feuilles de vigne : on en voit aussi dont les feuillages sont disposés de manière à former deux bouquets superposés. Néanmoins cette combinaison qui se rencontre déjà dans le XIVe. est surtout caractéristique du XVe.

Fenêtres. Ainsi que nous l'avons vu, les fenêtres se composaient assez ordinairement, au XIIIe. siècle, de deux ouvertures en lancette, encadrées dans une plus grande ogive; entre les sommités aigües de ces lancettes géminées, l'usage n'avait admis qu'une ouverture en forme de quatre-feuille, de treffle ou de rosace (pl. LVI, fig. 19).

Au XIVe. siècle, on faisait les fenêtres plus larges comparativement à leur hauteur; plusieurs colonnes ou meneaux divisaient ces ouvertures dans le sens de la largeur; et le centre de l'arcade présentait plusieurs compartiments en forme de treffles, de quatre-feuilles ou de rosaces.

Quelques fenêtres du XIVe. sont divisées seulement par trois ou quatre meneaux, surmontés d'un pareil nombre de rosaces (pl. LVI, fig. 21);

d'autres ont cinq ou six meneaux avec 5 à 6 rosaces au sommet (pl. LVI, fig. 22). On en voit quelquefois de plus larges encore dans les façades, aux extrémités des transepts et au chevet des églises qui se terminent par un mur droit; elles y remplacent les lancettes que l'on réunissait trois à trois dans les monuments du XIIIe. siècle (v. la pl. LII).

Roses. Les roses (pl. LVI, fig. 23) ont en général un plus grand diamètre; les traverses qui les divisent se ramifient de plus en plus et produisent un plus grand nombre de compartiments, dans lesquels on trouve à peu près les mêmes dessins que dans les fenêtres de la même époque.

Portes. Les portes (pl. LIV, fig. 8) diffèrent peu de celles du XIIIe.; les voussures et les timpans sont également chargés de petites figures en bas-relief; mais les frontons triangulaires qui les couronnent sont quelquefois découpés à jour au lieu d'être pleins comme dans le XIIIe.; ils sont aussi ordinairement plus élevés et garnis de crochets. Sur les timpans de quelques portes, des treffles, des quatre-feuilles ou des rosaces remplacent les figures en bas-relief.

Arcades. Les arcades n'offrent pas de surrélèvement; les importes et le sommet de l'ogive représentent les trois points d'un triangle équilatéral (pl. LV, fig. 21).

Tours. Un trottoir garni d'une rampe en pierre se voit presque toujours entre la tour et la base de la pyramide qui la surmonte, à partir du XIVe. siècle. Jusques-là les toîts pyramidaux des tours avaient reçu peu d'ornements, on y avait seulement sculpté des modillons imbriqués ou des tuiles festonnées (pl. LV, fig. 1); mais, au XIVe., on les perça de trous découpés en treffles, en rosaces, etc., on couvrit leurs angles de crochets. La figure 3, pl. LIX, vous montre la réunion de ces différents caractères qui peuvent servir à distinguer les tours du XIVe. de celles du XIIIe. (1).

Clochetons. Les clochetons offrent en petit l'image des tours, seulement ils n'ont point de rampe à la base de la pyramide, et leur toît n'est pas découpé à jour; quelques clochetons octogones offrent un petit fronton triangulaire au-dessus de chaque face de la tourelle, à la naissance du toît pyramidal.

D'après l'aperçu bien court que je viens de présenter, vous pouvez remarquer, Messieurs,

(1) Il est cependant possible que dès la fin du XIIIe. siècle, quelques tours aient été munies de balustrades et percées à jour; mais je n'en connais pas d'exemples antérieurs au XIVe.

que ce sont de simples modifications dans les formes et dans les ornements, qui donnent aux édifices du XIVe. siècle un caractère particulier; il n'y a point eu, à cette époque, de changements essentiels dans le style adopté au XIIIe. siècle.

Toutefois ces modifications sont assez notables pour caractériser une époque distincte dans l'histoire monumentale, et pour motiver la division que j'ai établie.

Vous trouverez de l'architecture du XIVe. dans une multitude de monuments religieux dont il est, je crois, inutile de présenter ici la nomenclature. Je ferai seulement observer que ce sont des parties d'édifices plutôt que des monuments complets qui offrent ordinairement des exemples du style ogival secondaire. Le zèle qui s'était manifesté au XIIe. et au XIIIe. siècles, pour la construction des basiliques, s'était déjà ralenti au XIVe. La plupart des cathédrales commencées dans le XIIe., ont été continuées durant le XIIIe. et seulement achevées, ou accrues dans le XIVe. siècle.

CHAPITRE XIe.

Du style ogival tertiaire

(de 1,400 à 1480, environ).

SYNONYMES. *Gothique flamboyant* de M. Le Prévost; *style perpendiculaire* des antiquaires anglais.

Observations sur la difficulté d'établir une limite chronologique parfaitement exacte entre le second et le troisième style ogival. — Exposé des caractères les plus saillants de ce dernier style. — Le XVe. siècle a produit beaucoup de raccommodages et peu de grandes constructions. — Infériorité des monuments de cette époque comparés à ceux du XIIIe. et du XIVe. siècle. — Moyens d'exécution. — Quelques mots sur l'esprit qui animait les artistes du XVe. siècle.

Les caractères du style ogival de la troisième époque, que je vais indiquer rapidement, s'étaient déjà présentés en partie dans quelques monuments du XIVe., et vous me permettrez de vous rappeller à cette occasion, que rien n'est absolu dans nos divisions. Elles sont basées sur la progression des changements que l'on remarque en comparant un très-grand nombre d'édifices; mais on ne doit point oublier que ces modifications se sont faites graduellement; que l'art n'a point eu dans sa marche de repos marqués, et que les innovations n'ont pas été partout introduites dans le même temps.

Il ne faudra donc pas être surpris de trouver dans quelques monuments du XIVe. siècle une partie des caractères que je vais assigner au XVe.

Forme des Eglises. Il ne parait pas qu'aucunes modifications ayent été introduites au XVe. siècle, dans le plan des églises; la forme générale demeura la même jusqu'au temps où l'on abandonna le style ogival pour revenir à l'architecture classique.

Ornements. Les formes prismatiques ou anguleuses dominent dans les moulures du XVe. siècle; elles se manifestent dans les tores, les nervures, les traverses et jusques dans les moindres détails, ce qui donne aux ornements un air de maigreur que n'offrent point ceux des XIIIe. et XIVe. siècles.

TREFFLES ET QUATRE-FEUILLES. Les pétales des treffles et des quatre-feuilles ne se terminent pas par une pointe mousse comme dans les siècles précédents (pl. LV, fig. 3—5), mais par une pointe très-aiguë (même pl., fig. 30).

LES FEUILLES ENTABLÉES affectent, à partir du XVe. siècle, des formes tout-à-fait différentes de celles que nous avons remarquées au XIIIe. et au XIVe. Au lieu de feuilles grasses ou de feuilles d'achante, etc., etc., ce sont des feuilles de choux frisés, de chardon et de quelques autres plantes (pl. LV, fig. 31—32), que le sculpteur a pris soin de figurer sous les corniches.

FEUILLAGES ET GUIRLANDES. Les feuilles frisées que nous venons d'indiquer comme étant un des ornements habituels de l'entablement, se rencontrent dans les autres parties des édifices, tantôt isolées ou par bouquets, tantôt formant des guirlandes ; elles offrent un des caractères les plus frappants du style ogival de la troisième époque. Les feuilles de vigne ont aussi été employées très-fréquemment.

LES CROCHETS, quelquefois peu différents de ceux du XIVe. siècle, montrent pour la plupart un changement de forme analogue à celui des ornements dont je viens de parler.

Ordinairement ils représentent des feuilles de choux ou de chardon, frisées, arrondies, contournées et ressemblant parfois à des têtes de Dauphins (pl. LV, fig. 33).

LES ARCADES SIMULÉES sont presque toutes surmontées d'un fronton pyramidal partant des impostes, qui est souvent garni de crochets et couronné d'un bouquet de feuillages frisés (pl. LV, fig. 34). La plupart de ces arcades en renferment d'autres qui sont trilobées.

PINACLES SIMULÉS. De tous les ornements du XVe. siècle, les pinacles simulés (pl. LV, fig. 35) sont peut-être ceux dont on a tiré le le plus de parti et que vous rencontrerez le plus souvent ; on les voit en application sur les murs, à l'intérieur et à l'extérieur des édifices ; ils sont ornés de crochets, et se distinguent en général par beaucoup de grâce et de délicatesse.

LES DAIS offrent des couronnements pyramidaux très-compliqués ; beaucoup d'églises du XVe. siècle renferment des ornements de ce genre d'une grande finesse d'exécution.

PANNEAUX. Tel est le nom que M. Rickman (1) et plusieurs autres Antiquaires Anglais donnent à des petites arcades trilobées ordinairement superposées les unes aux autres et séparées par lignes verticales, qui ont été figurées sur les murs durant le XVe. et le XVIe. siècle (pl. LV, fig. 36). Ces sculptures symétriques, qui divisent les murailles en compartiments égaux, et qui en cachent la nudité, présentent

(1) Essay on Gothic Architecture by T. Rickman, Architect, London 1825.

de l'analogie avec les panneaux des boiseries, et c'est en raison de cette ressemblance qu'elles ont reçu le nom par lequel on est convenu de les désigner.

Les Festons (pl. LV, fig. 37) forment une élégante garniture suspendue aux voussures des portes et des fenêtres. Cet ornement est surtout caractéristique des derniers temps de la période ogivale, et il appartient plutôt au commencement du XVIe. ou à la fin du XV$_e$., qu'à la première moitié de ce dernier siècle.

Bas-reliefs et statues. Un assez grand nombre de statues ont été sculptées au XV$_e$. siècle ; quelques-unes ne sont pas sans mérite, mais on remarque dans beaucoup d'autres de l'incorrection dans le dessin, un travail mou, des draperies contournées, etc.

Les bas-reliefs offrent les mêmes défauts que les statues ; sur les consoles on voit souvent des figures dont les attitudes sont bizarres.

Les Contreforts, soit qu'ils supportent des arcs-boutants, soit qu'ils soutiennent immédiatement les murs, ont de distance en distance leurs faces ornées de pinacles simulés, et l'on y voit aussi, comme dans le siècle précédent, des niches richement sculptées. Lorsqu'ils supportent des arcs-boutants et qu'ils se détachent des murs, ils sont couronnés par des clochetons qui affectent la forme octogone, et dont chaque face est surmontée près du toît, d'un fronton aigu hérissé de crochets, ou bien par des aiguilles a peu près semblables à celle que j'ai figurée sur la planche soixante-et unième (n°. 5).

Colonnes et Pilastres. Les colonnes groupées sont pour la plupart d'une extrême finesse; quelquefois de simples nervures prismatiques les remplacent (voir, pl. LVI, le faisceau de colonnes, n°. 9). Les chapiteaux les plus ordinaires sont ornés de feuillages frisés disposés de manière à former deux bouquets superposés l'un à l'autre (pl. LVI, fig. 8). Sur quelques pilastres, on trouve des pinacles et des moulures d'un grand relief plus ou moins compliquées et des consoles qui devaient supporter des statues.

Portes. Quelques portes du XVe. siècle se trouvent placées dans une espèce d'encadrement carré; d'autres, et c'est le plus grand nombre, ont seulement, de chaque côté, des pilastres divisés en plusieurs panneaux et surmontés d'aiguilles ou de pinacles (pl. LIV, fig. 9). La plupart des portes offrent, au-dessus de la principale arcade, une sorte de fronton pyramidal garni de crochets dont le sommet supporte un piédestal destiné à recevoir une statue (pl. LIV, fig. 9).

Enfin dans beaucoup d'arcades du XIe. siècle, les lignes au lieu de produire une pointe mousse par leur intersection diagonale, comme dans les ogives du XIIIe. et du XIVe., se relèvent subitement près du point de jonction, et forment une pointe très-aiguë, de sorte que l'ogive ressemble à une accolade (pl. LV., no. 38).

Ce mouvement que l'on trouve souvent dans l'architecture mauresque se reproduit non seulement dans les portes, les fenêtres, les arcades simulées, etc., etc., mais dans tous les ornements où la forme elliptique de l'ogive est employée, comme dans les lobes des treffles, des quatre-feuilles et des rosaces. Il contribue à donner un caractère particulier aux arcades et aux ornements de la troisième époque ogivale.

Fenêtres et roses. Les compartiments qui divisent les fenêtres ogives et les grandes ouvertures circulaires appellées *roses*, présentent le plus ordinairement des figures contournées ressemblant à des flammes, des cœurs allongés, etc, etc. (pl. LVI, fig. 24 et 25), qui diffèrent des treffles, des quatre-feuilles et des autres figures rayonnantes. C'est en raison de ces formes contournées, si souvent reproduites dans les compartiments des fenêtres, des roses, des balustrades, et dans les ornements figurés sur les murs, que M. Le Prévost avait proposé de désigner le style ogival de la troisième époque sous le nom de *gothique flamboyant* (1); cette dénomination, d'autant meilleure qu'elle peint l'un des caractères principaux des monuments à ogives de la troisième époque, est adoptée déjà par un grand nombre d'antiquaires.

L'archivolte des fenêtres est souvent ornée d'une guirlande de feuilles frisées qui forment des crochets de place en place, et qui supportent un bouquet de feuillages élevé sur un pédicule (point A, fig. 24, pl. LVI).

En général les fenêtres ont, au XVe. siècle, moins d'élévation et plus de largeur qu'au XIVe., et le triangle formé par l'arcade en tiers point, depuis les impostes jusqu'au sommet, a souvent plus de la moitié de la hauteur de la fenêtre entière.

(1) Voir mon essai sur l'architecture religieuse du moyen âge, page 72.

Une grande quantité de roses d'un diamètre considérable et d'une grande finesse de travail, ont été faites au XVe. siècle, non seulement dans des églises de cette époque, mais encore dans des édifices d'une date plus ancienne.

Balustrades. Les dessins courtournés que nous venons de remarquer dans les compartiments des fenêtres se montrent également dans les balustrades en pierre (pl. LVI, fig. 18—19).

Voûtes. Les arceaux des voûtes deviennent plus saillants et prismatiques ; ils commencent aussi à se ramifier dans la deuxième moitié du XVe. siècle.

Tours. Les tours du XVe. siècle n'ont pas autant d'élévation que celles du XIVe. ; mais elles sont beaucoup plus chargées de sculptures. On en voit souvent de semblables à celle que j'ai reproduite sur la pl. LIX (fig. 4).

On trouve aussi des tours octogones, terminées par un toît peu élevé ou par une plate-forme, telles que la belle tour centrale de l'église Saint-Ouen de Rouen. Quelques-unes de ces tours d'une élégance admirable doivent être regardées comme des chefs-d'œuvre.

Enfin on rencontre encore en Normandie, au

XVe. siècle, des tours carrées, flanquées de contreforts très-saillants, dont la pesanteur, contraste désagréablement avec l'élégance et la légèreté des autres pyramides.

Clochetons. A partir du XVe. siècle, les clochetons offrent assez souvent des tourelles octogones, sans ouvertures latérales, dont les faces sont ornées de panneaux simulés; les aiguilles hérissées de crochets, (pl. LXI, fig. 5) n'ont point de cavité intérieure: quelques unes consistent dans trois corps élevés graduellement l'un au-dessus de l'autre et terminés par un fleuron.

Le temps des grandes constructions était passé au XVe. siècle, mais on a fait, à cette époque, beaucoup de raccommodages, de restaurations et d'additions.

Les édifices publics avaient presque tous souffert pendant nos longues guerres avec les Anglais, et l'on se mit de toutes parts à réparer lorsque la paix fut rétablie. Il y a peu d'églises un peu grandes dans lesquelles on ne trouve quelques parties, quelques retouches, de la seconde moitié du XVe. siècle, et les exemples de l'architecture alors usitée sont tellement nombreux dans nos contrées comme dans beaucoup d'autres, qu'il est inutile de vous indiquer les monuments dans lesquels vous pourrez la rencontrer (*).

Quoi qu'il en soit, l'infériorité du style ogival tertiaire comparé au primitif et au

(*) Nous plaçons en note l'indication de quelques morceaux d'architecture du XVe. siècle, pour faciliter l'étude de ce style aux personnes qui liront le cours d'antiquités.

INDICATION des édifices et des localités où ils sont situés.		DÉSIGNATION des parties qui appartiennent au style ogival de la troisième époque, dans les édifices cités.
Cathédrale.	Rouen.	Quelques parties à l'intérieur et à l'extérieur.
Idem.	Bayeux.	Plusieurs des chapelles qui bordent les collatéraux de la nef.
Idem.	Lisieux.	La chapelle de la Vierge, derrière le chœur.
Notre-Dame.	Saint-Lô.	En grande partie.
Saint-Pierre.	Caen.	Les collatéraux et quelques parties de la nef et du chœur.
Saint-Jean.	*Ibid.*	Le chœur et la nef, en partie.
Saint-Gilles.	*Ibid.*	Le chœur.
Saint-Etienne-le-Vieux.	*Ibid.*	Le chœur et la nef, en partie.
Saint-Sauveur servant de halle.	*Ibid.*	Quelques parties de la nef.
Saint-Julien.	*Ibid.*	En partie.
Saint-Ouen.	Rouen.	Les roses des transepts, la tour, et plusieurs parties de l'église.
Saint-Jacques	Lisieux.	Le chœur et la nef, en grande partie.
Pont-l'Evêque	Calvados.	La tour, le chœur et la nef, en partie.
Cathédrale.	Nantes.	La nef, en partie.

secondaire, ne me paraît pas douteuse.

De cette profusion de découpures de feuillages, de crochets, il résulte dans l'ensemble une sorte de pesanteur; les feuilles frisées, déchiquetées, contournées, placées en guise de panaches autour des fenêtres, des portes, des frontons, écrasent ces arcades et contrastent d'une manière peu agréable, par leur volume et leur complication, avec les maigres filets qui remplacent si souvent les colonnes élégantes et légères des XIIIe. et XIVe. siècles.

Les nervures prismatiques des voussoirs sont aussi moins agréables que les tores arrondis et séparés les uns des autres par des canelures profondes.

Enfin les églises du XVe. sont presque toutes moins grandes et moins élevées que celles du XIVe. siècle, et cette profusion de pinacles et de figures pyramidales qui les décorent ne peuvent dissimuler entièrement leur défaut d'élévation.

Je ne nie pas toutefois que le style ogival de la troisième époque n'offre de grandes beautés, et je connais des monuments d'une rare élégance et d'une exécution admirable, qui appartiennent tout entiers à ce style.

Mais, je le répète, l'architectnre du XIVe. et

surtout celle de la fin du XIIIe. est bien plus pure ; elle me paraît bien préférable.

Moyens d'exécution. Outre les sommes considérables que le clergé consacrait à la construction et à la réparation des églises, l'usage où l'on était d'accorder les grâces spirituelles à ceux qui contribuaient aux dépenses, fournissait de grandes ressources au XVe. siècle, comme dans les siècles précédents (1). A Rouen, l'abbaye de Saint-Ouen, fut obligée plusieurs fois, malgré ses immenses domaines, d'avoir recours à ce moyen pour la continuation des travaux de sa magnifique église.

Cependant vers la fin du XVe. siècle, le zèle des fidèles commençait à se lasser, et quelquefois il fallait le stimuler en accordant des permissions nouvelles, en adoucissant sous quelque rapport la sévérité des abstinences.

Tout le monde sait que la tour qui termine la façade de la cathédrale de Rouen, au sud, fut construite au moyen des aumônes

(1) Quelquefois les princes ou les grands de l'état accordaient des secours considérables en argent, autorisaient des coupes extraordinaires de bois, ou remettaient des impots, pour aider aux dépenses. (*Voir mon essai sur l'architecture du moyen âge*, p. 74.)

offertes par les fidèles qui obtinrent la permission de manger du beurre pendant le carême (1). Nous pourrions citer des concessions du même genre faites pour de semblables motifs dans divers diocèses.

Les artistes étaient nombreux et habiles, mais au zèle religieux qui les animait au XIIIe. et au XIVe. siècles, vint se joindre un autre sentiment, l'amour propre, et le désir de briller. S'ils travaillaient pour l'amour de l'art et pour la gloire de Dieu, ils pensaient aussi à leur propre gloire, à leur réputation.

Ce fut au XVe. siècle, que les architectes habiles formèrent en Alsace et en Allemagne, des sociétés différentes (2) de celles qui avaient

(1) C'est pour cette raison qu'on désigne encore aujourd'hui cette tour sous le nom de *tour de beurre*.

(2) Les tailleurs de pierre de Strasbourg jouissaient depuis longtemps d'une haute considération à cause des travaux exécutés pour l'érection de leur cathédrale, lorsque Dotzinger qui répara le chœur de cette basilique, profita de son ascendant pour réunir en un seul corps toutes les corporations éparses, et pour former une vaste association qui comprenait la plus grande partie de l'Allemagne. Cette compagnie formée en 1452, fut consolidée, en 1459, par une assemblée générale des maîtres des ateliers ou loges, tenue à Ratisbonne; elle fit des réglements pour la réception des apprentis, des compagnons et des maîtres, établit des signes secrets par lesquels ses membres pouvaient se reconnaître, et adopta pour grands maîtres de toute la confraternit les architectes de la cathédrale de Strasbourg. Cette association fut con-

existé et qu'ils voulurent se distinguer des autres en créant des *loges maçoniques.* Ces réunions étaient pour le temps des espèces d'académies de sculpture et d'architecture ; mais comme je ne sache pas qu'il ait existé chez nous des sociétés d'artistes établies sur les mêmes bases, je ne dois point vous entretenir de leurs travaux ni de leur organisation.

firmée dans la suite par les Empereurs d'Allemagne. Le magistrat de Strasbourg confia pendant quelques temps la décision de toutes les affaires litigieuses, en fait de bâtiments, au chef de son atelier des tailleurs de pierre : et le Duc de Milan demanda, en 1481, à ce magistrat, un architecte capable de diriger la construction de la superbe église métropolitaine de sa capitale.

La suprématie du grand maître de l'atelier de Strasbourg sur les loges d'une grande partie de l'Allemagne, ne cessa qu'après la réunion de cette ville à la France.

(*Voir l'essai historique de M. Schweighauser, sur la cathédrale de Strasbourg.*

CHAPITRE XII.

Du Style ogival quartaire,

(De 1,480 environ à 1,550).

Motifs qui ont déterminé à ranger dans une classe particulière les monuments de la fin du XVe. siècle et du commencement du XVIe.—Leurs caractères.—Catalogue d'églises appartenant au quatrième style ogival. —Renaissance.—Les productions de la renaissance ont été plutôt privées que publiques.—Elles seront décrites dans la partie du cours consacrée à l'architecture civile.—Terme de la période ogivale. — Conclusion. —Tableau synoptique des variations de l'architecture religieuse, aux différents siècles du moyen âge.

L'architecture de la fin du XVe. siècle et de la première moitié du XVIe. présente de telles analogies avec celle dont je viens de vous entretenir, qu'au premier abord vous regarderez peut-être comme inutile la distinction que j'établis entre elles ; mais en examinant et comparant avec soin les monuments de ces deux époques, vous ne tarderez pas à apercevoir des différences quelquefois très-légères, il est vrai, mais aussi très-frappantes dans beaucoup d'églises, et toujours sensibles pour l'œil d'un observateur attentif.

Effectivement, il s'établissait en France, en Angleterre et en Allemagne, vers la fin du XV. siècle, un système de décoration monumentale qui consistait surtout à surcharger de ciselures toutes les parties des édifices, et à substituer aux colonnes et aux entablements un nombre considérable de filets et de nervures. Le dernier âge du style ogival était celui des travaux partiels, des restaurations des retouches et des substructions; les artistes s'attachaient particulièrement à rendre les détails d'ornement avec une extrême finesse : et ne pouvant élever de grandes constructions, ils produisaient des morceaux d'une élégance admirable, d'une exécution éblouissante

Ornements. Tous les ornements du style ogival tertiaire se montrent dans celui de la dernière époque ; LES FESTONS TRILOBÉS (pl. LIV, fig. 9, et pl. LV, fig. 37), suspendus aux voussures des portes des arcades, des fenêtres, aux arcs-boutants, et parfois aux arceaux des voûtes; LES PANNEAUX tapissant les murs (pl. LV, fig. 36); LES BRODERIES (pl. LV, fig. 39); LES PINACLES EN APPLICATION, garnis de gros bouquets de feuilles déchiquetées; LES DAIS ET LES NICHES en encorbellement, couverts de ciselures d'une extrême finesse; les CEPS DE VIGNE, découpés à jour; les ENTRELACS, lès ARABESQUES et les RINCEAUX, caractérisent surtout la fin du XVe.siècle et le commencement du XVIe. Les QUATRE-FEUILLES également fort communs ont assez souvent plus de hauteur que de largeur (pl. LV, fig. 40), les deux feuilles verticales étant un peu plus longues que les feuilles horisontales.

Parmi les figures d'animaux qui ornent parfois les consoles, la salamandre peut faire reconnaître les édifices élevés du temps de François Ier. (1).

Colonnes. Des nervures prismatiques ou de simples filets remplacent les colonnes bien plus souvent que dans la première moitié du XVe. siècle. Ces nervures se prolongent tout autour des arcades, sans qu'il y ait d'entablement

(1) On sait que François Ier. avait pris cet animal pour emblême.

ni rien qui indique la place des chapiteaux Entre les nervures, on remarque quelquefois de riches garnitures de feuillages qui partent de la base des pilastres, et suivent sans interruption les contours des arcs ogives.

Balustrades. Les rampes de quelques balustrades imitent jusqu'à un certain point les feuilles de fougère; celles que j'ai tracées sur la planche LVIe, n°s. 20, 21 et 22, sont très-communes dans les églises du commencement du XVIe. siècle.

Fenêtres. Les fenêtres souvent garnies de dentelures trilobées, comme je l'ai dit tout-à-l'heure, offrent des compartiments à peu près semblables à ceux des fenêtres de la première moitié du XVe. siècle; dans quelques-unes j'ai remarqué des dessins plus réguliers, et notamment des grandes feuilles composées de deux rangs de pétales épanouies.

C'est principalement dans les derniers temps de la période ogivale que nous trouvons chez nous ces fenêtres en forme d'accolade (pl. LV, fig. 38) qui se rencontrent si fréquemment dans l'architecture mauresque; enfin, quelques fenêtres du XVIe. siècle sont fort larges et très-obtuses.

Portes. Ce que je disais des fenêtres peut s'appliquer aux portes, avec cette différence qu'elles offrent un plus grand nombre d'ornements; quelques unes disparaissent, pour ainsi dire, sous les dentelles, les festons et les élégants pinacles qui en tapissent les parois et les voussures.

Voûtes. Dans beaucoup de voûtes les arceaux n'offrent rien de plus qu'au XVe. siècle; dans d'autres ils se ramifient à l'excès (pl. LX, fig. 5), et présentent une saillie considérable (églises d'Argentan, de Gisors, d'Alençon, de Saint-Pierre de Caen, de Caudebec, de Dieppe, etc. etc.). Tous les points où s'opère la réunion des traverses, sont alors fréquemment couverts de culs-de-lampe ou pendentifs, d'écussons, d'armoiries, d'emblêmes et de diverses figures d'un grand relief.

Quelquefois les culs-de-lampe très-volumineux retracent l'image des stalactites dont la nature tapisse certaines grottes (pl. LX, fig. 6.), et l'on ne se promène pas sans étonnement sous ces voûtes, frangées où sont suspendues des pierres pesant plusieurs mille livres; ainsi les arcades des voûtes, au lieu de s'élever suivant le génie primitif du style ogival, s'inclinent et s'abaissent vers la terre.

Tours. Cette dépression des voûtes se montre aussi à l'extérieur des édifices ; au lieu de tours élancées en forme de flèches ,on trouve assez souvent des pyramides tronquées, carrées ou octogones, et parfois des coupoles hémisphériques. Ajoutons cependant qu'une grande quantité de tours octogones ont été, vers la fin du XVe.siècle, établies sur les transepts,et hardiment jetées sur les quatre pilliers qui supportent les arcades centrales (Evreux, St.-Jean de Caen, Bayeux, etc., etc.) (1).

On connaît aussi bon nombre de pyramides qui peuvent être regardées comme des chefs-d'œuvre de hardiesse et de légèreté, telles que la flèche de Caudebec, la partie supérieure de la flèche méridionale de Chartres, etc., etc.

Quelques tours de cette époque offrent sur les angles de la tour qui supporte la pyramide, des obélisques ou clochetons qui se rattachent au corps du clocher par des arcs-boutants ramifiés d'une légèreté extrême, dont l'extrados est orné de festons et de découpures.

Afin que vous puissiez mieux apprécier les motifs qui m'ont déterminé à ranger dans

(1) Plusieurs tours centrales du plus bel effet ont été élevées sous le règne de Louis XI.

une classe particulière, les églises de la fin du XVe. siècle et du commencement du XVIe., voici l'indication de quelques monuments à dates certaines que je vous engage à visiter et qui tous appartiennent à cette époque de l'histoire de l'art.

INDICATION des édifices et des localités où ils sont situés.		DÉSIGNATION des parties qui appartiennent au style ogival de la quatrième époque, dans les édifices cités.
Saint-Maclou.	Rouen.	La tour, le portail et plusieurs parties de l'église.
Saint-Ouen.	*Ibid.*	Portail de l'ouest.
Cathédrale.	*Ibid.*	Le grand portail, la tour de beurre, et plusieurs autres parties.
Arques.	Seine - Inférieure.	Le chœur et la nef.
Montivilliers.	*Ibid.*	Porte et fenètre, à l'ouest, les voûtes, etc, en partie.
Saint-Jacques	Dieppe.	Quelques parties, les voûtes, etc.
Caudebec.	Seine - Inférieure.	La tour, la façade de l'ouest, les voûtes et plusieurs autres parties de l'édifice (*monument très-remarquable*).
Harfleur.	*Idem.*	Le portail, les voûtes, etc., etc.
Lillebonne.	*Idem.*	En grande partie.
Cathédrale.	Evreux.	La tour centrale et les transepts, en partie.
Saint-Taurin.	*Ibid.*	Retouches à l'intéreur de la nef.
Saint-Jean.	Caen.	La tour centrale, partie du chœur et des transepts.
Vaucelles.	*Ibid.*	La façade du transept septentrional.
Saint-Etienne le-Vieux.	*Iibd.*	Réparations et retouches à l'extérieur.
Saint-Sauveur aujourd'hui la halle.	*Ibid.*	Le chœur.

INDICATION des édifices et des localités où ils sont situés.		DÉSIGNATION des parties qui appartiennent au style ogival de la quatrième époque, dans les édifices cités.
Saint-Gervais.	Falaise.	Le chœur.
Sainte-Catherine.	Honfleur.	Tout entière.
Saint-Jacques	*Ibid.*	Le portail.
Dives.	Calvados.	Le portail et la majeure partie de l'église.
Saint-Pierre-sur-Dive.	*Id.*	Parties retouchées à l'intérieur et à l'extérieur.
Lau pricipale église.	Alençon.	Les voûtes prismatiques très-compliquées et quelques autres parties de l'édifice.
Idem.	Argentan.	Tout entière.
Saint-Pierre.	Coutances.	Le chœur et la nef.
Sainte-Marie-du-Mont.	Manche.	La tour.
Villedieu.	*Idem.*	La tour et le chœur.
Granville.	*Idem.*	En grande partie.
Mont-Saint-Michel.	*Idem.*	Le chœur en grande partie.
Cathédrale.	Beauvais.	Les transepts.
Idem.	Saint-Quentin.	Transept méridional, à l'intérieur.
Idem.	Chartres.	Les magnifiques balustrades qui entourent le chœur, la partie supérieure de la tour septentrionale.
Idem.	Tours.	Une partie de la façade; les contreforts du sud.
Vendôme.	Loir-et-Cher.	Plusieurs parties.
Cathédrale.	Nantes.	La façade de l'ouest, en partie; retouches à l'intérieur de la nef.
Sainte-Radegonde.	Poitiers.	Le portail.
St.-Porchère.	*Idem.*	Le chœur.
Cathédrale.	Autun.	Plusieurs parties.
Idem.	Alby.	*Idem.*
Notre-Dame.	Brou.	Tout entière (*monument très-remarquable*).

RENAISSANCE.

Le style ogival qui avait parcouru ses diverses périodes de perfectionnement et de dégénération touchait à son terme, durant la première moitié du XVIe. siècle. On allait abandonner l'arcade en tiers point pour reprendre le plein cintre abandonné lui-même pour l'ogive depuis le XIIe. ; une immense révolution allait s'opérer dans l'architecture.

La découverte des manuscrits de Vitruve, les travaux d'Alberti, de Brunelleschi, et de plusieurs autres architectes Italiens ; le goût qui s'était manifesté si ouvertement pour l'antiquité classique, à la fin du XVe. siècle et au commencement du XVIe ; enfin, cet esprit d'innovation et de réforme qui fermentait dans la société, aussi bien parmi les artistes que parmi les théologiens ; tout avait préparé les esprits pour ce grand changement qui, dans nos contrées, s'opéra principalement sous les règnes de Louis XII, et de François Ier.

De même qu'au XIIe. siècle une architecture de transition s'était formée lorsqu'on avait abandonné le cintre pour l'ogive, on vit paraître, lorsqu'on revint au cintre, un style mixte résultant de la combinaison des formes classiques avec les ornements du XVe. siècle. Le plein cintre romain se montra couvert de la riche parure du style ogival quaternaire. C'est ce style mixte qu'on appelle *architecture de la renaissance*, parce que, dès lors, on regarda le moyen âge comme un temps d'ignorance et de barbarie.

Mais l'architecture *mélangée* qui se montre chez nous à l'époque où l'on voulut revenir aux formes antiques n'a pas été généralement employée dans les constructions religieuses du XVIe. siècle. L'ogive avait reçu pour ces édifices une sorte de consécration, nous la retrouvons encore dans quelques églises de la fin du XVIe. siècle, bien que depuis le temps de François Ier. l'architecture nouvelle eût été préférée pour les constructions civiles.

A tout prendre les productions de la renaissance ont été plutôt privées que publiques; c'est-à-dire qu'on a construit dans ce style beaucoup moins d'églises que de palais, de châteaux, de maisons particulières, et c'est dans la partie du cours qui traitera de l'architecture civile que nous devrons spécialement nous occuper du style de la renaissance.

Bornons-nous donc aujourd'hui à une simple indication de ses principaux caractères. Les fenêtres sont à plein cintre, et sans compartiments en pierre (pl. LVI, fig. 25). Les portes et les arcades sont également cintrées, cependant dans les premiers temps de la renaissance, il n'est pas rare de trouver des ogives mêlées aux cintres.

Au milieu des ornements empruntés au quatrième style ogival, on remarque souvent une immense quantité d'arabesques, des rinceaux et plusieurs autres moulures imitées de l'architecture antique, des médaillons dans lesquels sont en demi-relief des têtes de princes romains ou les bustes des personnages marquants de l'époque, (pl. LV, fig. 41.)

Les contreforts se dissimulent et se transforment en pilastres ou en chambranles (pl. LXI, fig. 7).

Les colonnes encore très-fréquemment remplacées par des nervures, commencent à se montrer avec des proportions plus correctes.

Dans l'entablement on distingue l'archivolte, la frise et la corniche;

Les voûtes cintrées sont couvertes de culs-de-lampe et de pendentifs (pl. LX, fig. 6), ornés d'un grand nombre de ciselures.

Enfin, les tours affectent presque toutes la forme hémisphérique, et les clochetons sont remplacés le plus souvent par des pyramides en forme de candélabres (pl. LV, fig. 42) et par des espèces de piédestaux carrés, ou octogones (pl. LV, fig. 43), etc., etc.

En traitant de l'architecture civile, je vous présenterai des dévelopements et des dessins qui ne laisseront aucune incertitude dans votre esprit, sur le style de la renaissance.

Les monuments de cette époque offrent tous de petites dimensions, mais ils ont en même temps quelque chose de gracieux ; ils plaisent par l'élégance de leurs proportions et la délicatesse de leurs ornements.

L'abside de l'église St. Pierre et celle de Notre-Dame, à Caen ; la chapelle de l'ancien évêché de Bayeux, le portail de l'église Trinité à Falaise, peuvent, avec beaucoup d'autres édifices, vous fournir des exemples du style de la renaissance.

Dès le milieu du XVIe. siècle, cette architecture se dégage des accessoires qu'elle avait empruntés au style ogival ; c'est aussi à peu près à cette époque que ce dernier style qui avait continué d'être usité dans les monuments religieux, concurremment avec celui de la renaissance, cesse d'être employé, et quoique j'en connaisse beaucoup d'exemples de la fin du XVIe. siècle, on peut fixer approximativement à 1550 le terme de la période ogivale.

Conclusion. Ce terme est aussi, Messieurs, celui de nos recherches sur les variations de l'architecture religieuse du moyen âge.

Nous avons reconnu que les premières églises ont été calquées sur les basiliques romaines;

Que l'architecture usitée en France à partir du Ve. siècle, n'était elle-même que l'architecture romaine plus ou moins altérée, et qu'alors on élevait beaucoup de monuments en bois.

Nous avons suivi les modifications que cette architecture a subies au XIe. siècle et au XIIe.; puis nous avons recherché comment l'arcade en tiers point fut substituée au plein cintre durant le XIIe. siècle.

Après avoir attentivement examiné les caractères du style ogival au XIIIe. et au XIVe., nous l'avons vu graduellement décheoir durant le XVe., et finalement abandonné dans le XVIe. siècle.

Je me suis attaché principalement à vous offrir des principes de classification pour reconnaître approximativement l'ancienneté relative des monuments religieux (1).

(1) Il ne faut pas oublier que cette méthode de classification est surtout applicable aux monumens de l'ouest. D'après des observations récentes, les provinces du centre et du midi de la France, plus fidèles que les nôtres au plein cintre, auraient conservé cette arcade long-temps après le commencement du règne de l'ogive, et peut-être jusqu'au XIVe., quoique le style ogival y fut aussi parfois employé dès le XIIIe. M. Le Duc, antiquaire distingué qui a rapporté de son voyage en Auvergne et en Provence une riche collection de dessins, pense que beaucoup d'églises romanes de cette partie de la France pourraient bien ne dater que du XIIIe. siècle et même du commencement du XIVe.

De mon côté je ne serais nullement surpris, comme je l'ai

La nécessité où j'étais de me borner à des aperçus généraux, dans un cours élémentaire tel que le nôtre, ne m'a pas permis d'insister sur beaucoup de détails importants sans doute, mais qui auraient compliqué les démonstrations, et embarrassé la mémoire.

Lorsque vous serez plus familiers avec l'étude des monuments du moyen âge, vous pourrez donc trouver des lacunes dans le tableau historique que je viens de vous présenter. Il est probable aussi qu'il faudra par la suite apporter quelques modifications aux principes que j'ai posés, car personne en France ne m'a devancé dans la carrière que je viens de parcourir, et je n'oserais me flatter d'avoir constamment réussi dans les recherches que j'ai entreprises. J'appellerai d'ailleurs de tous mes vœux et je ne cesserai de provoquer des observations de nature à perfectionner ma méthode, à rectifier les erreurs que j'ai pu commettre.

Le tableau synoptique que j'ai l'honneur de vous présenter offre en quelque sorte le résumé de nos conférences sur l'architecture ; vous y trouverez l'indication sommaire des faits sur lesquels repose ma classification chronologique.

déjà dit (page 231), que plusieurs monuments à plein cintre, du Poitou et de la Saintonge eussent été élevés dans le XIIIe. siècle. M. Le Prévost attribue la même date à beaucoup d'églises romanes de l'est et du sud-est de la France.

TABLEAU SYNOPTIQUE

DES PRINCIPAUX CARACTÈRES DE L'ARCHITECTURE RELIGIEUSE

AUX DIFFÉRENTS SIÈCLES DU MOYEN AGE.

		Style roman primitif.	Indication de la partie du Cours dans laquelle les caractères ont été décrits.	Figures de l'atlas qui présentent les formes caractéristiques des époques indiquées dans le tableau
			—	—
MONUMENTS RELIGIEUX *antérieurs au Xe. siècle.*	FORME DES EGLISES...	Les unes en forme de croix ; les autres sans transepts, en forme de carré long ; la plupart terminées, vers l'Est, par une abside circulaire	p. 70.	pl. XLIII, fig. 9-10.
	APPAREIL	Pierres carrées de petite dimension séparées les unes des autres par une couche épaisse de mortier. — Appareil moyen. — Grand appareil très-rare.	p. 71.	
	ORNEMENTS..........	Sculptures imitées de l'architecture gallo romaine. — Moulures en terre cuite, incrustées.	p. 75.	pl. XLVII bis.
	COLONNES...........	Cylindriques, souvent remplacées par des piliers carrés.	p. 73.	pl. LVI, n°. 1.
	ENTABLEMENT.... ...	Corniches avec ou sans frise, supportées par des modillons ciselés ou simplement taillés en biseau. . .	p. 74	pl. LVI, fig. 1.
	FENÊTRES...........	Cintrées, ordinairement sans colonnes à l'extérieur, ayant une archivolte en pierres symétriques quelquefois séparées les unes des autres par des briques.	*Ibid.*	pl. LVI, n°s. 1—2—3—4—5.
	PORTES	Même genre de construction que les fenêtres.	p. 75—76.	p. LIV, fig. 1.
	VOUTES.............	Cintrées en moëllon noyé dans le mortier.	p. 78.	

MONUMENTS RELIGIEUX. — XIe. siècle.

		Indication de la partie du Cours dans laquelle les caractères ont été décrits.	Figures de l'atlas qui présentent les formes caractéristiques des époques indiquées dans le tableau.
TOURS	Très-rares, carrées, percées de fenêtres sur les côtés, couvertes d'un toit pyramidal obtus	p.. 79.	
	Style roman secondaire.		
FORME DES EGLISES	La même que dans les siècles précédents, sauf les modifications suivantes ; chœur plus allongé; bas côtés quelquefois prolongés autour de l'abside ; chapelles disposées en cercle le long des bas côtés du chœur	p. 121—122.	pl. XLIII, fig. 10—11.
APPAREILS	A peu près semblables à ceux qui se rencontrent dans l'architecture romane primitive (petits appareils carrés, réticulés, en arête, etc., etc.)— Appareil moyen dont les pièces sont de grosseur inégale.— Appareils d'ornement avec ciment coloré	p. 125—133.	pl. XLVIII, fig. 8—9—10—11—12
ORNEMENTS	Variés représentant des étoiles, des zig-zags, des lozanges, des frètes, des torsades, des entrelacs, etc., etc	p. 127 et suiv.	pl. XLIX—L.
CONTREFORTS	Peu saillants, toujours en pierres taillées; quelquefois ornés de colonnes sur les côtés	p. 126.	pl. LXI, fig. 1.
COLONNES	De proportions très-variables, souvent disposées en faisceau sur les pilastres	p. 137.	pl. LVI, fig. 3—4.

MONUMENTS RELIGIEUX.	XIe. siècle.				
		CORNICHES	Plus ou moins saillantes, parfois ornées de moulures, portées sur des modillons présentant des têtes d'hommes, d'animaux, de monstres, et autres figures très-variées	p. 135—136.	pl. LVI, fig.
		FENÊTRES	De moyenne grandeur, ayant une archivolte tantôt tout unie tantôt ornée de moulures et supportée par des colonnettes; quelquefois géminées ou composées de deux cintres accolés.—Ouvertures circulaires d'un petit diamètre (roses)	p. 138—139.	pl. LVI, fig. 7—11—12.
		PORTES	Plus ou moins ornées, offrant souvent plusieurs voussures concentriques en retrait couvertes de zigzags, d'étoiles, de lozanges, de têtes plates etc. etc., et supportées par des colonnes	p. 140.	pl. LIV, fig. 3—4—5.
		VOUTES	Cintrées, en moëllon, souvent consolidées au moyen d'arceaux croisés	p. 146—147.	pl. LX, fig. 2.
		TOURS	Ordinairement carrées, percées de fenêtres et ornées d'arcades sur chaque face; terminées par des pyramides à quatre pans plus ou moins élancées ressemblant à des obélisques, ou par des toîts en ardoise; quelquefois octogones avec des toîts de même forme	p. 148—149.	pl. LVIII, fig. 1—2—3.

			Style roman tertiaire ou de transition.	Indication de la partie du Cours dans laquelle les caractères ont été décrits.	Figures de l'atlas qui présentent les formes caractéristiques des époques indiquées dans le tableau.
MONUMENTS RELIGIEUX.	XIIe. siècle.	FORME GÉNÉRALE......	La même qu'au XIe. siècle......................	p. 162.	
		APPAREILS............	De même espèce qu'au XIe. siècle ; — appareil moyen très fréquemment employé..........		
		ORNEMENTS...........	Semblables à ceux du siècle précédent, mais en général plus délicatement ciselés. — Emploi fréquent des entrelacs des rinceaux etc. — Élément nouveau introduit dans la décoration des édifices par la renaissance de la statuaire.....	p. 165—166.	
		COLONNES............	Parfois couvertes de moulures ; chapiteaux d'une élégance remarquable........................	p. 174.	
		CORNICHES............	Reposant tantôt sur de petites arcades circulaires ou trilobées que soutiennent des têtes grimaçantes; tantôt sur des modillons en demi relief ou sur des consoles en forme de dents de scie.........	p. 176.	pl. LVI, fig. 5-6-7-8.
		FENÊTRES............	Ornées comme au siècle précédent, et dans lesquelles l'ogive remplace quelquefois le plein cintre.....	p. 177.	pl. LVI, fig. 13.
		ROSES...............	Déjà d'un grand diamètre divisées par des méneaux dirigés du centre à la circonférence............	p. 177—178.	pl. LVI, fig. 15.
		PORTES..............	Voutées tantôt a plein cintre, tantôt en tiers point, ayant parfois leurs voussures ornées de petites figures en bas relief et leurs parois latérales garnies de statues de grande proportion..................	p. 179 et suiv.	pl. LII, fig. 2.

MONUMENTS RELIGIEUX		Voutes..............	Semicirculaires et souvent en ogive, construites de la même manière que celles du XIe........		
		Tours...............	Souvent de forme octogone et du reste semblables à celles du XIe................................	p. 178.	pl. LVIII, fig. 4.
	—	—	—	—	—
	XIIIe. siècle.		*Style ogival primitif.*		
		Forme générale.......	Un peu modifiée par le prolongement constant des collatéraux autour du chœur et par le développement des chapelles qui les garnissent.—Plus de cryptes sous les églises............................	p. 235 et suiv.	pl. XLIII, fig. 14
		Appareil............	Moyen dont les pièces ne sont point symétriques; —plus de petit appareil smillé ni d'appareil réticulé; plus de maçonnerie en arrête de poisson....................................	p. 237.	
		Ornements...........	Délicatement ciselés figurant des treffles, des quatre-feuilles, des violettes, des fleurons, des rosaces, des crochets, des pinacles, etc., etc.......... Moins de raideur et plus de mouvement dans les statues ; plus de zig-zags, d'étoiles, de frètes crenelées, de losanges, etc., etc. (On pourrait seulement en citer quelques exemples.)	p. 239 et suiv.	pl. LV, depuis le n°. 1 jusqu'au n°. 10.

MONUMENTS RELIGIEUX.

XIIIe. siècle.

	Style ogivál primitif.	Indication de la partie du Cours dans laquelle les caractères ont été décrits.	Figures de l'atlas qui présentent les formes caractéristiques des époques indiquées dans le tableau.
		—	—
CONTREFORTS	Carrés , plus ou moins saillants ; les uns accolés aux murs, les autres couronnés de clochetons ou de pyramides et servant de supports à des arcs boutants.....................................	p. 238—239.	pl. LXI , fig. 2.
COLONNES	Minces et allongées , souvent réunies en faisceaux, dont les futs sont quelquefois divisés en parties égales par des anneaux. — Chapiteaux garnis de feuillages roulés en volutes....................	p. 249—250.	pl. LVI, fig. 6.
CORNICHES	Ornées de feuilles entablées, et surmontées de rampes en pierre portées sur des arcades.—Plus ou presque plus de modillons à têtes grimaçantes.		pl. LV, fig. 18.
FENÊTRES	Etroites et allongées en ogives (lancettes), tantôt isolées , tantôt réunies deux à deux et encadrées dans une arcade d'un plus grand diamètre(lancettes géminées) quelquefois réunies trois à trois......	p. 248.	pl. LVI, fig. 11—12.
PORTES	En ogive surmontées d'un fronton triangulaire, souvent d'une grande magnificence, ayant leurs voussures presque constamment couvertes de petites figures en relief et leurs parois latérales garnies de colonnes et de statues........................	p. 251.	pl. LVI, fig. 16--17--18-19.
ARCADES.........	En ogive sauf un petit nombre d'exceptions.......	p. 254 et suiv.	pl. LIV, fig. 8.
VOUTES	D'une hardiesse admirable , en blocage , dont les arceaux viennent s'appuyer sur les massifs qui séparent les fenêtres...........................	p. 257.	pl. LX, fig. 3—4.

MONUMENTS RELIGIEUX.

	TOURS	Elevées, percées d'ouvertures en lancettes, sur les faces, et le plus souvent couronnées d'une pyramide à 8 pans.....................................	p. 260.	pl. LIX, fig. 2.
	—	—	—	—
XIVe. siècle.		*Style ogival secondaire.*		
	FORME GÉNÉRALE	Modifiée par l'addition d'un rang de chapelles le long des bas côtés de la nef et par l'allongement de la chapelle terminale dédiée à la sainte-Vierge...	p. 282.	pl. XLIII, fig. 13.
	ORNEMENTS	A peu près semblables à ceux du XIIIe. siècle, mais offrant plus de maigreur et un faire différent.....	p. 283 et suiv.	pl. LV, fig. 24—25—26—27.
	CORNICHES	Ornées de feuilles entablées, comme au XIIIe. siècle, et surmontées de rampes en pierre, dont les découpures représentent le plus souvent des quatre-feuilles encadrés.......................	p. 285.	pl. XVI, fig. 14—15—16—17.
	COLONNES	Groupées plus maigres qu'au XIIIe. siècle et se détachant moins bien des pilastres dont elles font partie.—Chapiteaux parfois ornés de feuilles de vigne.—Presque plus de colonnes annelées...	p. 288.	pl. LVI, fig. 7.
	FENÊTRES	Plus larges qu'au XIIe. siècle, divisées par plusieurs méneaux, avec plusieurs rosaces, treffles, ou quatre-feuilles, au sommet....................	p. 286—287.	pl. LVI, fig. 21 22.
	PORTES	Peu différentes de celles du XIIIe., quelquefois couronnées de frontons à jour, garnis de crochets...	p. 287.	

MONUMENTS RELIGIEUX.

			Indication de la partie du Cours dans laquelle les caractères ont été décrits.	Figures de l'atlas qui présentent les formes caractéristiques des époques indiquées dans le tableau.
XIVe. siècle.	ARCADES	Moins élancées qu'au XIIIe. siècle, dont les impostes et le sommet représentent a peu près les points d'un triangle équilatéral.	p. 287.	pl. LV, fig. 21.
	VOUTES.	Comme au XIIIe. siècle.		pl. , LX fig. 4.
	TOURS	Extrêmement légères, avec une rampe en pierre au-dessus de la corniche. La pyramide octogone du toît percée à jour sur les faces et couverte de crochets sur les angles ; quelques tours terminées par une plate-forme ou par une pyramide en charpente.	p. 288.	pl. LIX, fig. 3.
		Style ogival tertiaire.		
XVe. siècle.	FORME GÉNÉRALE	Comme au XIVe. siècle.	p. 291.	
	ORNEMENTS	Très-sensiblement modifiés par l'adoption des dessins contournés, des moulures prismatiques, des feuillages frisés, et par quelques autres innovations.	p. 292.	pl. LV, fig. 30-31-32-33-34-35-36-37.
	COLONNES	D'une maigreur extrême, très-souvent remplacées par de simples nervures. — Chapiteaux ornés de feuilles frisées formant deux bouquets superposés.	p. 295.	pl. LVI, colonnes n°s. 8—9.
	FENÊTRES	Divisées en compartiments qui offrent des dessins contournés. — Garnies extérieurement de feuilles frisées.	p. 297.	pl. LVI, fig. 24—25.

MONUMENTS RELIGIEUX,

XVe. siècle.	PORTES.	Ornées d'une grande quantité de moulures et couronnées de frontons en forme d'accolade; accompagnées de pilastres ornés de panneaux, surmontés de pinacles.	p. 296.	pl. LIV, fig. 9.
	VOUTES.	A peu près comme au XIVe, avec des arceaux prismatiques.	p. 298.	pl. LIX, fig. 4.
	TOURS	En général moins élevées, moins sveltes, mais beaucoup plus ornées qu'au XIVe. siècle.—Tours octogones terminées par une plate-forme.	*Ibid.*	
	CLOCHETONS	Souvent octogones sans ouvertures latérales, couronnés de pyramides hérissées de crochets.	p. 299.	
Fin du XVe. et XVIe. siècle.		*Quatrième style ogival.*		
	FORME GÉNÉRALE. . .	A peu près la même que dans les monuments de l'époque immédiatement antérieure.	p. 305.	
	ORNEMENTS.	Semblables, pour la plupart, à ceux du style précédent, mais avec plus d'élégance et de finesse.—Emploi fréquent des festons, des dentelles, des panneaux, des arabesques, etc., etc.	p. 306.	pl. LV, fig. 36—37—40.
	COLONNES.	Remplacées presque constamment par des nervures ou filets sans chapiteaux	p. 307.	
	CORNICHES.	Ornées d'arabesques, de rinceaux, de guirlandes, etc., etc., etc. Balustrades en pierre plus délicates qu'au XVe. siècle	p. 308.	pl. LVI, fig. 20—21—22.

MONUMENTS RELIGIEUX. *XV*e. et *XVI*e. siècle.			Indication de la partie du Cours dans laquelle les caractères ont été décrits.	Figures de l'atlas qui présentent les formes caractéristiques des époques indiquées dans le tableau
	Fenêtres............	Parfois obtuses; quelques-unes en forme d'accolade.	*Ibid.*	pl. LV, fig. 38.
	Portes............	Surchargées de festons, de pinacles, de dentelles, etc.	p. 309.	
	Voutes............	Avec des arceaux très-saillants et nombreux, fréquemment couverts de culs-de-lampe, d'écussons et de sculptures diverses	*Ibid.*	pl. LX, fig. 6.
	Tours........	En forme de pyramides tronquées, quelquefois hémisphériques	p. 310.	
		RENAISSANCE.		
		Abandon de l'ogive et adoption du plein ceintre, principalement pour les constructions civiles.— Architecture mélangée. — Retour complet à l'architecture classsique..	p. 413 et suiv.	

CHAPITRE XIII.

Application des principes de classification chronologique presentés dans les chapitres précédents. — Analyse des principales églises de Caen, et de 22 églises situées aux environs de cette ville. — Exposé d'un système de notation figurée pour indiquer l'âge relatif des monuments religieux et considérations sur le parti qu'on peut tirer du langage pasigraphique pour exprimer rapidement certaines idées générales. — Allocution finale et conclusion.

Pour peu que vous examiniez attentivement un certain nombre de monuments religieux, vous serez bientôt familiarisés avec les différents styles architectoniques qui ont régné durant le moyen âge. Afin d'applanir les premières difficultés que vous pourriez rencontrer dans cette étude, je vais faire avec vous l'application des principes que j'ai présentés, en analysant rapidement plusieurs églises de Caen, et quelques-unes de celles qui se trouvent aux environs de cette ville (1).

ÉGLISES DE CAEN.

Saint-Nicolas. Si l'on excepte la tour qui appartient en grande partie aux derniers temps de la période ogivale (peut-être au commencement du XVIe. siècle), l'église Saint-Nicolas, construite vers l'an 1083, présente le type de l'architecture romane secondaire, sans mélange d'ornements étrangers, et sans altérations modernes. Sa forme est celle d'une croix romaine. A l'extérieur, vous y verrez des fenêtres semi-circulaires, des modillons à figures chimériques, des contreforts plats, etc., etc.

A l'intérieur, vous y trouverez de belles arcades cintrées, à plusieurs retraits, portées sur des colonnes engagées, cantonnées en croix; toutes choses qui caractérisent les édifices du XIe. siècle. Le chœur est terminé par une abside semi-circulaire des deux côtés de laquelle s'arrêtent les bas côtés.

(1) Nous ne donnons ici qu'un extrait fort court de cette leçon d'application, dans laquelle M. de Caumont a présenté des détails assez étendus sur chaque monument.

L'ÉGLISE SAINT-ÉTIENNE, le plus vaste des monuments religieux de la ville de Caen, vous offrira, dans son ensemble, trois styles différents qui caractérisent bien évidemment trois époques.

La façade, les tours jusqu'à la corniche du toît, la nef et les transepts, appartiennent à la première construction, et datent du XIe. siècle.

Le portail est plus simple que ceux de beaucoup d'églises moins importantes du même temps; il se distingue par la gravité plutôt que par l'élégance du style.

Les tours forment, sans contredit, la partie la plus intéressante de la façade; il y en a peu du XIe. siècle qui soient aussi bien traitées.

Dans la nef, vous verrez une heureuse disposition des lignes, une savante combinaison des vides et des masses; les proportions du vaisseau sont vastes, les voûtes ont de l'élévation (1).

De larges galeries règnent sur toute l'étendue des bas côtés, à droite et à gauche, comme dans certaines basi ques romaines; elles pouvaient contenir une grande quantité de specta-

(1) De Jolimont, description des monuments de Caen.

teurs dans les cérémonies publiques. Vous remarquerez que les rampes en pierre de ces tribunes, découpées en quatre feuilles, n'appartiennent point au XIe. siècle ; il en est de même des voûtes en ogive des bas côtés, dont les arceaux prismatiques annoncent le XVe. siècle.

La grande chapelle, accolée au collatéral du nord, paraît de la même époque, et vous devez vous rappeler qu'avant la fin du XIIIe. siècle on ne garnissait guères de chapelles les bas côtés des nefs.

En parlant de la cathédrale de Coutances, j'ai dit que le chœur de l'église St.-Etienne doit être de la fin du XIIe. siècle ou du commencement du XIIIe. (V. page 219). Tous les caractères architectoniques de cette partie de l'église annoncent, en effet, les premiers temps du style ogival ; à l'intérieur, les archivoltes de plusieurs arcades sont encore ornées de zig-zags ; les fenêtres sont toutes étroites, en forme de lancettes ; des arcades à plein cintre encadrent les lancettes géminées des galeries (pl. LVII. fig. 2) ; enfin les colonnes des chapelles du pourtour ont leurs fûts ornés d'anneaux.

Les caractères du plus ancien style ogival se

montrent plus visiblement encore à l'extérieur de l'abside, dans les cintres entrelacés, sculptés sur les murs des collatéraux, dans la nature des ornements, dans la simplicité des fenêtres et dans celle des roses dont les compartiments ressemblent aux rayons d'une roue.

Les murs du grand comble sont soutenus par des arcs-boutants, mais rares, simples, sans ornements; plusieurs des pilliers sur lesquels se termine la retombée des arcs ne sont point surmontés de clochetons (pl. LXI, fig. 2); ceux-ci n'existent qu'au-dessus des contreforts qui correspondent au point où commence la courbure de l'abside, et ils se terminent par des pyramides à quatre pans.

J'insiste sur ces particularités, Messieurs, parce qu'il existe une opinion contraire à la mienne sur l'origine du chœur de St.-Etienne; M. l'abbé De La Rue rapporte, dans son histoire de Caen, que le chœur fut élevé dans l'intervalle de 1316 à 1344, par l'abbé Simon de Trévières.

Malgré tout le respect que je porte aux opinions du savant que je viens de citer, je ne saurais regarder avec lui le chœur de St.-Etienne comme un ouvrage du XIVe. siècle. Sans doute M. De La Rue a relaté cette date d'après des documents qui lui ont paru authentiques, mais tout porte à croire qu'il aura été induit en erreur, et que si l'abbé de Trévières fit quelques travaux au chœur de St.-Etienne, ce ne furent que des retouches ou des restaurations. En cela, Messieurs, je me trouve d'accord avec MM. Pugin, Britton, de Jolimont, Lambert, et avec tous les antiquaires qui ont visité le monument dont nous nous occupons.

« Il est impossible, dit M. de Jolimont, dans sa description des monuments de Caen, de faire concorder le style du chœur de l'église Saint-Etienne avec la date qui lui est assignée par M. l'abbé De La Rue; cette partie de l'église est bien antérieure, et il suffit, pour s'en convaincre, d'en comparer la structure avec celle de tant d'autres monuments élevés dans le XIVe. siècle. Ici l'art prend évidemment un nouvel essor, mais avec timidité, et l'on y reconnaît une certaine composition mixte qui caractérise assurément la transition d'une époque à l'autre, tandis que dans les édifices du XIVe. siècle, le genre est parvenu à son apogée, et l'artiste ne met plus de bornes à la fécondité de son imagination, à la hardiesse de l'exécution. »

« Nous croyons donc devoir affirmer, continue M. de Jolimont, que le chevet de l'église Saint-Etienne est tout au plus du commencement du XIIIe. siècle, et l'on pourrait croire qu'il serait même antérieur ; car il ne serait pas impossible, nonobstant tous dires contraires, et sans avoir recours à une reconstruction, que cette église n'eût point été terminée entièrement à l'époque que l'on croit, mais quelque temps après, lorsqu'un nouveau goût commençait à s'introduire dans l'art : ce qui n'empêcherait pas que de 1316 à 1344, un abbé de Trévières n'eût fait quelques embellissements au chœur et aux chapelles de cette église. Si l'on n'a pas de preuves écrites qui justifient cette opinion, aucunes, du moins, ne la détruisent directement, et l'âge d'un monument est souvent mieux écrit dans la disposition des pierres que dans les relations de tant d'historiens infidèles. »

Je partage entièrement, Messieurs, l'opinion de M. de Jolimont, et je suis convaincu comme lui que le chœur de l'église Saint-Etienne n'est point postérieur au XIIIe. siècle.

Les pyramides octogones, qui couronnent les deux tours de l'Ouest, me paraissent à peu près du même temps.

En 1562 la tour centrale fut ruinée par les

protestants : la partie supérieure de cette tour est postérieure à cette époque.

Les balustrades, qui surmontent les murs latéraux de la nef, sont aussi d'une date assez récente.

L'ÉGLISE NOTRE-DAME de la rue Froide offre la réunion de plusieurs styles dans ses deux absides accolées, sa tour, son portail, etc., etc.

L'abside Saint-Eustache, dans le goût de la renaissance, n'est probablement pas antérieure à 1520.

L'autre abside, avec ses fenêtres festonnées, chargées d'élégantes ciselures, ne peut remonter au-delà de la seconde moitié du XVe. siècle, si même elle n'appartient aux premières années du XVIe. J'assignerais la même date aux fenêtres et aux sculptures de la muraille latérale qui masque la tour, en se prolongeant parallèlement à la rue Froide, ainsi qu'au portail ouvert à l'extrémité de cette muraille.

La tour pourrait être du XIVe. siècle; elle offre beaucoup de rapports avec celle de Saint-Pierre, dont je parlerai tout à l'heure, mais elle est moins élégante et moins élevée (1).

(1) Nous n'avons point encore de renseignements historiques sur la construction de l'église Notre-Dame ; mais il est évident que les parties les plus anciennes, telles que la tour et peut-être

L'ÉGLISE SAINT-PIERRE est de plusieurs siècles et peu régulière dans son ensemble, mais elle offre des parties très-remarquables.

La tour, chef-d'œuvre de hardiesse et d'élégance, mérite surtout l'attention; je n'en connais point dont les proportions soient plus gracieuses; elle fut élevée en 1308.

La tour, proprement dite, est surmontée d'un trottoir garni d'une balustrade en pierre, et de huit clochetons à jour, délicatement travaillés. La pyramide terminale, construite en pierres de 6 à 7 pouces d'épaisseur, liées les unes aux autres au moyen de crampons en fer, est percée, sur les faces de l'octogone, par 48 ouvertures en forme de rosaces, et garnie de crochets sur les angles; elle est d'une telle solidité, que les intempéries des saisons n'y ont point encore produit d'altération sensible.

La nef et le chœur, en partie du même siècle que la tour, ont été retouchés dans la suite, à l'intérieur et à l'extérieur.

La façade occidentale avait été terminée peu de temps avant 1384 (1), mais elle a subi

quelques murs, peuvent tout au plus remonter au XIVe. siècle; le reste appartient au XVe. et au XVIe.

(1) Essais historiques sur la ville de Caen, par M. l'abbé De La Rue.

des altérations depuis, et la partie supérieure, seulement, pourrait remonter à l'époque indiquée. Les bords du fronton découpé à jour, qui couronne le portail, sont garnis de feuilles contournées formant des crochets, qui ressemblent beaucoup à celles du XVe. siècle; cette circonstance ne devra point vous étonner, puisque les détails dont je parle ne datent que de la fin du XIVe., en admettant qu'ils n'ont point été faits postérieurement (1). D'ailleurs j'ai eu soin de vous avertir (page 291) qu'une partie des caractères du XVe. siècle se rencontrent parfois dès le XIVe., et la tour de Saint-Pierre, elle-même, plus ancienne que la façade occidentale, puisqu'elle fut construite en 1308, offre déjà des feuilles contournées au-dessus des fenêtres.

Durant la première moitié du XVe. siècle, on travaillait aux collatéraux (2). Les guirlandes de feuilles frisées qui entourent les fe-

(1) Je ne serais nullement surpris que plusieurs parties de la façade occidentale de l'église St.-Pierre eussent été retouchées dans le XVe. siècle, lorsqu'on raccorda la nef avec les bas côtés.

(2) Le collatéral placé au sud, le long de la place St.-Pierre fut construit quelque temps avant l'autre; on y travaillait en 1410. *Voyez les Origines de Caen* par Huet, *les Essais historiques* de M. l'abbé De La Rue, etc., etc.

nêtres, à l'extérieur, les contreforts couronnés d'aiguilles hérissées de crochets, les nervures prismatiques des voûtes, les colonnes dont les fûts très-maigres ne sont point cylindriques, et dont les chapiteaux, presque sans épanouissement au sommet, sont garnis de feuilles déchiquetées, caractérisent parfaitement cette époque.

Le portail du nord est plus moderne et remonte tout au plus à la fin du XVe. siècle. La date que j'indique est écrite, pour ainsi dire, dans toutes les moulures qui décorent cette entrée latérale, tant à l'intérieur qu'à l'extérieur, aussi bien que dans le fronton garni de dentelures trilobées qui la couronne à l'extérieur, et au centre duquel se dessine une arcade semi-circulaire.

J'ignore la date précise du porche par lequel on entre du côté de la place, mais, à coup sûr, il est postérieur à la tour sur laquelle il s'applique, et dont il masque la base; il avait été décoré de statues en 1608; des réparations modernes l'ont complètement altéré.

Le chevet, commencé en 1521, par Hector Sohier, architecte né à Caen, est, à juste titre, regardé comme un chef-d'œuvre d'élégance et de délicatesse, comme un des morceaux les plus curieux qui aient signalé dans nos contrées l'époque dite de la Renaissance (1). Vous aurez surtout à observer dans cette partie de l'église la variété et la multiplicité des décorations, et l'étonnante construction des voûtes chargées de nervures et de pendentifs.

Les voûtes du chœur, ouvrage du même architecte, sont également remarquables par le nombre et la grande saillie des arceaux ornés de pendentifs.

Vous voyez que la construction de l'église Saint-Pierre fut souvent interrompue, et que, dans chaque siècle, on ajoutait un peu à ce qui existait déjà; on procédait assez ordinairement de cette manière au moyen âge; on commençait de vastes édifices sans s'embarrasser de l'époque à laquelle ils pourraient être terminés. Ainsi l'on élevait d'abord le chœur ou la nef, que l'on consacrait, et où l'on célébrait l'office divin; le reste n'était souvent achevé qu'un siècle plus tard, et c'est ce qui fait qu'on trouve rarement une homogénéité parfaite dans le style des monuments religieux un peu vastes.

(1) L'extrémité du chœur de St.-Pierre avait été provisoirement close par un mur droit percé d'un immense vitrail

Quoi qu'il en soit, Messieurs, l'analyse de l'église Saint-Pierre peut être résumée de la manière suivante :

Tour, de la 1re. moitié du XIVe.

Nef et chœur, en partie du même siècle, retouchés au XVe. et au XVIe.;

Façade occidentale, en partie de la fin du XIVe. siècle, retouchée postérieurement;

Collatéraux, du XVe.;

Portail septentrional (bouché), de la fin de ce dernier siècle;

Voûtes du chœur, chevet et chapelle terminale, du XVIe. siècle.

EGLISES DU CHATEAU. Dans l'enceinte du Château, vous pourrez remarquer une église des derniers temps de la période ogivale, et plus loin un édifice dans le style roman (l'église Saint-Georges), que M. De La Rue regarde comme le plus ancien monument de la ville de Caen.

qui fut fracassé par le vent en 1519. Ce fut alors qu'on s'occupa sérieusement de terminer l'édifice. On avait déja obtenu de Louis XI, venu à Caen en 1473, l'autorisation d'empiéter, à cet effet, sur les murs de la ville et sur le lit de la rivière; il paraît même, d'après Huet, que le rond point était déja fondé en partie, lorsque Louis XI vint à Caen. Sohier reprit l'ouvrage et continua les fondations jusque dans le lit de l'Orne, où il fallut établir des pilotis. *Voyez les Origines de Caen* par HUET, p. 195.

SAINT-GILLES. Le chœur de l'église Saint-Gilles est du XVe. siècle.

La nef présente dans son ensemble les caractères du premier style ogival, quoique les arcades qui établissent une communication avec les collatéraux soient encore à plein cintre ; mais il est facile de voir que les voûtes, quelques parties des bas côtés, notamment les fenêtres, les contreforts surmontés de pinacles, qui, à l'extérieur, supportent les arcs-boutants, et les rampes en pierres qui couronnent les murs des collatéraux, sont du commencement du XVIe. siècle ou tout au plus de la fin du XVe. Le style de la porte latérale que vous remarquerez au Sud annonce aussi le XVIe. siècle. On en a fait beaucoup de semblables de 1510 à 1540 (1).

SAINTE-TRINITÉ. L'église de l'abbaye de Sainte-Trinité fut élevée dans la seconde moitié du XIe. siècle, à peu près en même temps que celle de Saint-Etienne (V. la page 221); la façade occidentale (pl. LII, fig. 2); les murs latéraux de la nef, surmontés d'un entablement à modillons variés et percés de fenêtres accom-

(1) Le portail de l'Ouest et une partie du collatéral septentrional sont d'une date bien plus récente et bien connue.

pagnées de petites arcades bouchées, sont, avec l'abside ou chevet, les parties qui méritent le plus d'attention à l'extérieur.

Le couronnement des tours de l'ouest (1) et le portail qui masque le transept méridional ne remontent pas au-delà du XVIIIe. siècle.

La tour centrale paraît du commencement du XIIIe., à l'exception, toutefois, de la balustrade en pierre qui règne à la base du toît, et qui doit avoir été faite au commencement du XVIe. siècle ou à la fin du XVe., aussi bien que celle qui surmonte l'entablement de l'abside.

A l'intérieur, la nef offre une certaine magnificence; vous trouverez cependant des proportions plus heureuses dans beaucoup d'églises du XIe. siècle. Les fenêtres, avec leurs colonnes très-courtes, écrasent les cintres d'ailleurs trop petits de la galerie obscure qui forme l'étage central des travées.

(1) Outre les couronnements ornés de consoles et de balustrades, qui terminent les deux tours occidentales de l'église Ste.-Trinité, la plus grande partie de la face septentrionale de la tour du nord a été reconstruite au XVIIIe. siècle. D'autres réparations très importantes et toutes récentes, font honneur au goût et au talent de M. Guy, membre de la société des antiquaires de Normandie. Grâces à cet habile architecte, la façade de l'église Ste.-Trinité pourra subsister encore pendant bien des siècles.

Le sanctuaire est décoré, à son extrémité, d'un perystile semi-circulaire à double étage, dont les colonnes portent des chapiteaux couverts d'ornements bizarres et de figures dont plusieurs paraissent symboliques (1). Ces chapiteaux, fort bien conservés, ont été figurés dans plusieurs ouvrages (2).

La crypte placée sous le chœur est conforme à la plupart de celles qui existent dans les

(1) M. de Jolimont pense que les deux chimères ailées placées face à face et en contact immédiat, que l'on voit sur un des chapiteaux dont nous parlons offrent l'emblême de la théorie fondamentale du manichéisme et figurent les deux principes du bien et du mal qui, selon ce dogme, régissent le monde. Ces monstres ont une forme partie humaine, partie animale ; l'un, à gauche, a les ailes élevées ; c'est d'après M. de Jolimont, le génie du mal, qui est dans une perpétuelle activité. L'autre, dont les ailes sont en repos représente le génie du bien qui, dans une attitude plus calme avec moins d'efforts, oppose à son rival une résistence non moins puissante.

Ce sujet est reproduit, ainsi que plusieurs autres dans lesquels on pourrait aussi trouver un sens caché, sur plusieurs chapiteaux du XIe. siècle. M. de Jolimont fait observer que l'on ne doit point s'étonner de rencontrer un semblable tableau dans les églises catholiques, en considérant que le système des deux principes qui est de la plus haute antiquité, fut admis modifié diversement dans presque toutes les religions, chez presque toutes les nations, et que le christianisme même n'a pu s'en affranchir entièrement.

(2) Dans les antiquités architecturales de Normandie par M. Cotmann ; dans la traduction du voyage de Ducarel en Normandie, publiée par M. d'Anisy ; dans la description des monuments de Caen, par M. de Jolimont.

églises du même siècle ; la voûte est soutenue sur trente-quatre colonnes cylindriques, dont seize seulement sont isolées ; celles des pourtours, en partie engagées dans les murs, sont élevées sur un stylobate.

SAINT-JEAN. Lors du siège de Caen par les Anglais, en 1417, l'église Saint-Jean fut gravement endommagée (1), et Henri VI accorda, en 1428, une somme de 100 livres pour aider à réparer le dommage. On fit alors à l'édifice tant de retouches, de réparations et d'additions, que toutes les sculptures qui existent aujourd'hui annoncent une époque postérieure au XIVe. siècle.

En mettant de côté les retouches et les ornements qui appartiennent au XVe. siècle, la nef pourrait en partie être rapportée au XIVe., aussi bien que les étages inférieurs de la tour du portail ; il est certain que la partie supérieure de cette tour est d'une date moins ancienne ; car, en 1434, une rente fut donnée à l'église, pour aider à continuer l'ouvrage (2).

Il est probable qu'on travailla pendant long-

(1) Essais historiques sur la ville de Caen, par M. l'abbé De La Rue.

(2) Huet, Origines de Caen, page 199.

temps aux restaurations ou reconstructions devenues nécessaires après le désastre de 1417; le chœur paraît tout entier du XVe. siècle, et une partie de la croisée est postérieure à l'an 1464 (1).

La tour centrale, dans le style de la renaissance, date évidemment du XVIe. siècle. M. de Bras rapporte d'ailleurs, dans son Histoire de Caen, *qu'elle avait été commencée de son temps* (2).

Ainsi, dans son état actuel, l'église Saint-Jean peut fournir un bon exemple du style ogival de la 3e. et de la 4e. époque; ce style est écrit dans les compartiments contournés des fenêtres garnies à l'extérieur de feuillages frisés que supportent des animaux de différents genres, dans des postures forcées et bizarres (3); dans les colonnettes à fûts ovales, équarris du côté le plus apparent; dans les chapiteaux de ces colonnes, couverts de feuilles déchiquetées; dans la forme des balustrades; enfin

(1) En 1464, Corneille Alardin vendit au trésor de Saint-Jean une maison, cour et jardin, pour la perfection de la croisée que l'on fit à ladite église (*Huet, Origines de Caen, p.* 200).

(2) M. de Bras était né en 1504, mais la tour dont nous parlons fut commencée postérieurement à cette époque.

(3) Les guirlandes de feuillages qui entourent les fenêtres du

dans les nervures prismatiques qui décèlent de tous côtés, jusques dans les moindres détails, le ciseau des artistes du XVe. siècle ou du commencement du XVIe.

ÉGLISES RURALES.

Après avoir examiné les églises de Caen, vous en trouverez dans les campagnes environnantes qui méritent d'être visitées; parmi les excursions que vous pouvez entreprendre, je vous recommande spécialement deux tournées dont j'ai tracé l'itinéraire sur une petite carte monumentale que voici et que j'ai dressée pour votre usage (pl. LXI *bis*) (1).

Première excursion. Dans l'une de ces promenades, vous verrez douze églises, celles de Cambes, Mathieu, Douvres, Luc, Langrune, Bernières, Bény, Fontaine-Henry, Thaon, Cairon, Rosel et Saint-Contest.

L'ÉGLISE DE CAMBES est romane, en partie; elle n'offre de remarquable que ses murs dont les

XVe. siècles, sont très-fréquemment supportées par des animaux bizarres placés en encorbellement et faisant l'office de cariatides.

(1) Chacune de ces courses peut facilement être faite dans un jour.

pierres sont disposées en *arête de poisson*, et une porte cintrée sur le tympan de laquelle on voit un bas-relief grossièrement sculpté; la tour n'est pas antérieure au XVe. siècle, peut-être même n'est-elle que du XVIe.

L'ÉGLISE DE MATHIEU présente plus d'intérêt; elle appartient également au style roman, les corbeaux très-saillants et variés de la corniche méritent surtout l'attention; les murs sont en arête, mais plus soignés que ceux de Cambes.

DOUVRES vous offrira de bons morceaux d'étude dans sa nef romane et sa belle tour de transition; le chœur beaucoup moins curieux paraît du XVe. siècle ou au plus du XIVe.

DANS LA CHAPELLE DE LA DÉLIVRANDE, vous n'aurez à voir que quelques parties de murs des XIIe. et XIIIe. siècles; mais A L'ÉGLISE DE LUC, vous trouverez une façade que je crois des derniers temps du plein cintre (style roman tertiaire), surtout en considérant que la tour voisine est percée de fenêtres ogives, ornées de têtes plates telles qu'on en faisait au XIIe. siècle.

L'ÉGLISE DE LANGRUNE, dont les fenêtres en lancettes et la corniche en dents de scie annoncent le XIIIe. siècle, est surmontée d'une tour dont la pyramide percée à jour n'est probablement pas antérieure au XIVe.

A BERNIÈRES, vous verrez une vaste église, dont la nef, à plein cintre, paraît de deux époques; la tour est une des plus belles du département, je la crois du XIVe. siècle. Il est difficile de se prononcer sur l'âge du chœur, car il offre bien peu de détails caractéristiques : il paraît appartenir au 2e. ou au 3e. style ogival.

L'ÉGLISE DE BÉNY est romane, le chœur et la tour, surtout, sont à examiner.

A FONTAINE-HENRY, vous observerez, outre le chœur de l'église qui offre des arcades bouchées très-élégantes et une belle porte romane figurée dans le grand ouvrage de M. Cotmann, un magnifique château de la renaissance (1), et près de ce château une chapelle dont les fenêtres sont en lancettes.

L'ÉGLISE DE THAON appartient au roman le plus orné, et je ne pense pas qu'on puisse la faire remonter au-delà du XIIe. siècle, ou de la fin du XIe.; les arcades bouchées qui décorent tout le pourtour de l'édifice lui donnent un air de magnificence, qui l'ont fait remarquer des antiquaires anglais; aussi est-elle gravée dans

(1) Ce château appartient à M. le marquis de Canisy qui en sent tout le prix et se fait un plaisir de le montrer aux étrangers. Jai donné une description de ce château dans la cinquième partie du cours.

l'ouvrage de M. Cotmann, et dans celui de M. Pugin (1). De grandes arcades bouchées dans les murs latéraux de la nef prouvent qu'il y avait des bas côtés qui auront été supprimés comme dans beaucoup d'autres églises que je pourrais citer, faute de ressources suffisantes pour les réparations et par motif d'économie.

A CAIRON, vous trouverez une tour moderne, une nef mi-partie d'architecture moderne et d'architecture de transition et un chœur de cette dernière époque.

L'ÉGLISE DE ROSEL est en grande partie moderne, mais la tour est romane.

SAINT-CONTEST offre une nef percée de fenêtres en lancettes, et qui peut être du XIIIe. siècle; rien ne s'oppose cependant à ce qu'on la rapporte au XIVe.; car dans les églises de campagne, qui n'ont qu'une élévation médiocre, on a fait pendant fort long-temps des fenêtres lancéolées; la porte de l'Ouest semble d'ailleurs annoncer cette époque. La forme de l'ogive commence à se dessiner dans les fenêtres du chœur qui, ainsi que la tour, appartient au style roman.

Seconde excursion. Dans la seconde excursion vous aurez à examiner dix églises très-curieuses, ce sont d'abord:

(1) Architectural antiquities of Normandy.

L'ÉGLISE D'AUTHIE, dont la nef est romane, et le chœur de transition ;

CELLE DE ROST, dont le portail et la nef offrent un exemple assez remarquable du style de transition, tandis que les transepts appartiennent au premier, et quelques chapelles au quatrième style ogival ;

CELLE DE SÉQUEVILLE, dont j'ai figuré la belle nef et la tour romane, dans le IVe. volume de la société des Antiquaires de Normandie ;

PUIS CELLE DE BRETTEVILLE - L'ORGUEILLEUSE, dont le chœur appartient au premier style ogival, et dont la tour (partie supérieure) paraît du XIVe. siècle.

Au sud de Bretteville, vous trouverez la belle église de NOREY ; le chœur de ce monument est d'une grande élégance, et composé de trois ordres ; cest un des plus beaux modèles que je connaisse dans le Calvados, du style du XIIIe. siècle ; les sculptures en ont toutes été traitées avec beaucoup d'habileté. La nef paraît un peu plus ancienne que le chœur, vous y remarquerez, dans le mur septentrional une ogive ornée de têtes plates ; il est possible que la tour soit moins ancienne que le chœur ; une partie de la pyramide qui la surmontait a été ruinée.

Le bourg de Cheux vous offrira une grande église qui a été dessinée et gravée par M. Cotmann: le chœur appartient au style roman ; vous aurez à remarquer l'abside ornée, à l'extérieur, d'arcades bouchées, et à l'intérieur, de colonnes couvertes de canelures conduites en zig-zag. La nef est de transition ; deux grandes chapelles, accolées au chœur vers le XVe. siècle, produisent le plus mauvais effet.

A partir de Cheux, vous passerez par l'église de SAINT-MANVIEUX qui se compose d'un chœur du premier style ogival et d'une nef romane, le tout renfermant des parties modernes ;

Par celle de MOUEN, qui offre de jolis détails d'architecture romane :

Puis vous arriverez à FONTAINE-ÉTOUPEFOUR sur la rive droite de l'Odon.

Cette église n'a de remarquable que sa façade occidentale dans laquelle on voit une porte romane légèrement aiguë, ornée de têtes plates, ayant de chaque côté des ogives romanes bouchées, disposition qui se trouve à Airan, et dans beaucoup d'églises de transition. Cette porte pourrait être de la fin du XIIe. siècle, car le style de transition s'est conservé dans les campagnes jusques dans le XIIIe., et quelquefois il faut apporter des tempéraments aux règles générales pour les rendre applicables à certaines localités.

Au reste, ce que je dis ici par forme de précepte ne doit rien faire préjuger sur la date du portail de Fontaine-Étoupefour qui ne m'est point connue.

Vous terminerez votre tournée en visitant l'ÉGLISE DE VERSON ; elle appartient en partie au premier style ogival, et les deux lancettes surmontées d'une rose qui occupent la façade de l'Ouest, annoncent le commencement du XIIIe. siècle. Le chœur paraîtrait un peu plus ancien. La belle tour en forme de lanterne, assise sur les transepts, est probablement de la seconde motié du XVe. siècle; j'attribuerais à peu près à cette époque une chapelle accolée au chœur, du côté du Nord.

Je voudrais pouvoir vous offrir l'analyse de toutes les églises anciennes du pays que nous habitons ; mais un pareil exposé demanderait trop de temps. L'ouvrage que je compte prochainement publier, sur la *statistique monumentale du Calvados*, présentera d'ailleurs cette description (1).

(1) Ma statistique monumentale du Calvados formera un volume in 8°. de plus de 500 pages.

On peut, dès ce moment, consulter les détails intéressants que M. Galeron a donnés, dans son excellente statistique, sur

Dans les diverses excursions que j'ai entreprises, tant pour décrire et classer les monuments de ce département, que pour étudier l'architecture des autres parties de la France occidentale, j'ai adopté un système de notation figurative pour exprimer l'âge relatif et les différents styles des édifices religieux.

Je crois devoir vous soumettre les principes de cette *pasigraphie monumentale*, persuadé que plusieurs d'entre vous pourront en faire usage. Une méthode figurative permet de formuler rapidement et avec clarté certaines idées générales que l'écriture ordinaire ne pourrait exprimer qu'avec un long assemblage de mots, et cette concision du langage pasigraphique n'est point à dédaigner pour ceux qui se livreront, comme je l'ai fait, à des observations comparées, et qui voudront ramener à des faits généraux le résultat de leur examen.

Voici donc en quoi consiste mon système de notation :

les églises qui se rencontrent dans l'arrondissement de Falaise. M. Galeron a suivi nos principes de classification, et nous croyons qu'il a donné des aperçus très-justes sur l'âge relatif des monuments de son arrondissement.

Je prends le rond pour signe représentatif du style roman (pl. LXI *bis*, fig. 1);

Pour signe de l'architecture à ogives, le triangle (même pl., fig. 2);

Et pour signe de l'architecture moderne, deux barres horisontales (fig. 4);

Le cercle entrelacé avec le triangle exprime le mélange des cintres et des ogives, ou l'époque de la transition du XIIe. siècle (fig. 3).

Il est rare que les deux parties principales des églises (le chœur et la nef) aient été construites en même temps, j'emploie donc deux figures pour indiquer chaque église, et comme dans toutes, sauf bien peu d'exceptions, le chœur est tourné vers l'Est; l'orientation des deux signes suffit pour indiquer laquelle des deux parties de l'église ils représentent.

Dans les édifices religieux, les tours sont en quelque sorte des parties accessoires; je les désigne par une figure particulière, surmontée d'une croix. Du reste, rien de plus facile que d'indiquer quelle place elles occupent (1).

(1) Je parle ici dans la supposition que les églises n'ont qu'une tour; lorsqu'elles en ont plusieurs, il devient difficile d'exprimer sans confusion la place qu'elles occupent.

La tour est-elle centrale? je pose le signe qui la représente sur une ligne horisontale, entre les signes de la nef et du chœur (fig. 5).

Est-elle latérale au Sud? je la place entre les deux signes précédents que je lui fais masquer en partie (fig. 6).

Si elle est du côté du Nord, elle devra, au contraire, être masquée par les signes représentant le chœur et la nef (fig. 7).

Lorsqu'une tour est établie au-dessus de la façade occidentale, le signe qui la représente est superposé à celui de la nef (fig. 8); mais lorsqu'elle se trouve en saillie sur cette façade, le signe est posé à l'Ouest de celui qui représente la nef (fig. 9).

Il arrive souvent que les tours se trouvent au Sud-Ouest ou au Nord-Ouest, à côté de la façade; dans le premier cas, je place le signe de manière à ce qu'il masque en partie la nef (fig. 10); dans le second, de manière à ce qu'il soit masqué par elle (fig. 11) (1).

Avec les trois signes que j'ai adoptés (*le rond*, *le triangle*, *les barres horisontales*)

(1) Ces diverses combinaisons que j'ai exprimées avec les signes caractéristiques de l'architecture à plein cintre (depuis le nº. 5, jusqu'au nº. 11), peuvent s'exprimer de même avec des triangles caractéristiques de l'architecture ogivale.

j'exprime la plupart des mélanges de style qu'on remarque habituellement dans les monuments; quelques exemples pourront vous en convaincre.

Je suppose qu'une église ait une nef romane, le long de laquelle on ait ajouté une chapelle au XIIIe. siècle; que cette église ait un chœur du XIVe., muni d'une chapelle latérale du XVe., et qu'une tour moderne soit établie entre le chœur et la nef. *Je tracerai pour la nef un cercle sous lequel un triangle numéroté 1 représentera la chapelle du XIIIe. siècle; un autre triangle numéroté 2 figurera le chœur du XIVe. à l'Est de la nef, et un petit triangle numéroté 3, dont la pointe supérieure sera masquée, représentera la chapelle du XVe., placée au Nord; deux barres horisontales, superposées aux signes précédents, représenteront la tour moderne* (fig. 12).

Une église qui aurait une nef du XIIIe., dans les murs de laquelle on aurait conservé quelques parties plus anciennes, dont le chœur du XIe. aurait été réparé à une époque récente, et dont la tour serait du XVe., s'exprimerait *par un triangle au centre duquel serait inscrit un petit cercle, et par un cer-*

cle dans lequel des barres horisontales exprimeraient les reconstructions modernes. Un triangle superposé aux deux figures précédentes et numéroté 3, *indiquerait l'âge et la position de la tour* (fig. 13).

Si j'avais, au contraire, à noter une nef romane, surmontée d'une tour moderne, dans laquelle des fenêtres eussent été percées au XVe., comme cela se voit assez souvent, et un chœur de transition, *je tracerais un cercle renfermant un petit triangle numéroté* 3, *et suivi d'un autre cercle enchaîné avec un triangle; deux barres horisontales superposées au signe de la nef indiqueraient la tour moderne* (fig. 14).

Enfin, pour dernier exemple, si une église moderne, dans son ensemble, avait conservé, dans les murs de la nef, quelques détails du XIe. siècle, que le chœur fût en partie du XIVe., et la tour latérale, au Sud, des derniers temps de la période ogivale, je mnémoniserais cette église de la manière suivante:

Au milieu des lignes horisontales caractéristiques de l'architecture moderne, j'inscrirais un petit cercle dans la partie qui représente la nef, et dans celle qui représente le chœur je tracerais un triangle numéroté

2. *La tour, placée de manière à masquer le centre de l'église, porterait le numéro* 4. (fig. 15).

En vous pénétrant de la valeur de mes signes conventionnels, vous verrez sur la petite carte monumentale que j'ai dressée pour vous (pl. LXI *bis*), à quels styles appartiennent soixante-dix églises des environs de la ville de Caen.

Ainsi vous reconnaîtrez que l'église de Merville se compose d'une nef mi-partie d'architecture romane et d'architecture moderne, et d'un chœur appartenant aux derniers temps du règne de l'ogive;

Que celle de Bréville présente un chœur du même style que le précédent, avec une nef moderne;

Que l'église de Colombelles est romane dans son ensemble, mais avec des reprises modernes;

Qu'à Mondeville la nef est en grande partie du XIVe. siècle, la tour centrale du même temps, et le chœur du XIIe.

Cette méthode figurative de notation sera simplifiée et perfectionnée par la suite; dans son état actuel, elle me paraît offrir quelques avantages: elle m'a permis d'exprimer sur la carte monumentale du Calvados que j'ai dressée, et qui doit prochainement paraître, l'ancienneté relative de toutes les églises de ce département.

Allocution finale. En terminant ce qui a rapport aux monuments religieux, permettez-moi de réclamer pour eux votre protection. Aujourd'hui, dans toutes les parties de la France, le spectacle de la destruction vient affliger l'ami des arts; les édifices les plus respectables tombent de tous côtés sous le marteau des spéculateurs, et, sous ce rapport, jamais siècle ne fut plus barbare que le nôtre. On voudrait que les monuments eussent une utilité physique, et l'on ne songe pas qu'ils forment une partie de la gloire nationale.

On renverse impitoyablement tout ce qui peut rendre la patrie grande et intéressante! Nous faisons chez nous ce que les Vandales ne faisaient que chez leurs ennemis!

Chacun de nous, Messieurs, peut s'opposer aux dégradations par la voie de la persuasion; chacun de nous peut signaler les édifices remarquables, les faire connaître par tous les moyens possibles, afin qu'une voix unanime s'élève contre le barbare qui voudrait y porter atteinte.

Employons donc toute notre influence pour neutraliser les efforts des modernes Vandales. Nous aurons bien mérité du monde civilisé, auquel il importe que les chefs-d'œuvre ne soient point mutilés ou détruits; en même temps nous aurons bien mérité de la patrie; il y a du patriotisme, j'ose le dire, à lutter contre le génie destructeur qui plane sur la France.

FIN DE LA QUATRIÈME PARTIE.

ERRATA.

pages.	lignes.	
10	10	*toute entière* — tout entière.
67	17	*Xe siècle* — XIe. siècle.
97 (note)	4	*pl. XLVIII bis* — XLVII bis.
110	11	*c'est à peine si l'on réparait* — à peine réparait-on.
124	17	*supprimez* richement décorées.
132	26	*église Saint-Germain.* — Saint-Etienne.
153 (4e col.)	17	*supprimez* terminaison en forme de bâtière, postérieure à la tour.
161	16	*birantin* — byzantin.
178	18	*fig.* 5 — fig. 4.
182	20	*supprimez la note.*
188 (2e col.)	16	*idem* — Calvados.
192	24	*ajoutez la note suivante :* — peut-être aussi le goût mauresque a-t-il exercé quelqu'influence surtout dans nos provinces méridionales.
208	19	*supprimez ces mots* — dans la nef les chapiteaux de plusieurs colonnes sont presque romans.
256	3	*qu'il a présidé* — qui a présidé.
282	4	*différentient* — différencient.
288	20	*offrent* — ont.

www.ingramcontent.com/pod-product-compliance
Lightning Source LLC
LaVergne TN
LVHW010535100826
845148LV00001B/199

* 9 7 8 2 0 1 2 6 4 5 1 3 4 *